運動按摩
圖解全書

運動防護員教你用**3**大手技
放鬆**25**部位×舒緩**13**種運動痠痛

日本運動協會認證運動防護員
並木磨去光——監修
曹茹蘋——譯

前　言

比方說跑步、足球、棒球、五人制足球等等，如今有許多人都積極投入各式各樣的運動項目之中。有人只是想單純享受運動的樂趣，有人則是為了身體健康所以想要活動身體。另外，也有人為了提升自己的競賽表現，每天不間斷地進行訓練。這些人共同的願望，是維持身體健康、發揮最佳的運動表現，而本書所解說的「運動按摩」便是協助達成該目標的手段之一。

運動按摩是醫療按摩、美容按摩等多種按摩種類的其中一種，透過結合各種手法，幫助打造出適合從事運動的身體（體能訓練）。具體而言，其主要效果有以下幾種：

1. 消除肌肉疲勞
2. 改善身體動作
3. 消除肌肉造成之疼痛

一如字面上的意思，「消除肌肉疲勞」是指幫助身體有效消除運動後的疲勞。尤其是藉由按摩各運動項目容易產生負荷的部位，大幅減少身體的負擔。

第二個「改善身體動作」的意思，是透過鬆開緊繃、僵硬的肌肉來改善身體的活動度，讓動作變得更加靈活。同時這麼做也能夠預防運動時受傷。

至於第三個「消除肌肉造成之疼痛」的效果，則是消除及改善肩頸僵硬、腰痛等原因在於肌肉的症狀。

這些效果並非只會發生在運動員或職業運動選手上。從事跑步、馬拉松等運動的業餘人士當然也會產生疲勞、累積疲勞。這一點和身為職業選手或業餘跑者無關，應該說我反而建議沒有防護員在身邊的運動愛好者們，更是應該要閱讀本書，在每天的體能訓練課表中加入按摩。

只不過有一點需要注意的是，運動按摩並非萬能。因此希望各位可以一併結合本書所介紹的運動及伸展方式，如此才能得到充分的效果。不過度依賴按摩、在能力範圍內確實做好體能訓練（自我訓練），若有不足之處再以運動按摩加以補足，這才是最理想的做法。

本書為了方便初學者以及接下來想要學習運動按摩的人閱讀，特地精選出幾種簡單的手法，透過豐富的圖片和插圖進行解說。由於有盡量以簡單易懂的方式詳細說明，請新手們也務必嘗試看看。

無論您投入運動的目的是訓練、興趣還是維持健康，但願本書都能幫助各位打造出健康的身體（＝體能）。

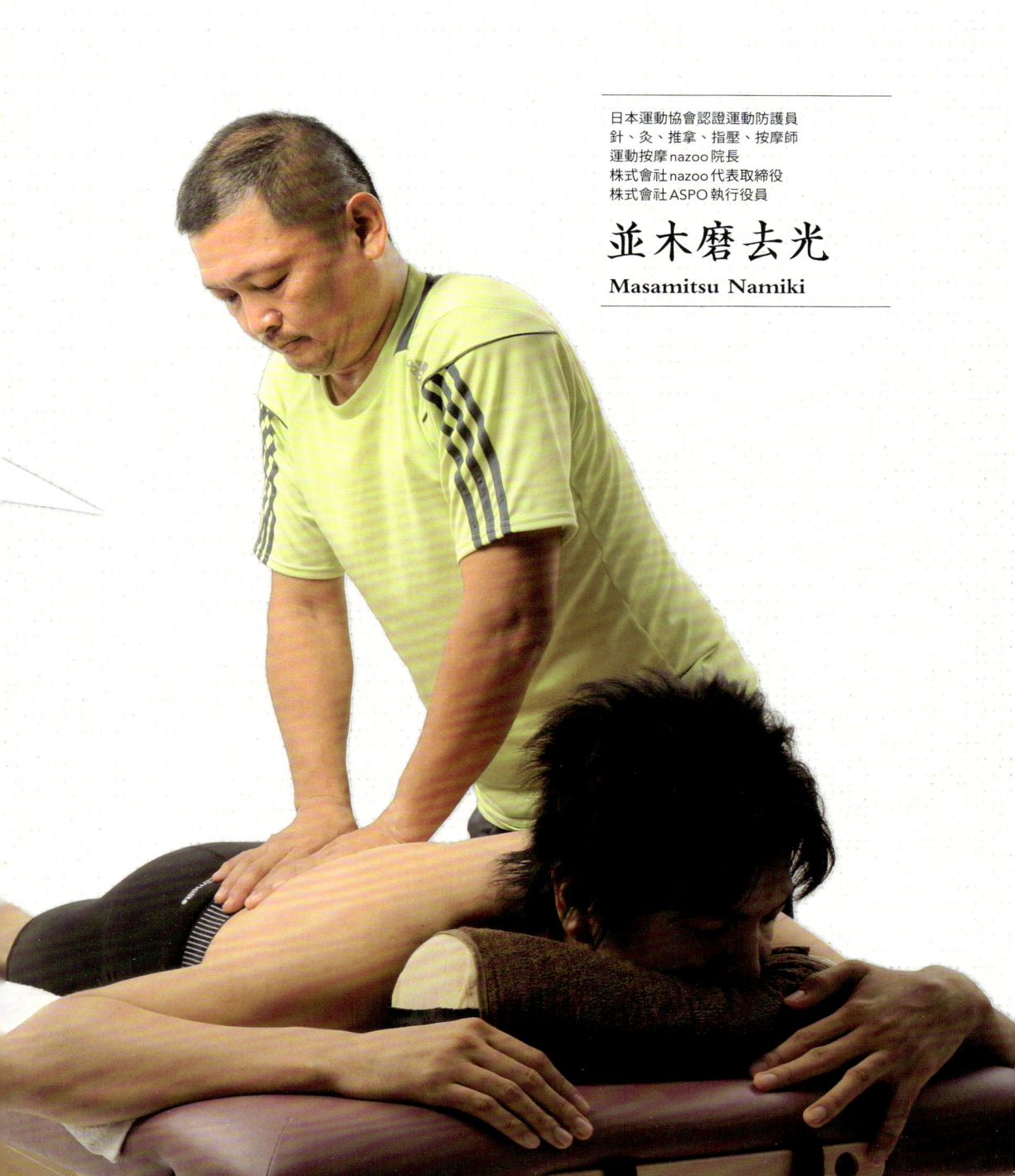

日本運動協會認證運動防護員
針、灸、推拿、指壓、按摩師
運動按摩 nazoo 院長
株式會社 nazoo 代表取締役
株式會社 ASPO 執行役員

並木磨去光
Masamitsu Namiki

獻給所有運動員、運動愛好者

藉由運動按摩來提升表現！

如今，運動按摩在全世界都已相當普及。像是消除疲勞、改善動作、緩解源自肌肉的疼痛等等，其效果十分廣泛。建議各位運動愛好者不妨也利用運動按摩，來提升自我的運動表現！

Connect Images - Curated / Shutterstock.com

三大效果

效果 1
消除疲勞

利用各種手法給予身體刺激，
達到放鬆、促進血液循環、
提升自癒力的效果。
會配合運動項目的特性，針對容易
產生負荷的部位施術。

效果 2
提升體能

找出身體動作的問題點或原因所在的部位，
藉由鬆開那條肌肉或肌腱，
讓身體動作獲得改善。除了提升
運動表現之外，還能增加
動作靈活度、預防受傷。

效果 3

改善症狀

像是前彎或後彎造成的腰痛、
肩頸僵硬造成的頸部痠痛、
肌肉緊繃造成的手腳發麻等等，
原因在於肌肉的症狀
都能透過運動按摩加以改善。

事前須知！
主要肌肉的位置與名稱

按摩是透過刺激各部位的肌肉來發揮效果，因此會建議各位事先掌握肌肉的名稱、位置和走向，即便只有記住主要肌肉也無妨。第3章的「各部位按摩法」也有介紹身體各部位的肌肉，請讀者們務必對照參考。

全身正面

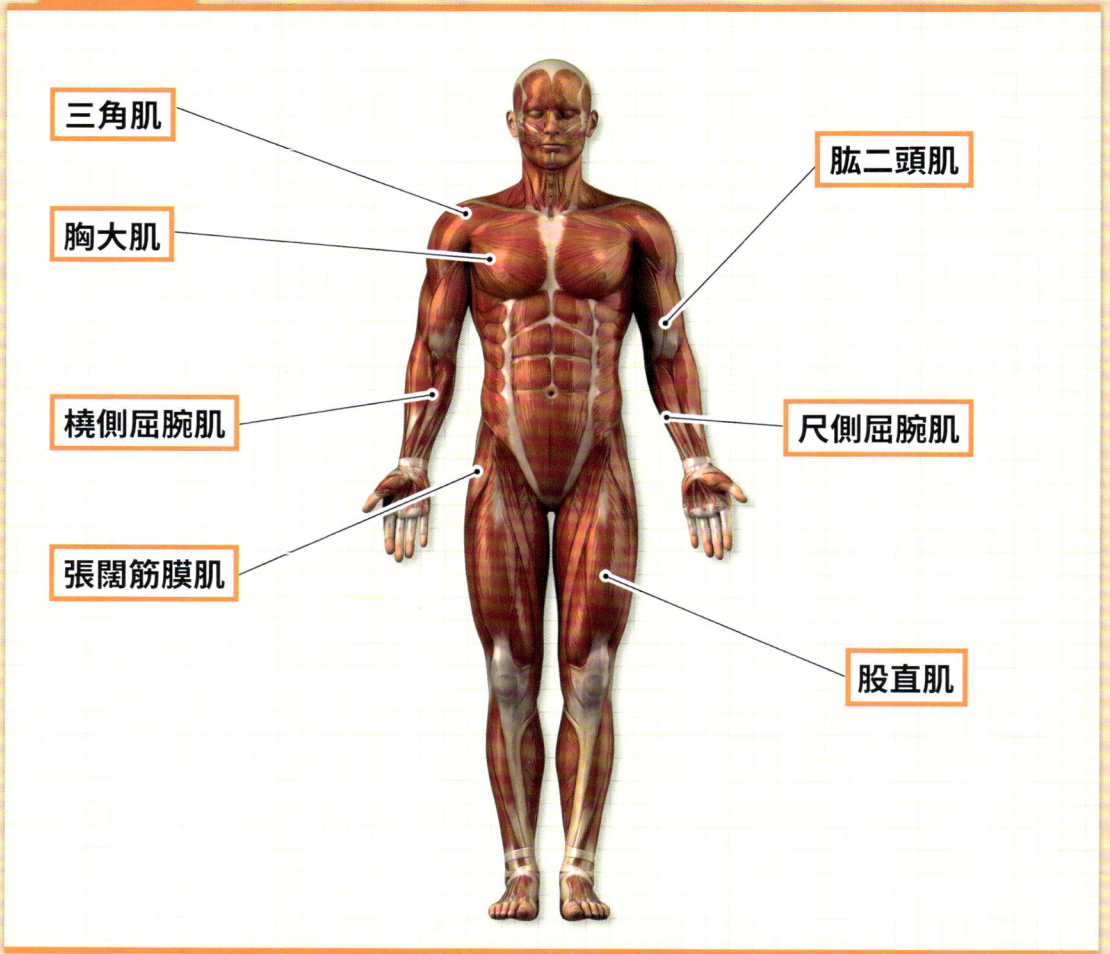

全身背面

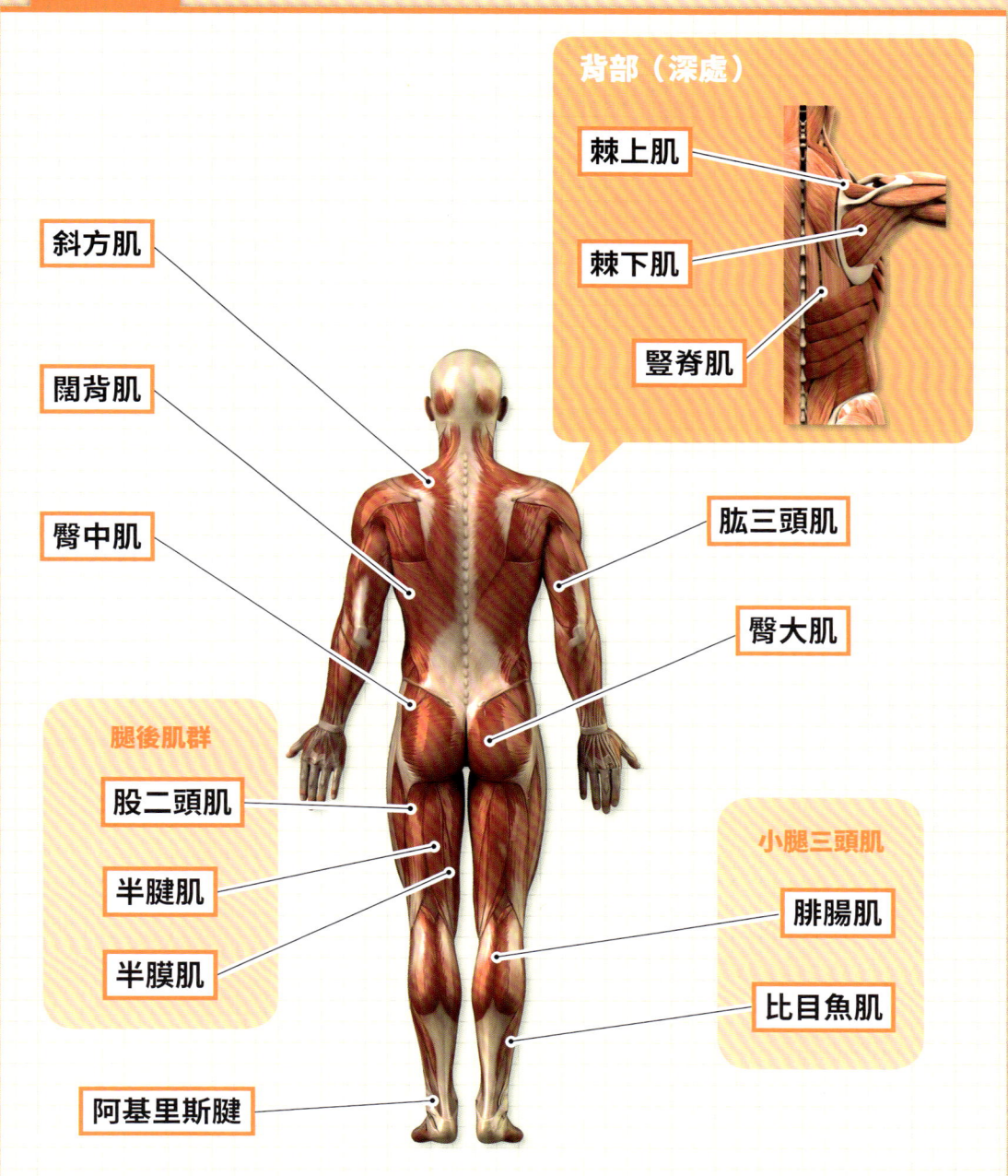

腿外側、內側

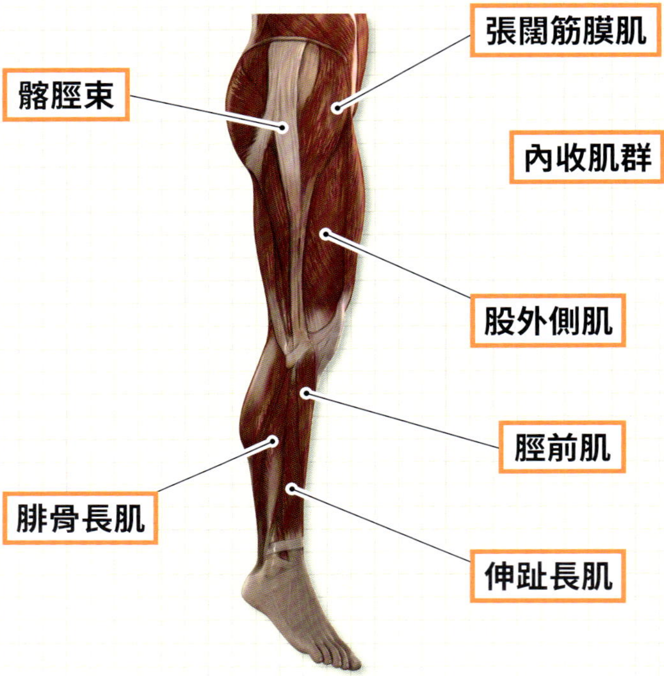

- 髂脛束
- 張闊筋膜肌
- 內收肌群
- 股外側肌
- 脛前肌
- 腓骨長肌
- 伸趾長肌

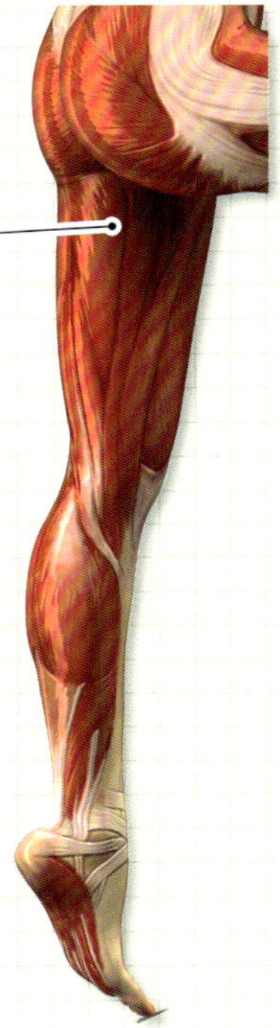

手

- 大魚際肌
- 小魚際肌
- 骨間肌

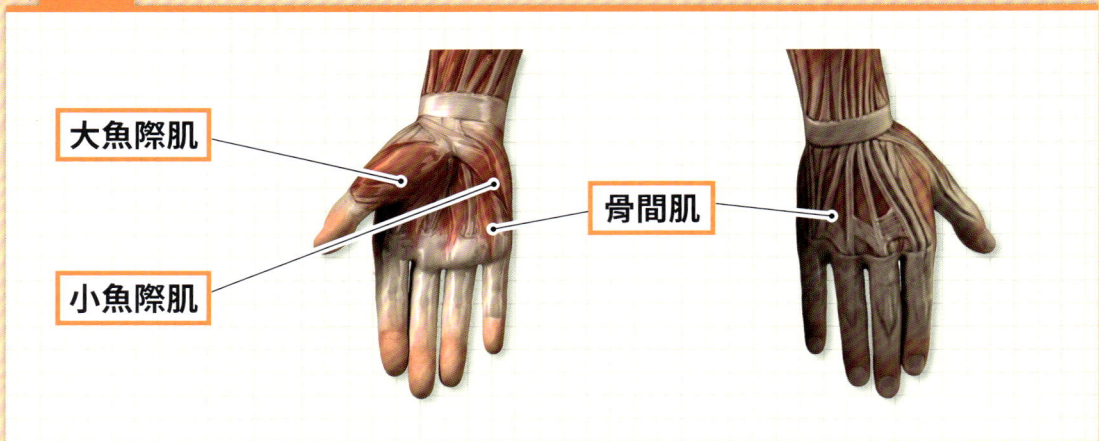

頸部、頭部

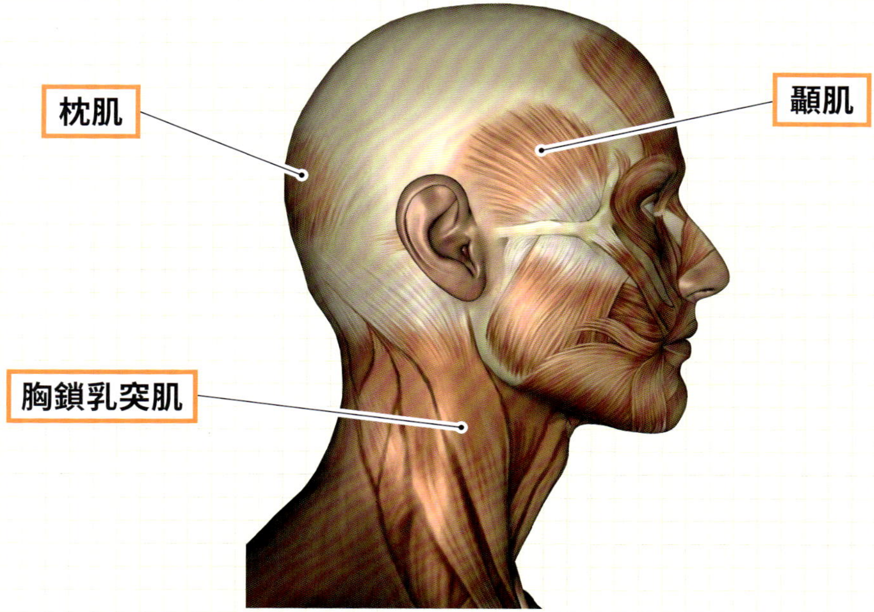

腳底、腳背

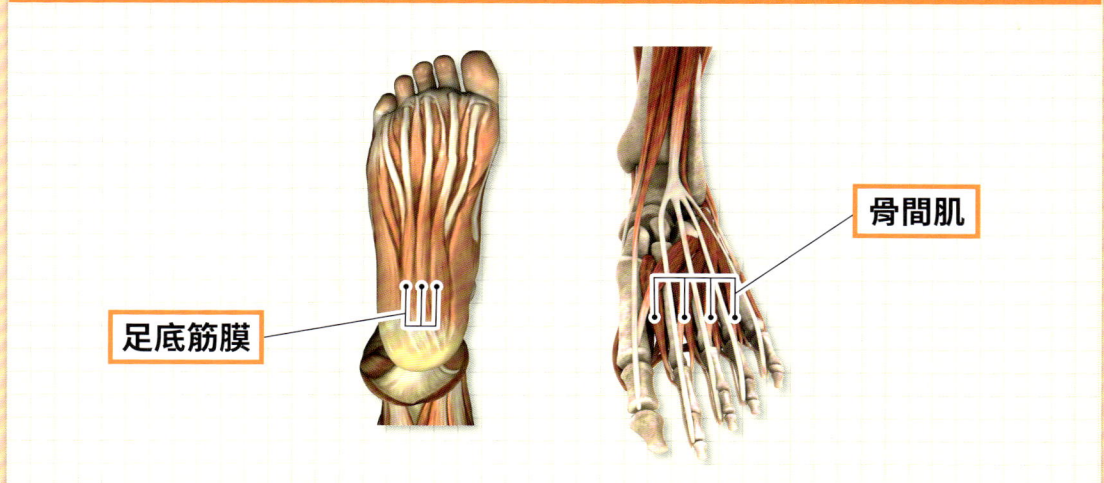

本書閱讀指南

本書會透過圖片與箭頭，解說按摩所使用摩法」為例，介紹本書的閱讀方式。

要放鬆的肌肉
解說各部位的肌肉名稱、位置和形狀。按摩時，請務必知道自己正在放鬆的是哪條肌肉。

按摩流程
解說在按摩各部位時，應該如何放鬆哪條肌肉。按摩之前先了解整體流程就能流暢地施術。

按摩姿勢
介紹按摩時的姿勢和位置。如果姿勢或位置不對，按摩的效果有可能會減弱，這一點要特別留意。

各部位按摩法

阿基里斯腱

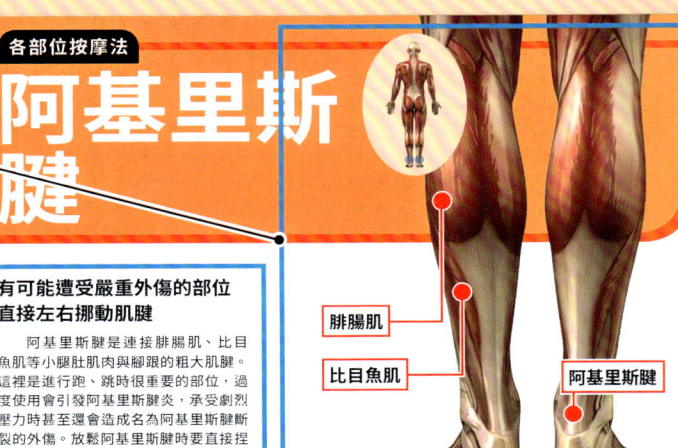

- 腓腸肌
- 比目魚肌
- 阿基里斯腱

有可能遭受嚴重外傷的部位
直接左右挪動肌腱

阿基里斯腱是連接腓腸肌、比目魚肌等小腿肚肌肉與腳跟的粗大肌腱。這裡是進行跑、跳時很重要的部位，過度使用會引發阿基里斯腱炎，承受劇烈壓力時甚至還會造成名為阿基里斯腱斷裂的外傷。放鬆阿基里斯腱時要直接捏著，左右移動。光是這麼做便能預防嚴重外傷。

按摩姿勢

POINT
打直背脊
施術者打直背脊，和阿基里斯腱稍微保持一段距離。如果靠得太近會很難揉捏，這一點要特別留意

站在床旁邊將單腳踩在床上，用大腿支撐被施術者的腳。揉捏左腳時要用右手固定，以左手施術

伸展測試

膝蓋往前推出。

60°

以伸展阿基里斯腱的方式前後打開雙腿，後腳腳踝彎曲60°左右且腳跟踩地，接著將後腳膝蓋向前彎曲。這時，如果阿基里斯腱感到疼痛或是有強烈緊繃感，就要加強放鬆那隻腳。

伸展測試
檢測肌肉彈性及柔軟度的「伸展測試」。在按摩前檢測，如果有僵硬或緊繃的情況，會建議加強按摩該部位。有些部位則不須測試。

的手法和做法。這裡以本書最主要的第3章「各部位按

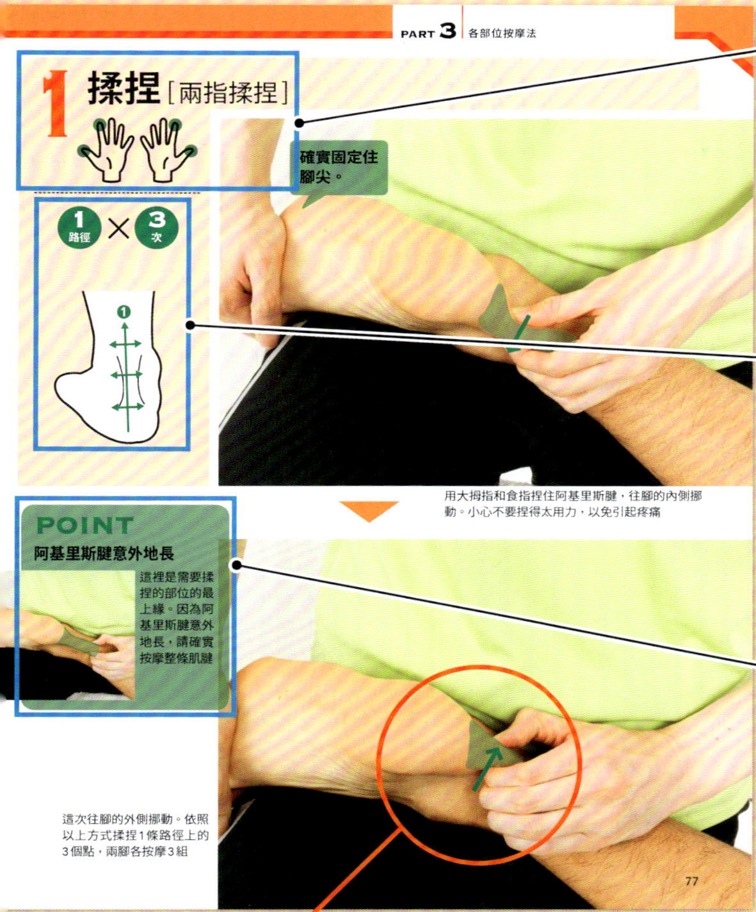

PART 3　各部位按摩法

1 揉捏 [兩指揉捏]

確實固定住腳尖。

1 路徑 × 3 次

按摩手法

介紹使用哪一種手法放鬆肌肉。另外，還會在手掌圖示上以顏色標示應該運用手的哪個部位。基本手法請參考第2章（P26～）。

按摩的次數與位置

進行按摩的位置與次數。依照插圖上的箭頭放鬆肌肉。次數僅供參考，也可以多按摩幾次。

用大拇指和食指捏住阿基里斯腱，往腳的內側挪動。小心不要捏得太用力，以免引起疼痛

POINT
阿基里斯腱意外地長

這裡是需要揉捏的部位的最上緣。因為阿基里斯腱意外地長，請確實按摩整條肌腱

POINT

解說按摩時的重點。因為會詳細解說新手容易搞錯的地方，請各位務必閱讀。

這次往腳的外側挪動。依照以上方式揉捏1條路徑上的3個點，兩腳各按摩3組

箭頭的顏色與含意

摩擦

基本手法之一的「摩擦」是以藍色箭頭表示。沿著箭頭的方向摩擦。

揉捏

「揉捏」是綠色箭頭。若有箭頭穿過表示行進方向的箭頭（這裡是往上），則代表要往該方向揉捏。

按壓

「按壓」是紅色箭頭。對表示行進方向箭頭上的點進行壓迫。

拍擊 ▸▸▸▸▸▸▸▸▸

「拍擊」在本書屬於「應用技巧」。沿著紫色箭頭進行切打法（參考P37）。

※將會於P26～27的基本手法中，解說各種按摩手法

CONTENTS

前言 2
獻給所有運動員、運動愛好者
藉由運動按摩來提升表現！ 4
主要肌肉的位置與名稱 6
本書閱讀指南 10

第1章　運動按摩的基礎知識 15

何謂運動按摩 16
運動按摩的五大基本準則 18
初學者也能輕易上手！三大重點 20
按摩的事前準備與適宜環境 22
運動按摩的禁忌症狀 24

第2章　基本手法 25

【摩擦】
手掌輕擦 28

【揉捏】
掌根揉捏 29
拇指揉捏 30
抓握揉捏 31
兩指揉捏 32
四指揉捏 33

【按壓】
拇指壓迫 34
四指壓迫 35
掌根壓迫 36

【拍擊】
切打法 37

Column
「輕擦」的重要性 38

第3章　各部位按摩法 ... 39

腳趾	40	髖關節	82
腳底	42	腰、背	86
腳背	44	頭部	92
腳跟	46	頸部	94
大腿前側	48	前臂	98
大腿後側	52	肱三頭肌	102
大腿外側	56	肱二頭肌	106
大腿內側	60	手	108
髖骨周圍	64	胸部	112
膝窩	66	肩關節	116
小腿	68	肩膀上背	120
小腿肚	72		
阿基里斯腱	76		
臀部	78		

Column
關於按摩的施術範圍 ... 124

第4章　自己就能做到！自我按摩 ... 125

脊椎周邊的按摩	128	小腿肚整體的按摩	134
頸部周圍的按摩	130	小腿肚的按摩	135
髖關節～大腿的按摩	132	足弓的按摩	136
深層肌肉的壓迫	133		

13

第5章　消除疲勞！各項運動按摩法　137

足球、五人制足球 … 138	網球、桌球、羽球 … 145
棒球、壘球 … 139	排球 … 146
田徑（短距離）… 140	高爾夫球 … 147
田徑（長距離）… 141	雙板滑雪、單板滑雪、滑冰 … 148
游泳 … 142	自行車 … 149
柔道、摔角 … 143	運動攀登 … 150
籃球、手球 … 144	

第6章　改善不適 各種症狀按摩法　151

腰痛 … 152	大腿後側疼痛 … 157
手肘疼痛 … 154	髖關節疼痛 … 158
肩頸僵硬 … 156	

第7章　消除疼痛徒手訓練　159

【改善背部姿勢】
- 伸展闊背肌 … 161
- 伸展胸肌與旋轉胸廓 … 162
- 旋轉胸廓 … 164
- 肩胛骨運動 … 165

【改善骨盆位置】
- Draw-in … 166
- 肘撐平板 … 167
- 橋式 … 168

【改善膝蓋錯位】
- 蚌殼式 … 169

Column
從每天的日常生活開始調整自身的體能狀態 … 170

運動按摩 Q&A … 171
結語 … 174

運動按摩的基礎知識

按摩雖然並不困難,但若是沒有做到位就不會有效果。因此,以下將介紹能夠發揮最大按摩效果的基礎知識。只要有了這些知識,按摩的效果便會大幅提升!

CONTENTS

何謂運動按摩	P16
運動按摩的五大基本準則	P18
初學者也能輕易上手!三大重點	P20
按摩的事前準備與適宜環境	P22
運動按摩的禁忌症狀	P24

基礎知識 ❶

何謂
運動按摩

何謂按摩

- ☑ 藉由施術者的手指給予身體刺激
- ☑ 手法主要有「摩擦」、「按壓」、「揉捏」、「撫推」、「拍擊」、「震動」
- ☑ 以治療、保持及增進健康、消除疲勞為目的

用手觸碰身體、使身體放鬆的行為

每個人應該都有過這樣的經驗：小時候受了傷，父母將手放在疼痛部位上輕撫時，就會頓時感到舒緩且安心。所謂按摩便是像是這樣用手觸碰人體，讓身體獲得放鬆的行為。使用摩擦、按壓、揉捏、撫推、拍擊等手法給予人體的各部位刺激，以達到治療疾病或傷勢、維持及增進健康、消除疲勞之目的。按摩分為醫療按摩、美容按摩等種類，本書所提到的運動按摩即為其中一個領域。

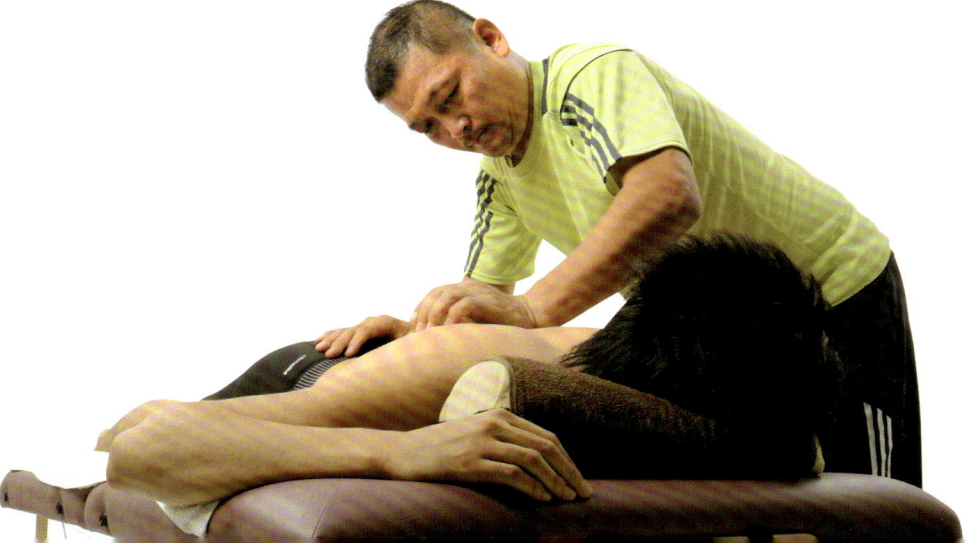

運動按摩的效果

- ☑ 促進血液循環以消除疲勞
- ☑ 鬆開肌肉，改善身體動作的問題點
- ☑ 改善肌肉造成的疼痛或異樣感

主要功效大致分為3項

　　按摩能夠促進血液循環，可望發揮提升自癒力、消除疲勞、放鬆等效果。其中，運動按摩會配合競賽特有的動作以及容易疲勞的部位施術，維持競賽者和運動愛好者的體能。舉例來說，像是有效去除某競賽中負荷較大部位的疲勞、鬆開緊繃僵硬的肌肉以改善身體動作的問題點，以及改善肩頸僵硬、腰痛等肌肉所造成的症狀。另外，放鬆肌肉也能提升關節和肌腱的柔軟度，還有改善因骨折或扭傷導致可動範圍變小的關節動作。

按摩的機制

解除肌肉沾粘的作業

　　運動時反覆進行激烈的動作，或是長時間維持相同姿勢，都會造成肌肉過度緊繃、肌肉彼此沾粘的情況。肌肉一旦沾粘就無法做出正常的動作，或是出現疼痛、異樣感之類的症狀，而按摩就是一項解除肌肉沾粘的作業。因此，請不要以為按摩只是在表面給予皮膚刺激而已，而要在施術時想著「撥開」、「挪動」肌肉。本書介紹的手法和按摩法，也是用「撥開肌肉」、「提起肌肉」這樣的方式來描述。由於只要有這樣的意識，按摩效果便會大大提升，還請各位務必牢記在心。

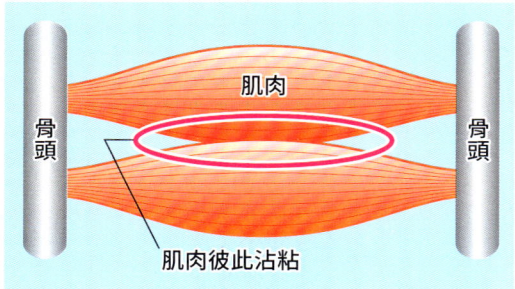

肌肉沾粘的「僵硬」狀態。會造成血液和淋巴液停滯、疲勞無法消除、氧氣及養分供應不足

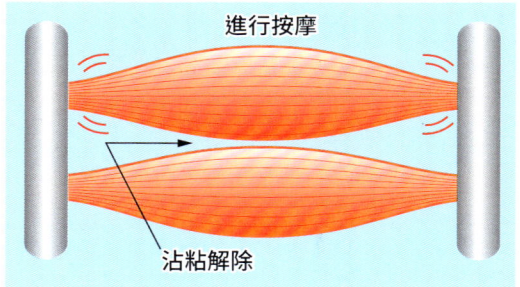

透過按摩分開沾粘的肌肉，讓肌肉恢復正常狀態。當肌肉不再僵硬緊繃，神經壓迫造成的疼痛也得以解除

基礎知識 ❷
運動按摩的五大基本準則

1 按摩的**時間點**
運動隔天為佳

運動按摩的主要目的是消除肌肉疲勞，因此在運動隔天按摩是最好的。比賽前或練習前按摩會產生放鬆效果，有可能會因此導致注意力不集中。就調整體能狀態這方面而言，這麼做反而會帶來反效果。但如果是右邊藍框內的3個例子，那麼在運動前按摩便能發揮功效。運動時的異樣感不但會讓人無法發揮實力，還有可能會導致受傷，因此假使運動者有符合這3種情況，就要先鬆開肌肉之後再開始運動。只不過，請記得只能針對局部按摩10分鐘左右。

這種時候，運動前按摩也有效

❶ 局部緊繃
▸ 熱敷患部，結合按摩與伸展

❷ 關節有異樣感
▸ 鬆開與關節動作相關的肌肉

❸ 產生輕微疼痛
▸ 鬆開與疼痛部位相關的肌肉

2 按摩的**時間**
全身45〜70分鐘

如果是進行從腳底、手臂到頭部的全身按摩，一般通常會花上45〜70分鐘來放鬆肌肉。若是從事運動的人，也可以根據運動項目來改變按摩的比例。比方說，像足球、田徑這類需要大量奔跑的競賽，光是下半身大概就要按摩30〜45分鐘。但如果沒有太多時間，也可以只針對在意的部分按摩10〜20分鐘就好。

同時，遵從被施術者的意願也很重要。像是「我今天想要徹底放鬆全身」、「因為走得很累，所以只要按摩腿部20分鐘」等等，請盡可能在施術時一邊和對方交談。只不過，也要注意不要因為太重視對方的意願，結果過度放鬆同一部位。否則反覆揉捏可能會造成隔天肌肉疼痛，或是過度放鬆導致難以施力。

PART **1** 基礎知識

3 按摩的**頻率**
每週1次～每月1、2次

　　按摩次數過於頻繁也有可能會帶來壞處。例如，頻繁地接受按摩可能會讓肌肉產生慣性，進而導致自我修復力下降。另外，也有可能產生依賴按摩、不接受按摩精神上就會感到不安的狀況。因此，全身按摩的頻率會建議最多每週1次，每月則是1～2次左右。但是在單一部位這方面，就可以和被施術者商量進行。比方說，倘若對方有過一次大腿後側的腿後肌群拉傷之經驗，就可以決定「唯獨大腿後側每週一定要放鬆2次」。但無論如何，每天按摩都會造成反效果，因此請務必避免此狀況。

過度按摩有以下壞處

- 自我修復力下降

- 對按摩產生依賴

　　另外，在復原力旺盛的22歲左右之前，除非肌肉在醫學上被認定為異常，否則都會建議比起按摩更應該注重伸展。

4 按摩的**強度**
程度大約是「舒服的疼痛」

　　刺激的強度應為「舒服的疼痛」。尤其初學者必須避免用力地深壓一點，否則可能會使症狀惡化。這時，建議可以交給專家處理，或是接受專家的指導，在確保絕對安全的狀況下進行。

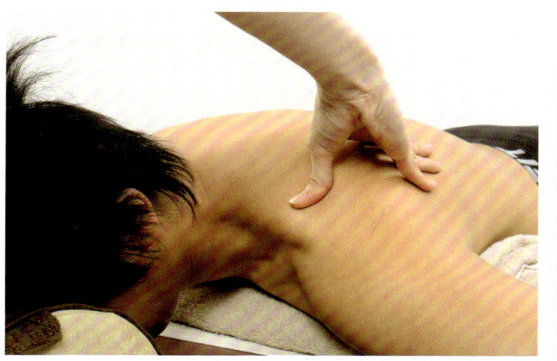

5 按摩的**方向**
從末端往心臟

　　按摩基本上都是從指尖、腳尖等身體的末端，往心臟所在的中樞進行。但是像手和手指這類不易移動的部位就可以不用在意方向，而以揉捏的方便性為優先。

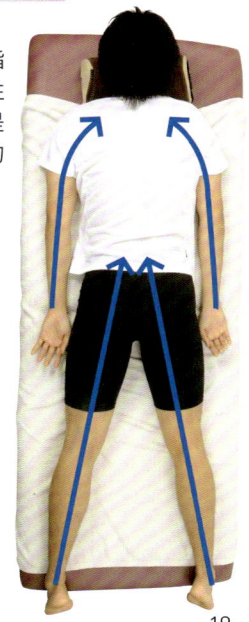

從身體的末端往中樞按摩是為了配合通往心臟的血流，藉此改善血液循環

基 礎 知 識 ❸

初學者也能輕易上手！
三大重點

1 利用體重，不要出力

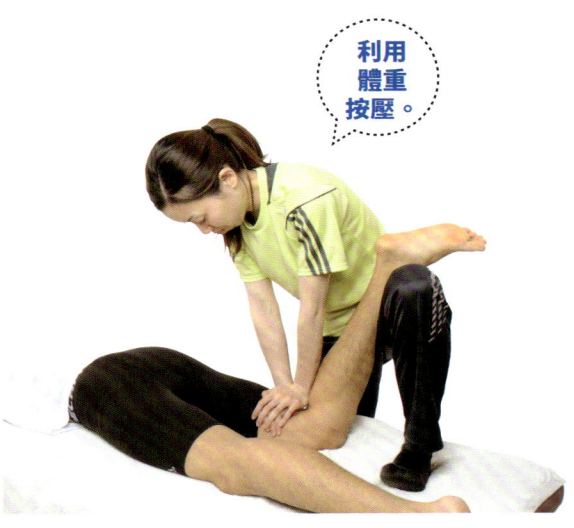

利用體重按壓。

按摩最基本的一點，就是利用自身體重來施加壓力。千萬不可以光靠著手指出力，或是用臂力去按壓，否則很快就會感到疲累或是造成手指疼痛，會沒辦法再以相同的壓力施術。專業的按摩雖然給人一種會稍微感覺疼痛的印象，但那並不是使勁按壓，而是主要利用體重來產生強大的壓力。只要利用體重讓手指深深按壓正確的點，施術便能發揮效果，並且可以長時間地持續按摩。等到習慣之後，也請記得在按摩中加入節奏。

2 緩慢按壓，緩慢鬆開

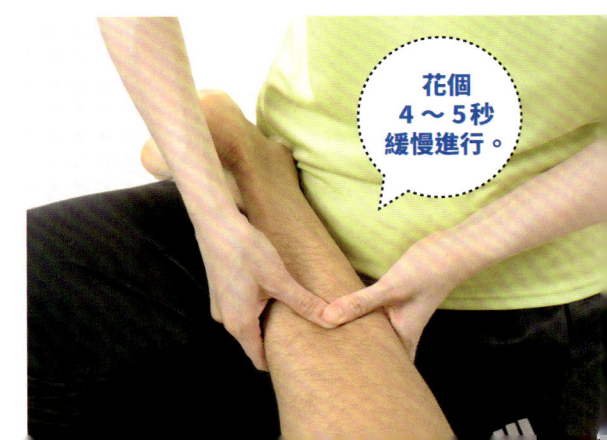

花個4〜5秒緩慢進行。

運動按摩原本是一門有節奏地施展各種手法的高度技術，但是會建議新手採取「緩慢按壓，緩慢放鬆」的按壓方式。這種做法的技術門檻比較低，而且比起瞬間的強烈刺激，緩慢按壓的感覺會令人更為舒適。請將對方所感受到的舒服度擺在第一位，給予對方溫和的刺激。

20

PART **1** 基礎知識

3 使用雙手

應該用力按壓（手指深入）的部位，具體而言就是腰背部、臀部、肩膀上背等肌肉較為厚實的部位，應該要盡可能以雙手按摩。因為這樣容易施加身體重量，讓手部動作穩定、手指可以按得較為深入，自然也就能夠有效地給予刺激，而且還能大幅減輕施術者的疲勞感。尤其新手在進行拇指壓迫等手法時手指容易疼痛，因此最好盡量用雙手加壓，以減輕負擔。另外，單手按摩時為了固定被施術者的身體，並且讓力道容易傳導過去，用另一隻手按住對方的身體也很重要。

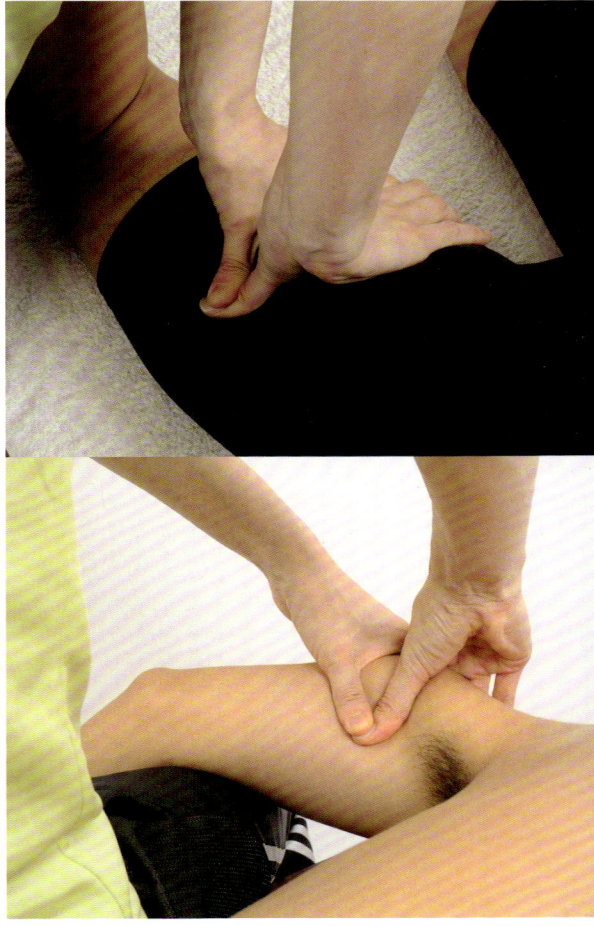

單手按摩的例子

▼細微部位

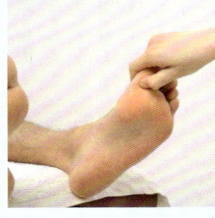

▼不耐刺激的部位

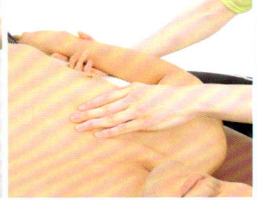

像是腳趾這類細微部位，以及胸部等按壓力道太大會感到難受的部位，有時也會以單手進行按摩

掌握對方的身體狀況

按摩時，和對方的溝通十分重要，至少必須向對方確認「會不會痛？」、「可以再用力一點嗎？」除此之外，詢問施術前後肌肉的緊繃感變化，也能作為下次施術的參考。因此，營造讓對方容易提出需求的氛圍及建立信賴關係就很重要了。這些細微之處也請多加留意。

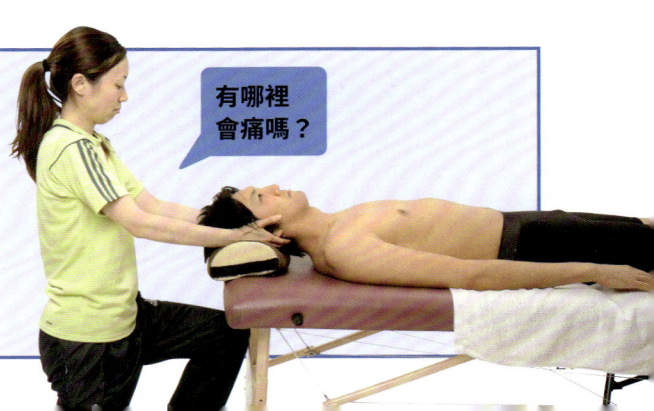

有哪裡會痛嗎？

基礎知識 ❹
按摩的事前準備與適宜環境

按摩 施術者

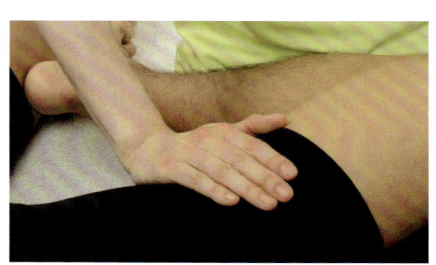

會直接觸碰到對方的手必須隨時保持清潔，並且使用乳液等產品勤加保養

按摩施術者必須做好準備，以免被施術者感到不適。比方說，為避免指甲在施術時戳到對方，要先將指甲剪短修齊。像是皮膚上的脫皮、水泡、繭，以及戒指等飾品、手上的汙垢等都是會造成對方感到不適的原因。建議稍微留意肌膚的保養，並且在施術前清潔手部。另外，按摩時手腕的活動也很重要，因此也要將手錶、手環摘下。至於服裝則以方便活動為優先，並且選擇乾淨清潔、不會讓被施術者感到不適的款式。

不只是飾品類，手錶等也要摘下。金屬的冰涼感可能會令對方不適

按摩 被施術者

倘若是在劇烈活動身體的比賽或練習之後接受按摩，就必須先換上乾淨的衣服。因為穿著吸了汗水的衣服接受按摩，會讓身體發冷。另外，向按摩施術者明確表達自己的狀態和需求也很重要。盡可能具體地描述肌肉感覺緊繃的部位、疲勞的部位以及異樣感，能夠讓按摩更有效果。

PART **1** 基礎知識

環境

　　為了有效鬆開肌肉，同時也讓精神方面感到舒適，打造一個能夠令被施術者放鬆的環境同樣必要。首先最重要的一點，就是讓房間保持整齊清潔。在讓人無法靜下心來的房間裡按摩，會使得放鬆效果大打折扣。除此之外，播放音樂或點香也能有效打造出令人放鬆的環境。只不過，運動過後若馬上在涼爽的房間裡接受按摩會讓身體降溫，這一點須特別留意。若是冬天則可以在身上蓋毛巾，以免身體過於冰冷。

整理房間，盡量保持清潔也很重要

工具

　　按摩雖然沒有所謂「絕對」必要的工具，卻仍有一些「有了會比較方便」的物品。首先，按摩床便是一項可以的話最好準備的工具；如果沒有，也可以在地板上鋪毛巾，若是在室外則可以將毛巾鋪在長椅或草地上施術。爽身粉和乳液雖然並非必需品，不過當被按摩者冒汗時可以使用爽身粉；進行輕擦時使用乳液則能夠讓手更容易滑動，因此各位不妨嘗試看看，利用這些工具讓按摩的過程更加舒適順利。

▲毛巾

除了鋪在身體下面，也可以蓋在身上調節體溫，或是折起來墊在腳或胸部下面以固定對方的身體。建議至少準備一條大毛巾

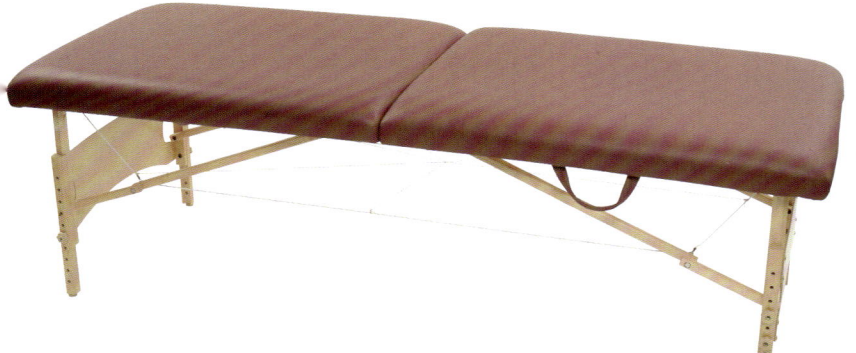

◀床

按摩時若是床的高度不合，也可以在地板上鋪毛巾。如果沒有高度剛好的床，比起勉強使用，會比較建議施術時在地板上鋪毛巾。

23

基礎知識 ❺

運動按摩的 禁忌症狀

1 有急性發炎反應

剛受傷就不用說了，另外也不能對輕碰也會疼痛、有灼熱感、運動後產生疼痛的部位進行按摩。請先讓患部好好休息或去看醫生就診。

2 皮膚有發炎症狀或疾病

皮膚的發炎症狀有可能是感染症，而有感染的風險，因此必須注意。除了專家外，基本上還是不施術比較安全。即便有主治醫師的許可，施術後也要確認患部有無變化。

5 有傳染病或心血管疾病

若有心血管疾病（心臟、血管方面的疾病）、惡性腫瘤、病名不明的疾病、其他重大疾病，都不能進行按摩。另外，傳染病也有感染之虞，應避免接觸。

3 正處於孕期或有可能懷孕

在進入懷孕的穩定期之前接受按摩，有可能會對胎兒造成不良影響。假使無論如何都要按摩，也請先得到主治醫師的許可。另外，如果有懷孕的可能性當然也不能按摩。

6 被醫生禁止施術

倘若因疾病或外傷而有麻痺的狀況，或是因患有糖尿病、靜脈瘤而被專科醫師禁止按摩，則請務必遵從指示。請與醫生商量，尋求關於今後處置的建議。

4 血壓非常高 or 低

血壓非常「高或低」時須避免按摩。假使本身患有某種疾病，必須先得到主治醫師的許可再接受按摩。還有，血壓產生急劇變化時也一定要避免施術。

此外還有……
- 正在飲酒
- 發燒
- 處於容易出血的狀態或生病

等等

基本手法

運動按摩的手法非常多樣,本書會以新手也能輕鬆實踐的「摩擦」、「揉捏」、「按壓」為主進行解說。本章首先會講解這些基本手法。

CONTENTS

基本技巧 ………… P26
【摩擦】
手掌輕擦 ………… P28
【揉捏】
掌根揉捏 ………… P29
拇指揉捏 ………… P30
抓握揉捏 ………… P31
兩指揉捏 ………… P32
四指揉捏 ………… P33
【按壓】
拇指壓迫 ………… P34
四指壓迫 ………… P35
掌根壓迫 ………… P36
【拍擊】
切打法 ………… P37

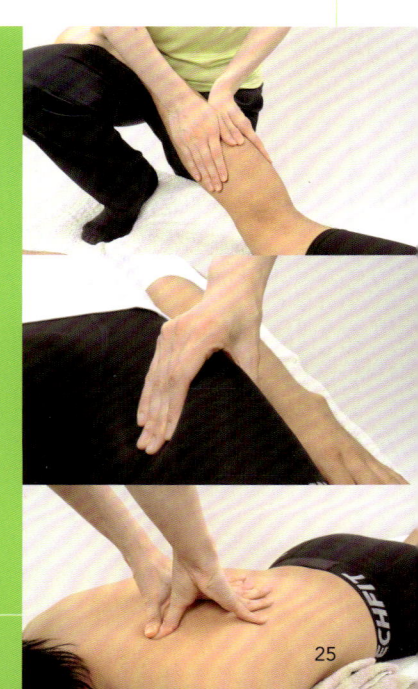

一開始必須學會的
基本技巧

按摩是一種直接觸碰皮膚，放鬆緊繃的肌肉、促進血液和淋巴液循環的手技療法。雖然有時也會使用手肘、前臂、膝蓋，不過幾乎都是以手來進行。首先請記住用手進行的3個基本技巧。

基本技巧 ❶

摩擦

輕擦法

輕擦的意思是輕輕地摩擦，用來使肌肉表面放鬆。按摩基本上都是以輕擦開始，以輕擦結束。

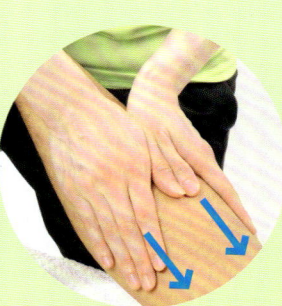

箭頭的顏色 ➡

基本技巧 ❷

揉捏

揉捏法

用手指按壓肌肉，透過揉、捏、擠來給予刺激。可強化肌肉組織的循環、提高代謝、改善肌肉疲勞。

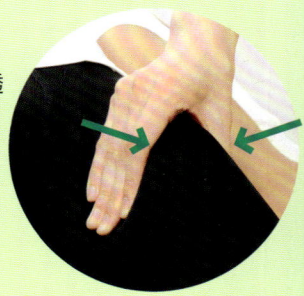

箭頭的顏色 ➡

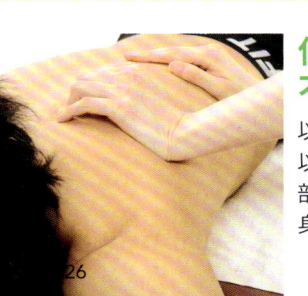

使用手的不同部位

以上3個基本技巧可以分別使用手的不同部位，對各式各樣的身體部位施術。

 用大拇指（拇指）

適合鬆開特定狹小部位的肌肉，以及對無法揉捏、壓迫的敏感部分施術。

 用食指和大拇指（兩指）

適合揉捏骨間和頸部肌肉這類狹小的範圍，用大拇指和食指夾住從部位兩邊加壓。

PART **2** | 基本手法

學會按摩的3個基本技巧

按摩的療法五花八門，這裡會介紹初學者也能輕易上手的3種手法。首先請練習並且熟悉「摩擦＝輕擦法」、「揉捏＝揉捏法」、「按壓＝壓迫法」這3種。除此之外，還可以使用手掌、手指、掌根等手的不同部位，對各式各樣的部位進行按摩。由於另外還會搭配部分「拍擊＝叩打法」使用，也請各位一併學習。本書只會運用以「手刀」姿勢拍擊的「切打法」。

基本技巧 ❸

按 壓

壓迫法

用手指抵住治療部位垂直按壓，對深層施加壓力。有緩解深層肌肉組織的疼痛、肌肉疲勞、僵硬之效果。

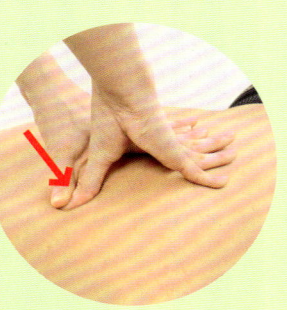

箭頭的顏色 →

其他技法

應用技巧

拍 擊 叩打法

用左右手的手指，有節奏地輪流敲打身體表面。藉由刺激神經和肌肉使其興奮，能改善血液循環、提升機能。

箭頭的顏色 →

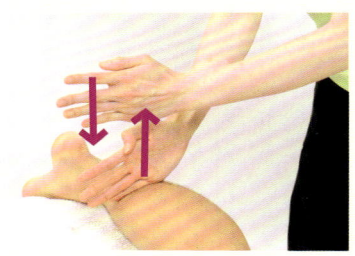

 用4根手指
（四指）

只用四指可以施展刺激性較低的手法，也能保護使用頻率較高的拇指

用整個手掌
（手掌）

輕擦基本上是使用手掌進行。另外，也會用來揉捏背部、胸部、下肢等面積較大的部位

 用手掌根部
（掌根）

能夠以比手掌更大的壓力，壓迫背部、腰部、臀部等的大片肌肉

基本技巧 ❶

摩 擦

輕擦法

效果
- 放鬆肌肉表面
- 刺激知覺神經，帶來暢快感
- 使循環變好，促進新陳代謝
- 摩擦疼痛部分，產生鎮痛效果
- 藉由摩擦生熱，驅散涼意和寒氣

用手掌 ［手掌輕擦］

以手掌摩擦是輕擦的基本動作。具有放鬆肌肉、提高代謝、帶來安心感和暢快感等各種效果

按 摩基本上都是以輕擦開始，以輕擦結束。讓手掌接觸皮膚表面後，施加一定的壓力摩擦。

POINT
讓整個手掌貼合皮膚

進行輕擦時，要讓整個手掌貼合施術部位，利用上半身的力量輕輕施加壓力。重點是要從末端往心臟的方向摩擦

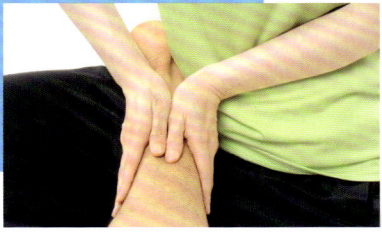

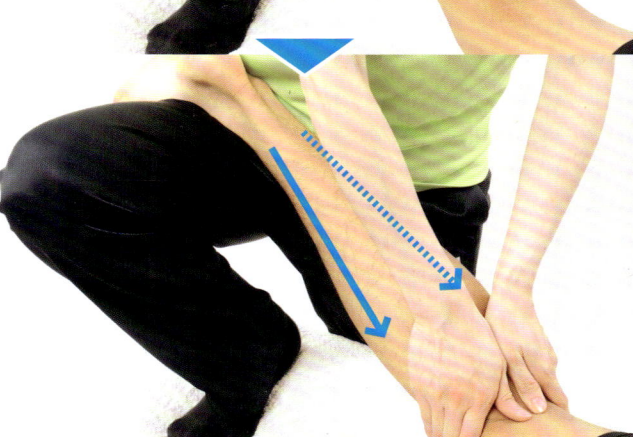

VARIATION

背部

前臂

在背部（上）和前臂（下）等部位使用。像前臂這種纖細的部位要用另一隻手固定住再摩擦

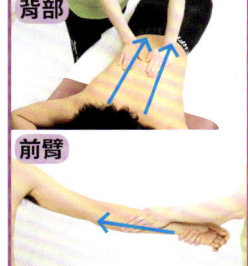

基本技巧 ❷
揉捏

效果
- 揉鬆僵硬的肌肉
- 改善血液循環
- 對肌肉組織產生作用，活化肌肉收縮
- 預防及消除肌肉疲勞

揉捏法

用手掌根部 [掌根揉捏]

用手掌根部的掌根進行揉捏。用來揉鬆背部、腰部、臀部等的大片肌肉

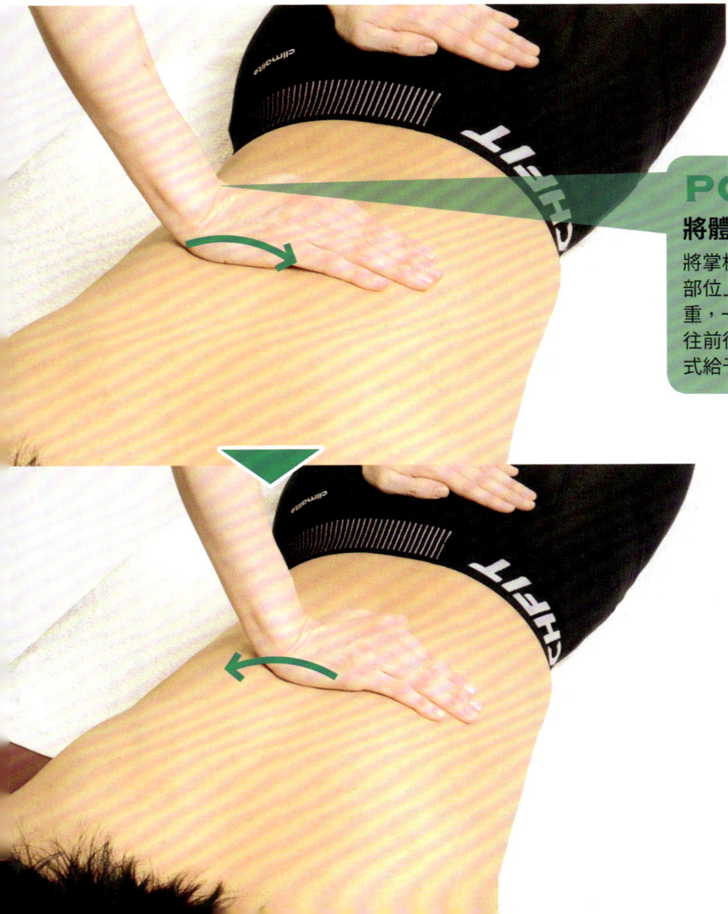

讓 比起手掌更容易加壓的掌根接觸皮膚並且壓上體重，像要撥開肌肉似地前後移動。一個部位進行3～5次。

POINT
將體重壓在掌根上

將掌根貼在要治療的部位上，然後壓上體重，一邊加壓、一邊往前後或以畫圓的方式給予刺激

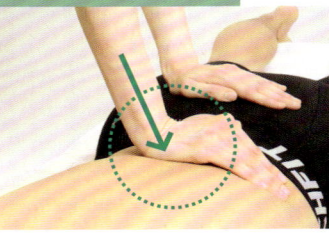

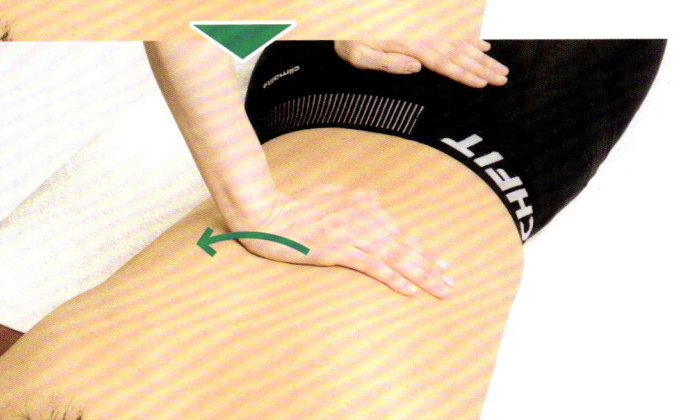

VARIATION

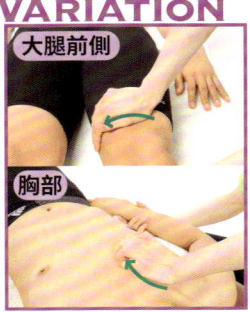

大腿前側

胸部

用於大腿前側（上）、胸部（下）等面積較大的肌肉上。可依據部位調整強度

29

用大拇指 [拇指揉捏]

用大拇指的指腹用力按壓肌肉,並同時揉捏。用來治療狹小部位和需要用力加壓的部位

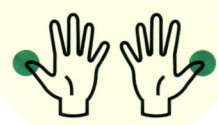

大拇指重疊,將指腹確實按壓在肌肉上。接著像要將肌肉撥開似地移動,放鬆肌肉。

POINT

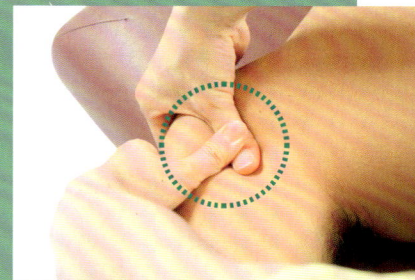

嚴禁用力過猛
重疊於下方的拇指(圖片中是右手大拇指)不要用力。用力過猛會使皮膚的摩擦力變大,造成皮膚感到疼痛及不適。另外,過於用力也會引起肌肉疼痛

按壓的同時提起肌肉。

VARIATION

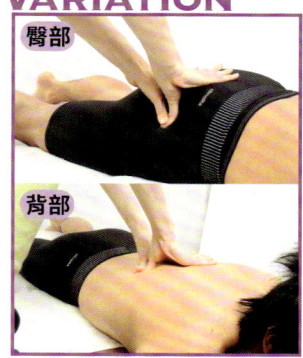

臀部

背部

常用於臀部、背部等肌肉厚實的部位。揉捏3～4次後就要改變拇指的位置

PART **2** | 基本手法

用手指根部 [抓握揉捏]

使用手掌與四指抓住並包覆肌肉,接著移動手腕,想像將肌肉從骨頭上撥開

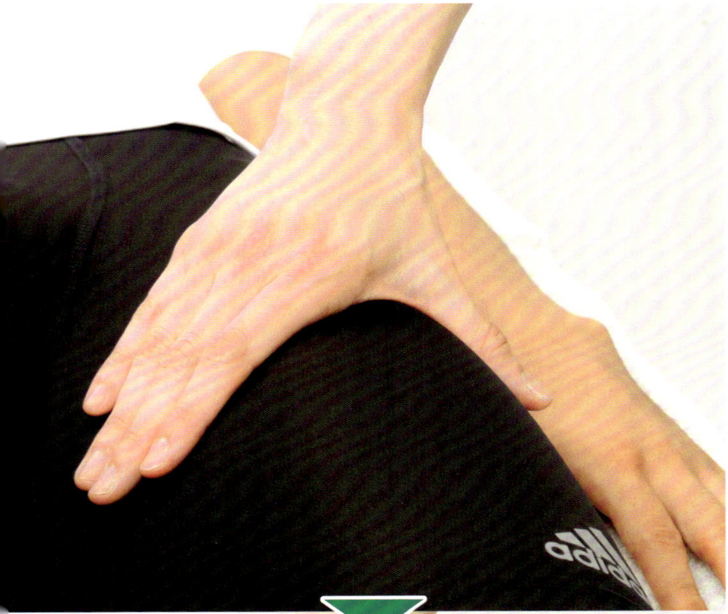

讓整個手掌貼合身體後,用大拇指根部與四指的第二關節附近將肌肉捏起靠攏。此法可有效治療身體上柔軟且肉較多的部位。

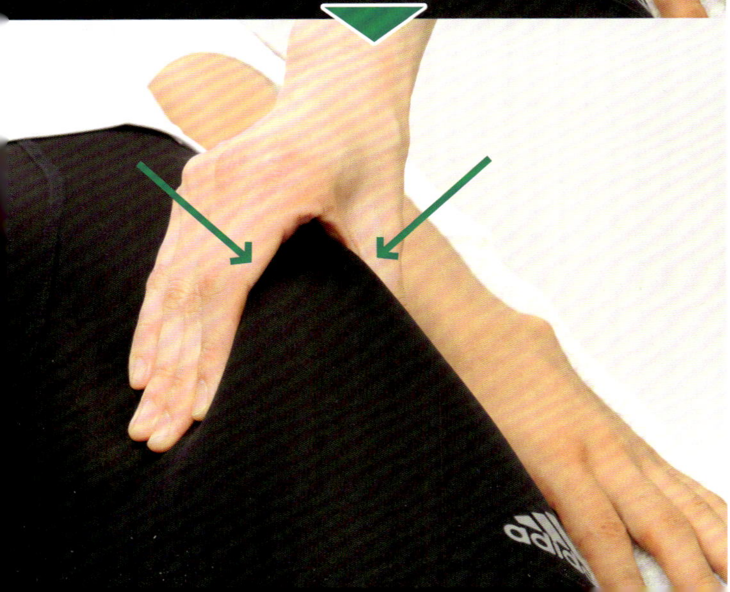

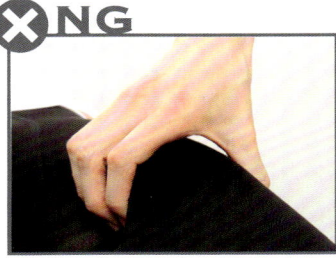

✗ NG

使用手掌而不是指尖

立起指尖容易誘發疼痛或搔癢感,因此要使用大拇指根部以及四指的第二關節附近

VARIATION

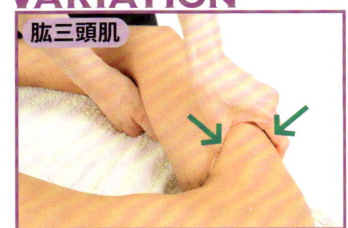

肱三頭肌

除了大腿前側(左圖),也會用於肱三頭肌、小腿肚等部位

31

用食指與大拇指 [兩指揉捏]

使用大拇指與食指，掐住肌肉或肌腱揉捏的手法。有時也會重疊食指與中指

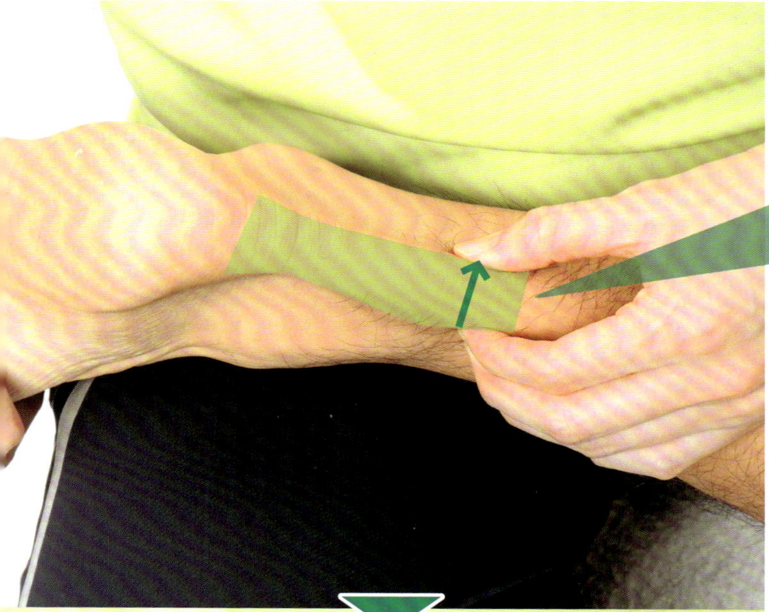

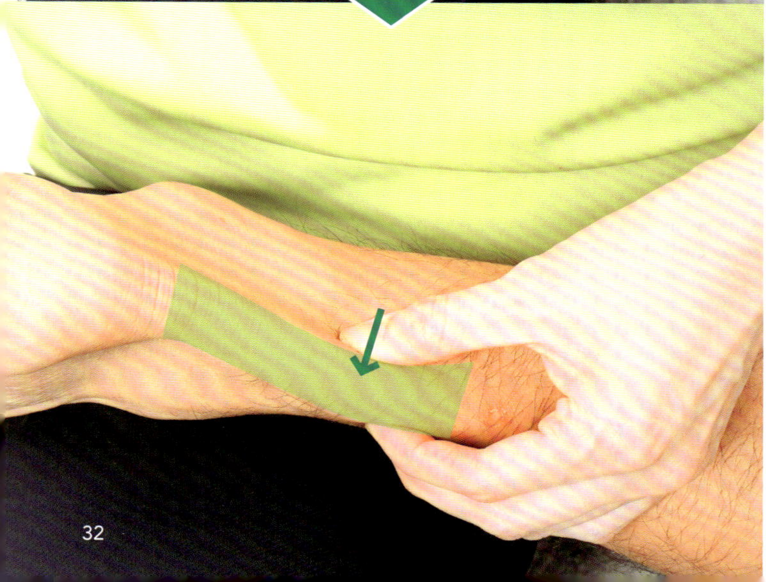

用 大拇指與食指輕捏阿基里斯腱，左右挪動。若是太過用力的話被施術者會感到疼痛，因此力道要輕。

POINT
想像掐住肌腱或肌肉

比起一般「按壓」、「揉捏」的感覺，施術時要想像著掐著肌肉或是肌腱使其移動

VARIATION

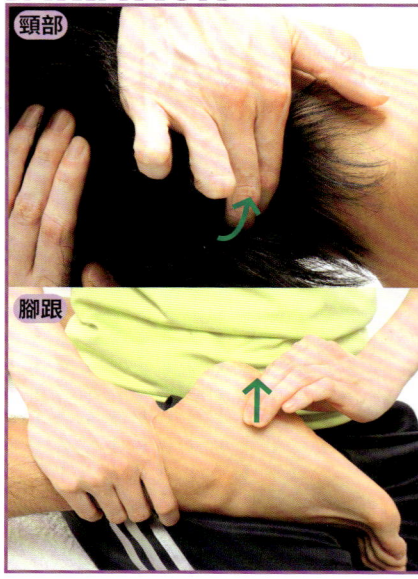

也會用於頸部（上）及腳跟（下）。放鬆頸部時，要用食指指腹勾住頸部肌肉，想像將肌肉從頸骨上撥開；腳跟則要用食指指腹對腳跟的皮膚加壓，挪動皮膚

PART **2** | 基本手法

用4根手指 [四指揉捏]

為使用四指指腹或手指整體揉捏肌肉的手法。小幅度地前後移動手指，或提起肌肉加以放鬆

可於想給予胸部較弱刺激時使用。小幅度地前後移動3～4次，然後移動至下個位置。

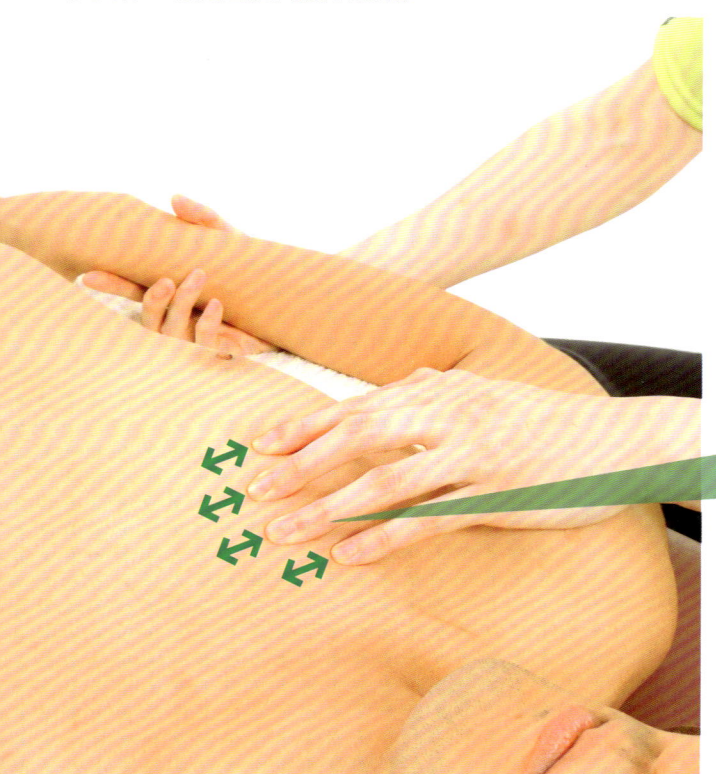

POINT
僅利用指腹來施力

不可將體重壓在指尖上，讓指甲陷入。從頭到尾都要用指腹加壓

VARIATION

四指揉捏除了胸部外，也會用於頭部（左）和肩膀（右）。頭部和胸部的動作類似，放鬆肩膀肌肉時則要以向上提起的動作加以放鬆。每個部位的動作不盡相同，請於各頁加以確認

頭部　　　肩膀上背

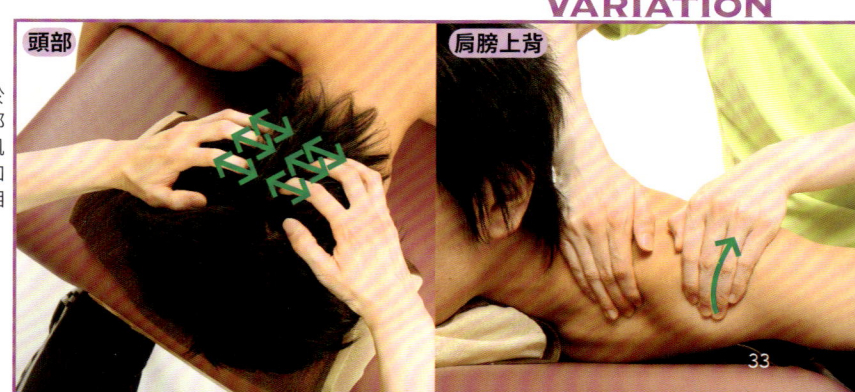

基本技巧 ❸
按 壓

效果
- 鬆開僵硬的肌肉
- 改善血液循環
- 緩解疼痛

壓迫法

用大拇指 [拇指壓迫]

主要使用大拇指指腹壓迫的方法。垂直且緩慢地對皮膚加壓，再緩慢地放鬆力道

重疊左右手的大拇指加以壓迫（雙拇指壓迫），可以對身體部位施加更大的壓力。訣竅是不使用手臂的力氣，而是伸直手肘以自己的體重來加壓。

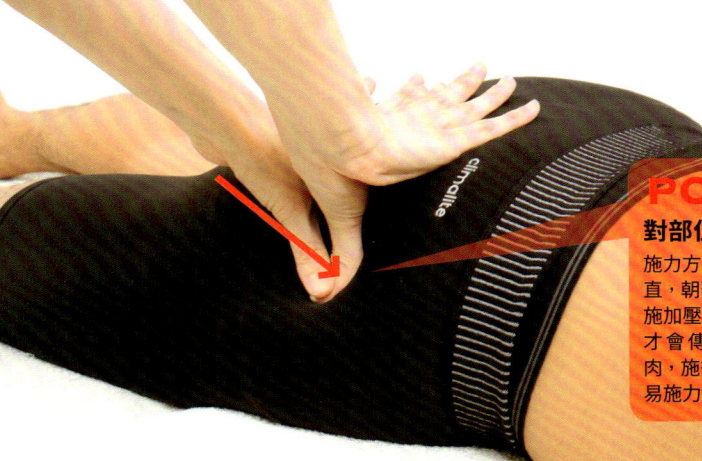

POINT
對部位垂直施力
施力方向須與皮膚垂直，朝著身體的中心施加壓力。這樣壓力才會傳遞至深層肌肉，施術者也比較容易施力

拇指壓迫法從小腿（照片）、背部、大腿甚至到手，各個身體部位皆可使用。施術方式基本上都相同，不過也有部分像是使用手指側面的特殊壓法。施加的力道也要視部位加以調整

VARIATION
小腿

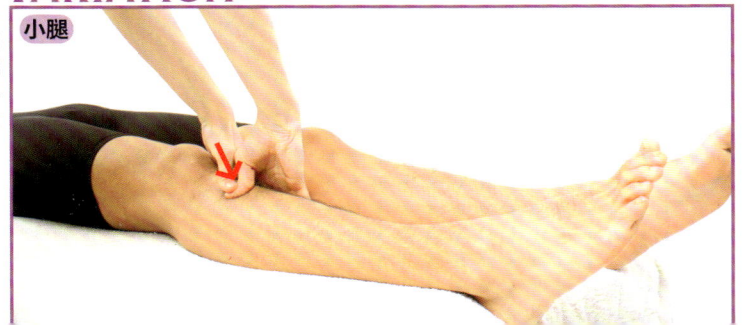

PART **2** | 基本手法

用4根手指 [四指壓迫]

使用四指指腹按壓的手法。和拇指壓迫一樣，垂直且緩慢地對皮膚加壓，再緩慢地放鬆力道

POINT
注意不要使用指尖

進行四指壓迫時千萬不可按壓得太用力。加壓時有可能會不小心用指尖按壓，這一點施術者須特別留意。當然一定要事先剪短指甲，另外也要留意手指的使用方式，以能夠讓對方感到舒適的力道施術

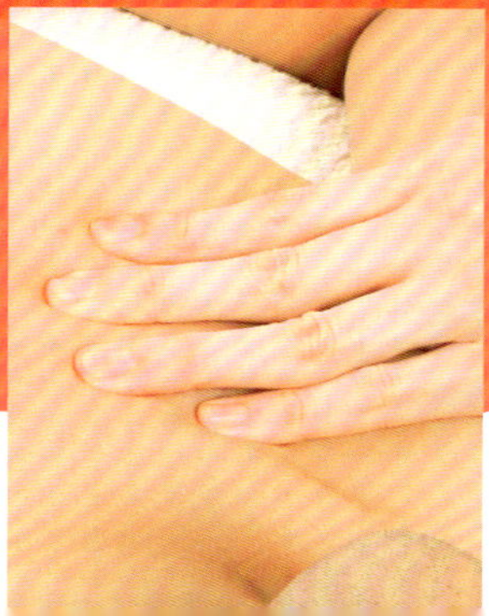

微 微張開四指，用指腹觸碰皮膚進行按壓。訣竅是使用指腹，而不是指尖或整個手指。由於在本書中只用此手法來按摩胸部，請務必留意不要過度用力。按壓的力道過大有可能會令人感到難受或疼痛。

用手掌根部 [掌根壓迫]

使用手掌根部按壓的手法。可用來按摩背部、小腿肚等大面積的厚實肌肉

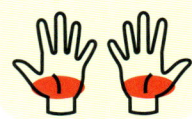

讓 手掌根部（掌根）接觸皮膚，從上方往身體的中心施加身體重量進行壓迫。施術者壓上體重時打直背脊和手肘並且放鬆肩膀，就能輕鬆地壓迫。緩慢地施加身體重量，再緩慢地放鬆力道。

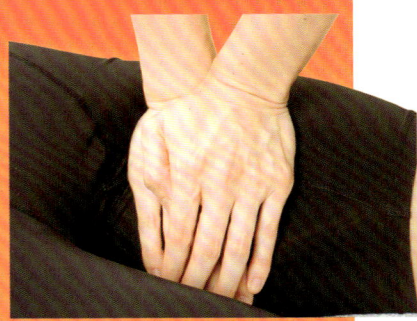

POINT

**雙手重疊
更容易壓上體重**

本書是使用重疊雙手掌根按壓（雙掌根壓迫）的手法。這樣會比單手更容易加壓

掌根壓迫主要是用於大腿、小腿肚等下肢及背部。施術方式基本上都相同，都是利用施術者自身的體重垂直且緩慢地對皮膚加壓。朝身體的中心施力

VARIATION
大腿內側

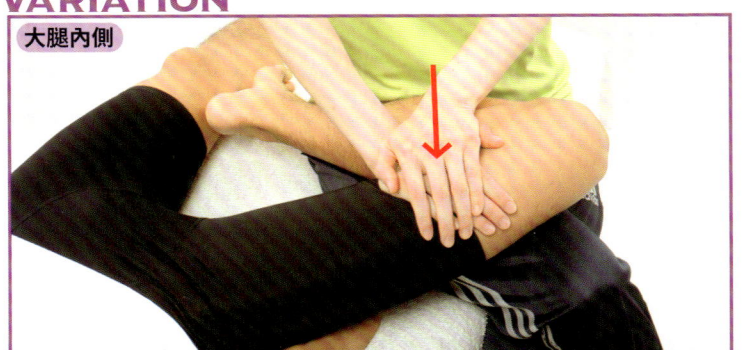

基本技巧 ❹
拍擊

叩打法

效果
- 促進血液循環
- 舒緩緊繃的肌肉
- 使神經興奮，改善機能（快速拍擊）
- 安定神經（緩慢拍擊）

用小指的側面 [切打法]

輪流使用2根小指的側面，小幅度且有節奏地拍擊。於按摩的最後使用

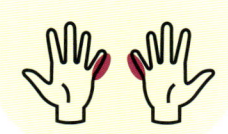

微 微張開手指，左右手輪流拍擊。訣竅是輕輕地利用反彈力，不要「用力且快速」地拍擊。每個部位拍擊7～8秒。

POINT
施術時要微張手指
拍擊時要伸直並微張手指。由於小指觸碰到皮膚後，其他手指會依序靠向小指側，因此能夠接連帶來細微的刺激

邊拍擊邊移動。

VARIATION
腰、背

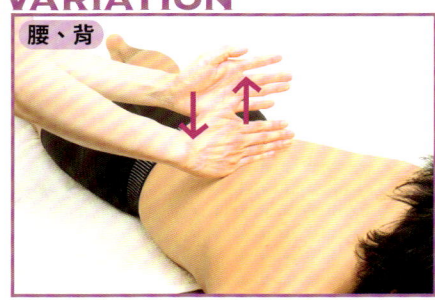

以背部（上）、大腿後側、小腿肚等面積較大的肌肉為主，運用於各種部位。手法基本上都相同

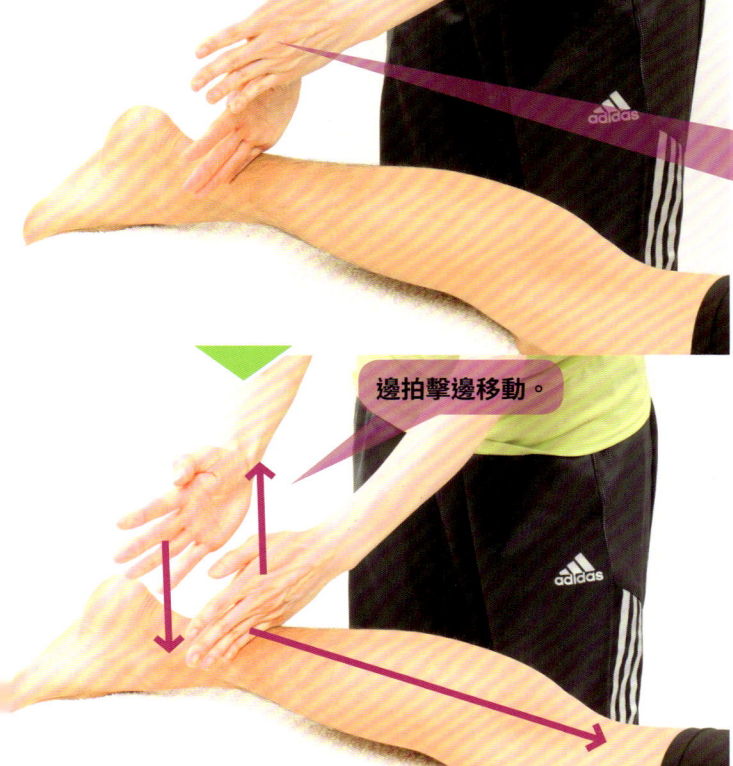

COLUMN

「輕擦」的重要性

運動按摩基本上是「以輕擦開始，以輕擦結束」。對按摩初學者而言，這個手法乍看之下好像不是很必要，但事實上卻具備很重要的功能。

施術前的輕擦首先具有傳達「我要開始按摩了！」的意思，並且具有舒緩精神及身體緊張感的效果。第二則是藉此了解對方的身體狀態。熟悉按摩的人能夠透過皮膚及肌肉的狀態、體溫等等，立即察覺對方的身體狀況，進而利用這些情報來判斷使用何種放鬆方式會較有助益。

至於施術後的輕擦，第一是能夠發揮輕擦原有的效果，也就是透過按摩來鎮靜興奮的肌肉。第二則是能藉此和施術前的狀態進行比較。藉由輕擦感應施術前後的皮膚以及肌肉狀態，判斷按摩是否有成功回應到對方的需求。為此，除了透過施術前的輕擦來理解身體狀況外，詢問對方的感覺、訴求或需求也很重要。營造容易交談的氛圍並巧妙地向對方詢問，這方面的操作也需要進行按摩的防護員展現自身的本領。

輕擦的手法雖然看似單純又簡單，實際上卻是一門具備重要功能的深奧技巧。在按摩的世界裡，甚至自古便流傳著「注意指尖」這句話，足見謹慎地進行輕擦有多重要。因此請各位也將全副神經集中在手上吧。

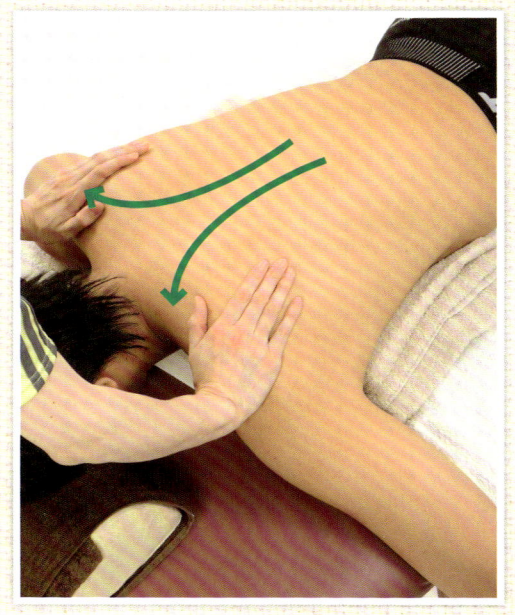

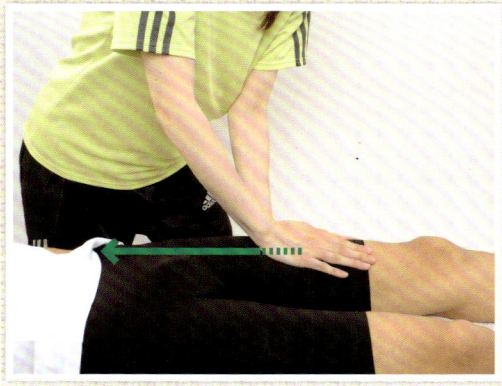

基本上輕擦時必須留意肌肉的走向，一邊畫出平緩的曲線。將注意力放在指尖上，仔細感知皮膚及肌肉的狀態、體溫等等

由於會配合肌肉的走向施術，因此有時也會依據不同部位畫弧。圖片是正在摩擦背部斜方肌的樣子

PART 3

各部位按摩法

學會基本的手法之後,接下來就開始實際操作吧。本章將解說應用在不同身體部位的肌肉放鬆方式。只要看著肌肉的位置、使用手法及重點一邊放鬆,應該就能得到充分的按摩效果。

CONTENTS

腳趾 ………… P40	膝窩 ………… P66	前臂 ………… P98
腳底 ………… P42	小腿 ………… P68	肱三頭肌 …… P102
腳背 ………… P44	小腿肚 ……… P72	肱二頭肌 …… P106
腳跟 ………… P46	阿基里斯腱 … P76	手 …………… P108
大腿前側 …… P48	臀部 ………… P78	胸部 ………… P112
大腿後側 …… P52	髖關節 ……… P82	肩關節 ……… P116
大腿外側 …… P56	腰、背 ……… P86	肩膀上背 …… P120
大腿內側 …… P60	頭部 ………… P92	
髕骨周圍 …… P64	頸部 ………… P94	

各部位按摩法

腳趾

屈趾短肌

屈拇趾長肌

從第一關節到腳趾根部，放鬆腳趾的肌腱

壓迫從腳底延伸至腳趾第一關節附近的肌腱。如果按錯部位效果會不佳，因此要確實按壓肌肉中央那條路徑。如果有確實刺激到肌腱，被施術者應該會痛到想要閃躲，因此可以以此當作施術時的判斷標準。壓迫時要用大拇指和食指夾住，然後用大拇指用力按壓。

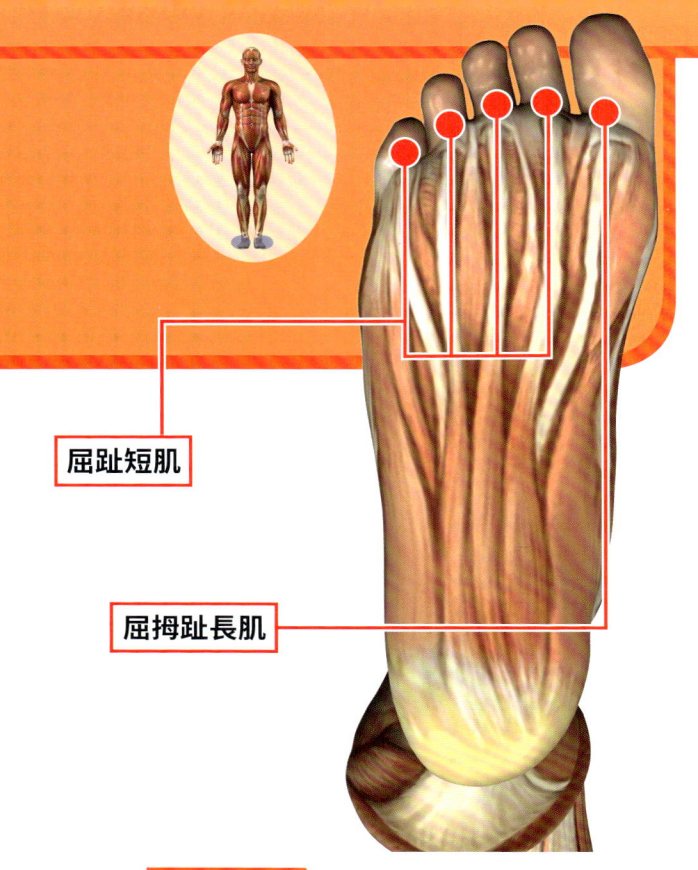

按摩姿勢 ❶

打直背脊。

讓被施術者仰躺後，施術者打直背脊並坐在腳尖上

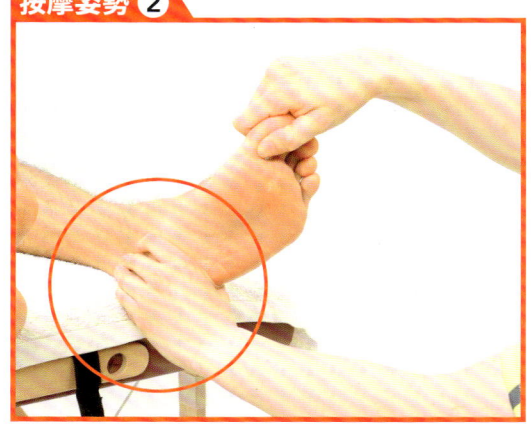

按摩姿勢 ❷

由於被施術者因為刺激感強烈，腳會不由自主地想要閃躲，因此要用左手牢牢固定

PART **3** 各部位按摩法

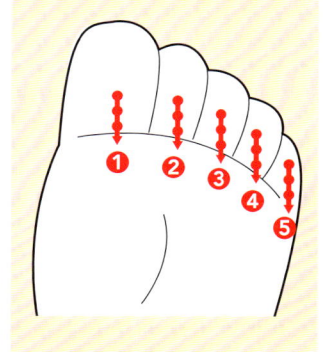

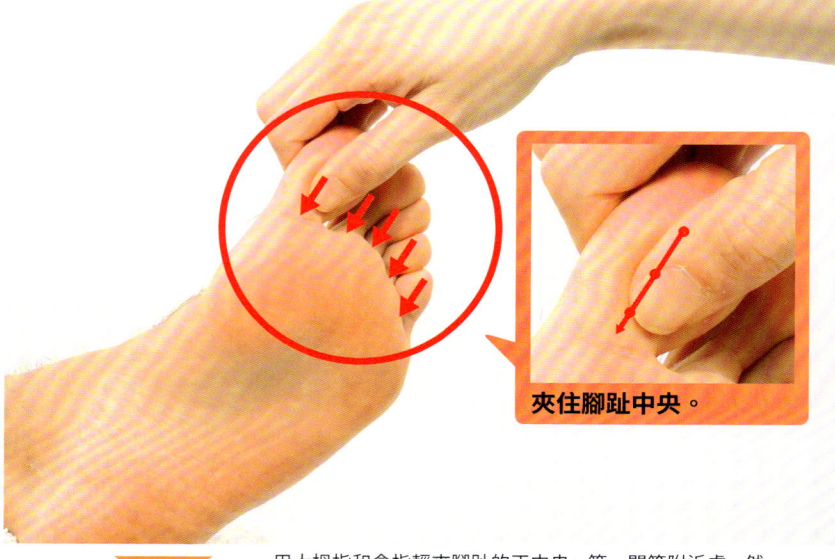

1 按壓 [拇指壓迫]

5 路徑 × **1** 次

夾住腳趾中央。

用大拇指和食指輕夾腳趾的正中央、第一關節附近處，然後用大拇指用力往下壓

POINT
想著堅韌的腳趾肌腱

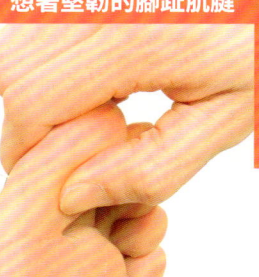

想像著壓迫腳趾肌腱，將其鬆開。習慣之前，最好多多觸碰以確認肌腱的位置

從腳趾第一關節開始，往下按壓3個點。兩腳所有腳趾都要按壓到

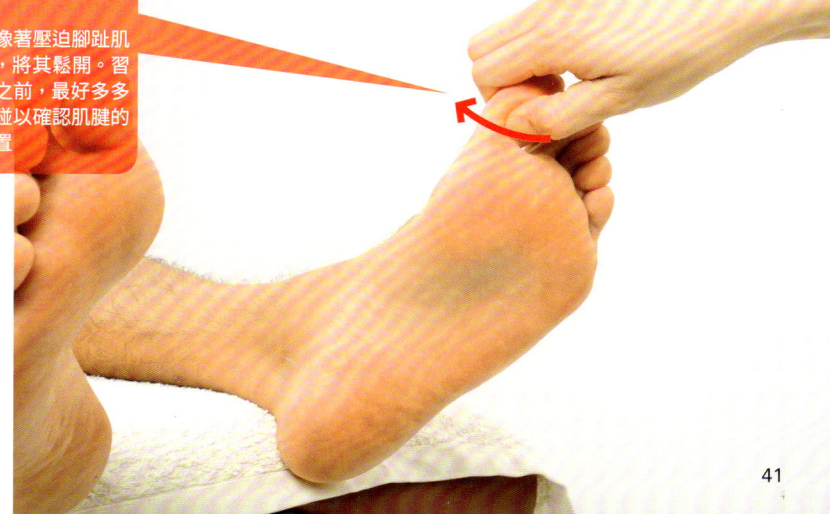

41

各部位按摩法

腳底

足底筋膜

拇趾外展肌

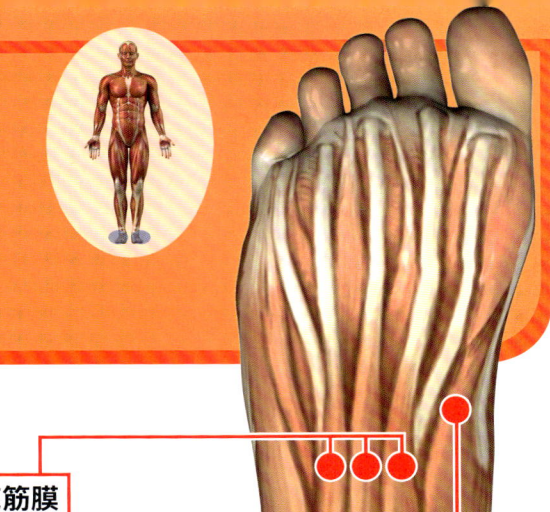

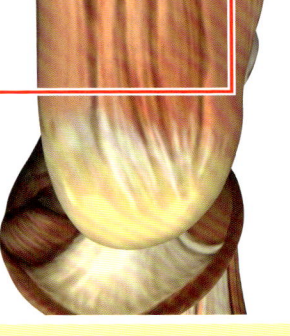

雙手大拇指重疊後壓上體重，感覺像是要撥開足弓的肌肉

反覆跳躍和落地會讓腳底累積疲勞，這時足弓的弧形部分就有可能會下降並且讓人感到疼痛。為避免這種情況發生，最好從平日就要多加按摩保養。重疊雙手的大拇指，施加身體重量來垂直按壓。重點在於要想像將足弓的肌肉撥開一般。另外也請記得做伸展測試。

按摩姿勢

坐在床的邊緣，將要按摩的腳抱到大腿上

伸展測試

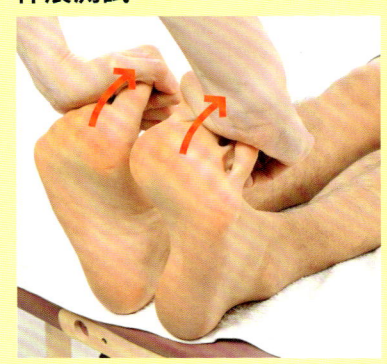

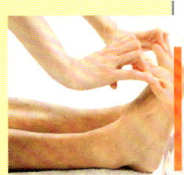

比較左右腳並確認彎曲程度。由上圖可以看出，後方的左腳比較僵硬

在仰躺姿勢下將腳踝固定為呈現90°，然後將腳趾往頭部的方向用力按壓。這時，腳底彎曲的角度愈大，就代表肌肉緊繃的程度愈低。請加強放鬆較為僵硬（彎曲角度較小的那隻腳）之肌肉。

42

PART **3** 各部位按摩法

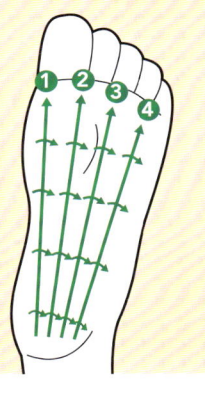

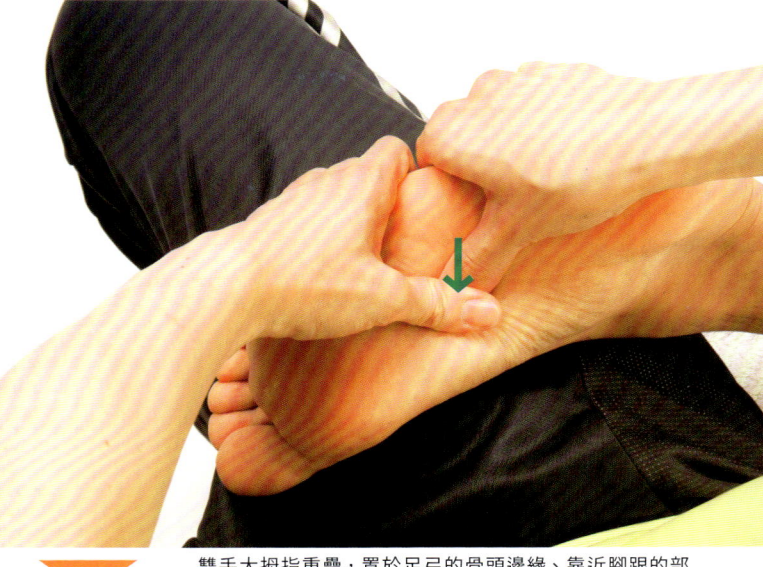

1 揉捏 [雙拇指揉捏]

4 路徑 × **3~4** 次

雙手大拇指重疊，置於足弓的骨頭邊緣、靠近腳跟的部分，再垂直按壓

POINT
想著要撥開肌肉

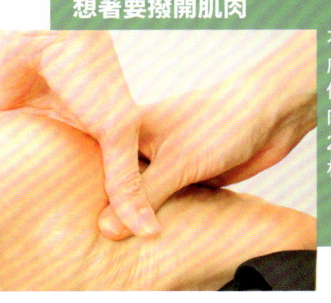

不是用力地摩擦皮膚表面，而是感覺像要用手指將肌肉撥開一般。路徑2～4的做法亦都相同

按壓之後，移動手指挪動肌肉。從腳跟往腳尖的方向，每條路徑揉捏4～5次，兩腳各按摩這4條路徑3～4次

43

各部位按摩法

腳背

骨間肌

壓迫骨頭之間的肌肉
也請嘗試「彈動」手法

和腳底一樣，腳背也會因為跳躍和落地而累積疲勞，甚至產生疼痛感。為了預防這種情況，建議用大拇指壓迫腳背骨頭和骨頭之間的肌肉來加以放鬆。使用大拇指，從腳趾根部往腳踝的方向按壓。從小趾側開始往大拇趾的方向，一共按壓4條路徑。疲勞程度嚴重的人可以合併使用彈動腳部肌腱的手法，效果會更加顯著。

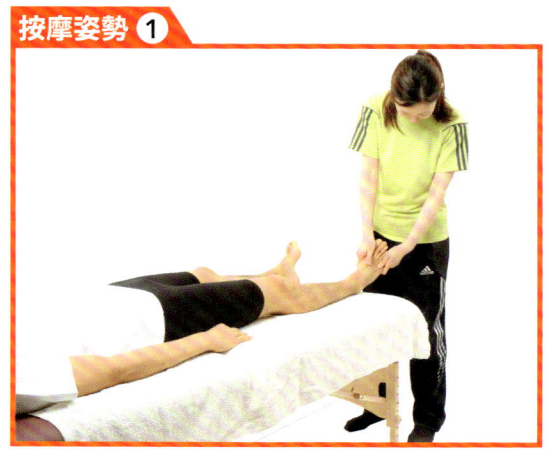

按摩姿勢 1

站在床前，用雙手握住腳背。一手進行壓迫，另一隻手確實固定支撐住腳背

按摩姿勢 2

側面的樣子。身體站直並稍微前傾。要前傾多少依床的高度而定，只要姿勢方便自己施術即可。雙腿則是自然地打開

PART 3 各部位按摩法

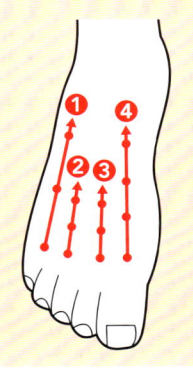

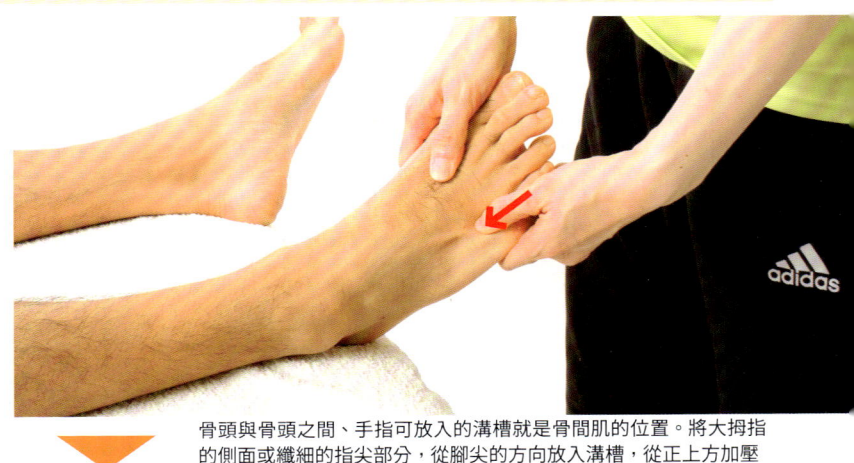

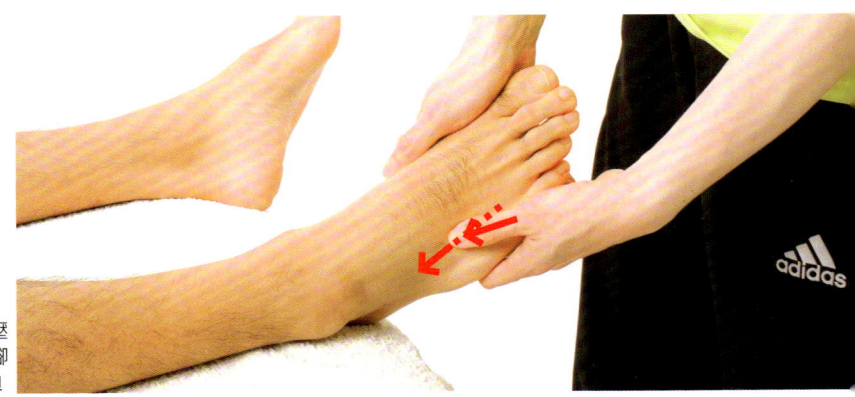

1 按壓 [拇指壓迫]

4 路徑 × **2** 次

骨頭與骨頭之間、手指可放入的溝槽就是骨間肌的位置。將大拇指的側面或纖細的指尖部分，從腳尖的方向放入溝槽，從正上方加壓

按壓之後慢慢地挪動手指，一直按壓到腳背溝槽消失的部分。另外，左腳要用右手，右腳則要用左手進行壓迫

進階

用拇指揉捏彈動肌腱

用拇指揉捏的手法，彈動似地揉捏腳背的肌腱。尤其疲勞度嚴重的人，請與拇指壓迫一併施術。以右腳為例，用右手從小趾側往大拇指的方向揉捏5路徑×2次，用左手從大拇趾側往小趾的方向揉捏5路徑×2次。左腳同樣各揉捏2次。

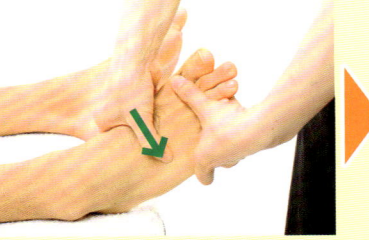

使用大拇指，從小趾肌腱稍微前面的位置開始揉捏

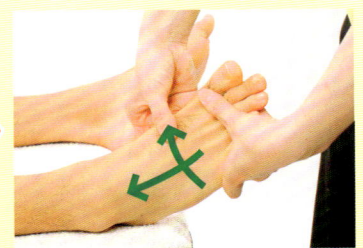

路徑共有5條。揉捏至接近腳踝處

45

各部位按摩法

腳跟

依據要放鬆的部位使用不同手指

像是馬拉松選手等主要進行長時間跑步訓練的人，容易會出現腳跟疼痛的問題。按摩腳跟的內側、前端、外側時所使用的手指不盡相同。腳跟的肌肉較硬、不好揉捏，不過揉捏內側和前端時可以想像按住後將肌肉撥開（手法1），揉捏腳跟外側時則像是按住肌肉後來挪動（手法2）。

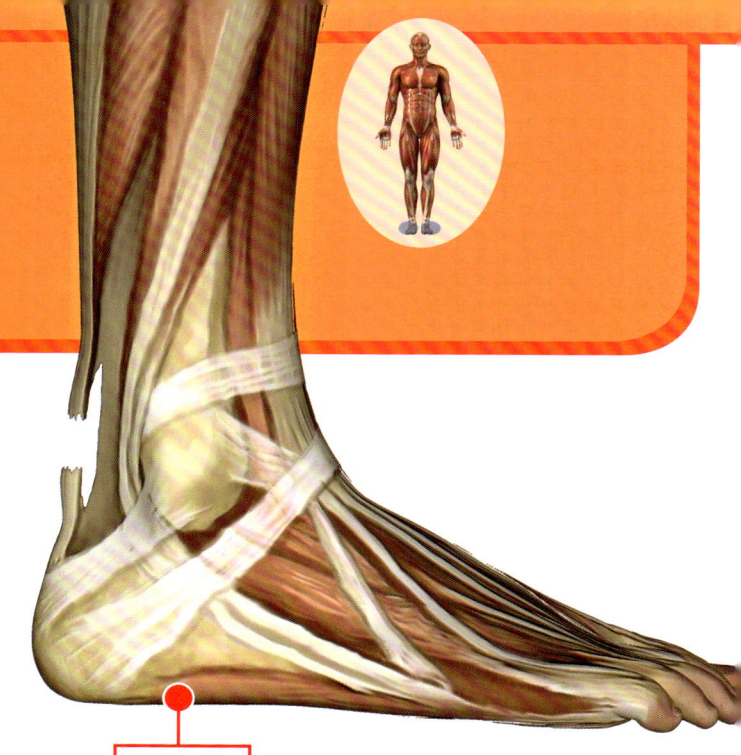

足底筋膜

按摩姿勢

被施術者要趴在床上。施術者打直背脊淺坐在床的邊緣，將對方的腳放在大腿上揉捏

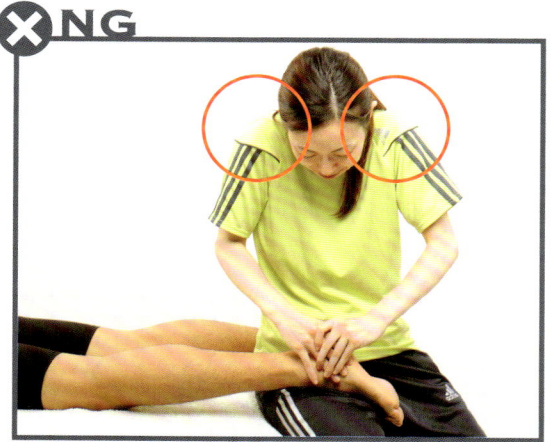

NG

聳肩反而會不好施力，須特別留意

PART 3 | 各部位按摩法

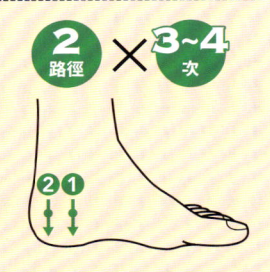

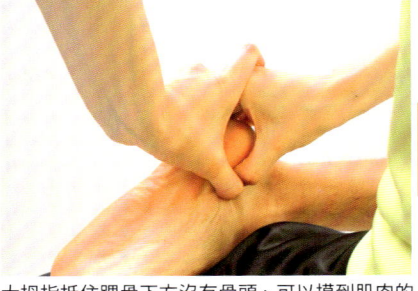

1 揉捏 [雙拇指揉捏]

2 路徑 × 3~4 次

2 路徑 × 3~4 次

大拇指抵住踝骨下方沒有骨頭、可以摸到肌肉的部分

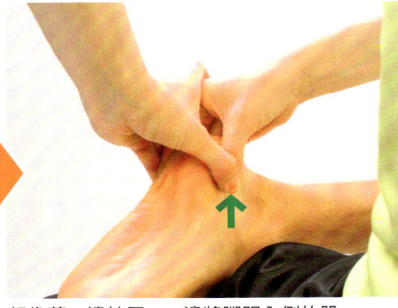

想像著一邊按壓，一邊將腳跟內側的肌肉往上提

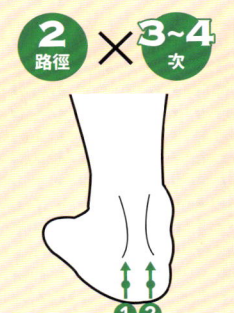

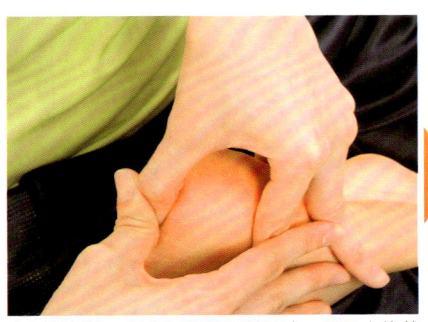

大拇指重疊，抵住阿基里斯腱下方、跟骨上緣的位置

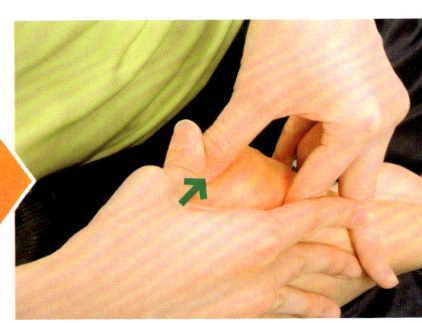

按壓的同時，像要將包覆腳跟的肌肉撥開一般地揉捏

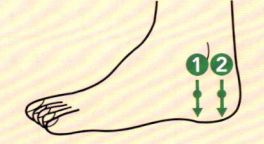

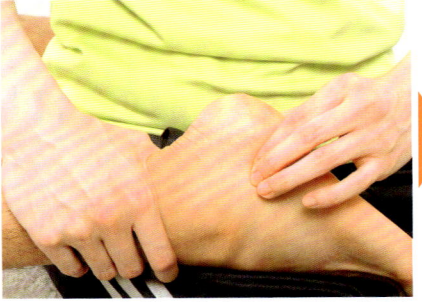

2 揉捏 [兩指揉捏]

2 路徑 × 3~4 次

用大拇指和食指從兩側捏住腳跟。用另一隻手支撐腳踝

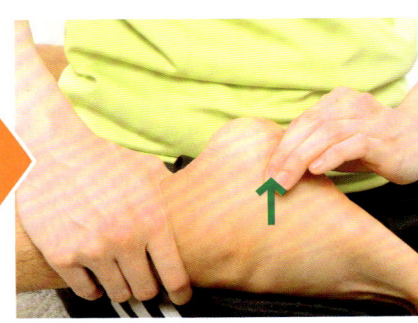

感覺像要挪動肌肉一樣，用食指朝腳跟前端的方向揉捏

47

各部位按摩法

大腿前側

運用多種手法揉鬆肌肉

衝刺、轉向、步行等所有動作都會使用到大腿前側。像是藉由輕微刺激做好按摩準備的手掌輕擦（手法1）、用手掌抓起肌肉使其放鬆的手掌抓握（手法2）、將體重施加在掌根上揉鬆肌肉的掌根揉捏（手法3）、用比出「手刀」姿勢的雙手拍擊肌肉的切打法（手法4）等等，會利用各式各樣的手法進行放鬆。

- 股直肌
- 股外側肌
- 股內側肌

按摩姿勢

稍微打開雙腿站在床旁邊，上半身微微前傾

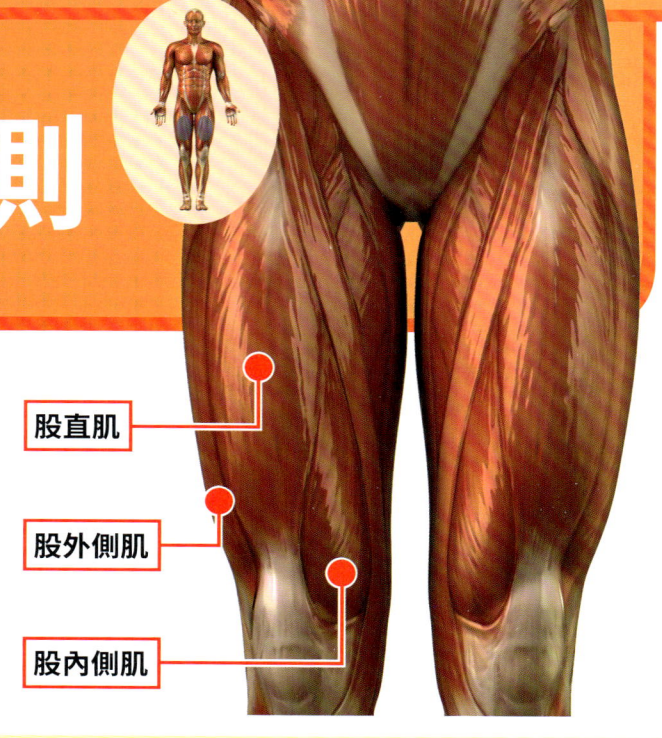

伸展測試

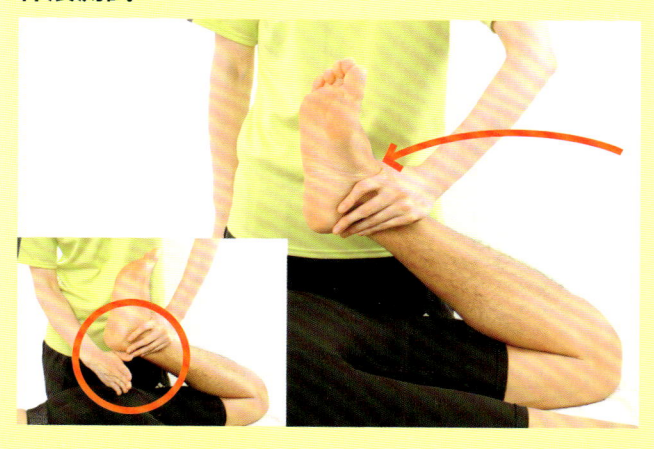

在趴著的狀態下彎曲膝蓋，讓腳跟盡可能靠近臀部。腳跟愈靠近臀部，大腿前側肌肉的緊繃程度愈低。如左下圖所示，將手指放在腳跟和臀部之間進行確認，如果距離超過2根手指就要特別加強放鬆。

PART **3** 各部位按摩法

1 摩擦 [手掌輕擦]

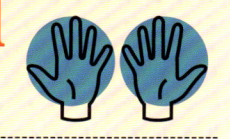

1 路徑 × **3~4** 次

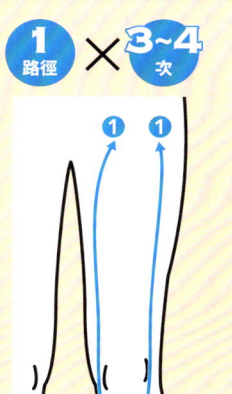

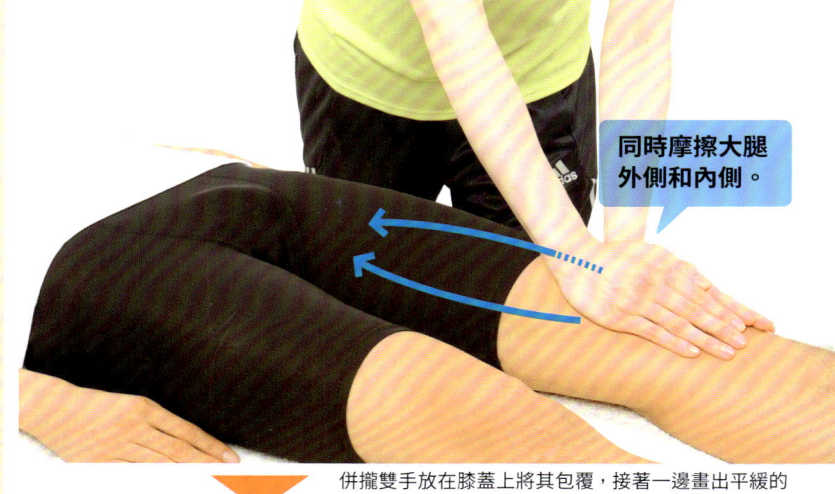

同時摩擦大腿外側和內側。

併攏雙手放在膝蓋上將其包覆,接著一邊畫出平緩的曲線,一邊往上摩擦至大腿根部

2 揉捏 [手掌抓握]

1 路徑 × **3~4** 次

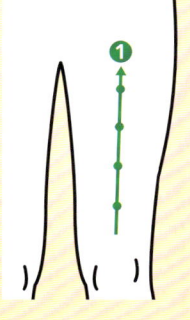

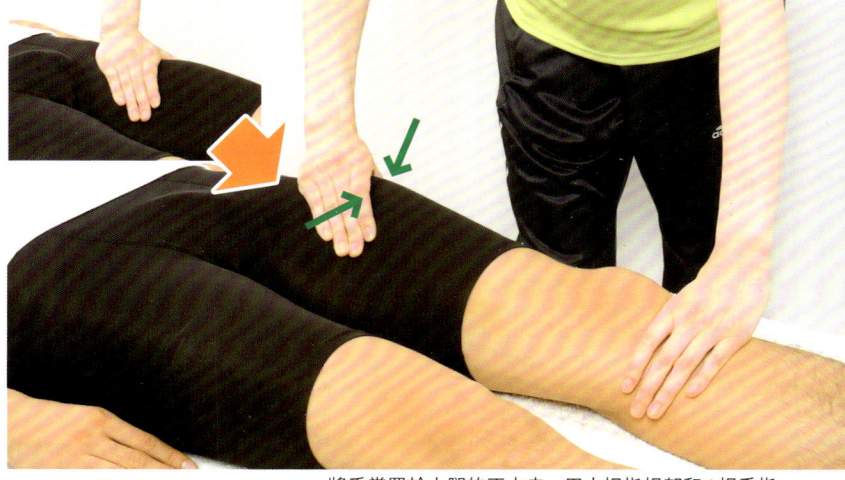

將手掌置於大腿的正中央,用大拇指根部和4根手指的第二關節附近,像要將股直肌從大腿骨上撥開般抓起來

3 揉捏 [掌根揉捏]

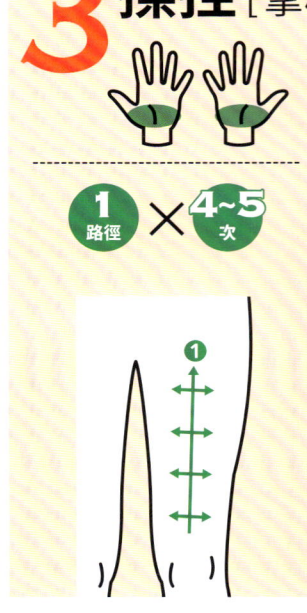

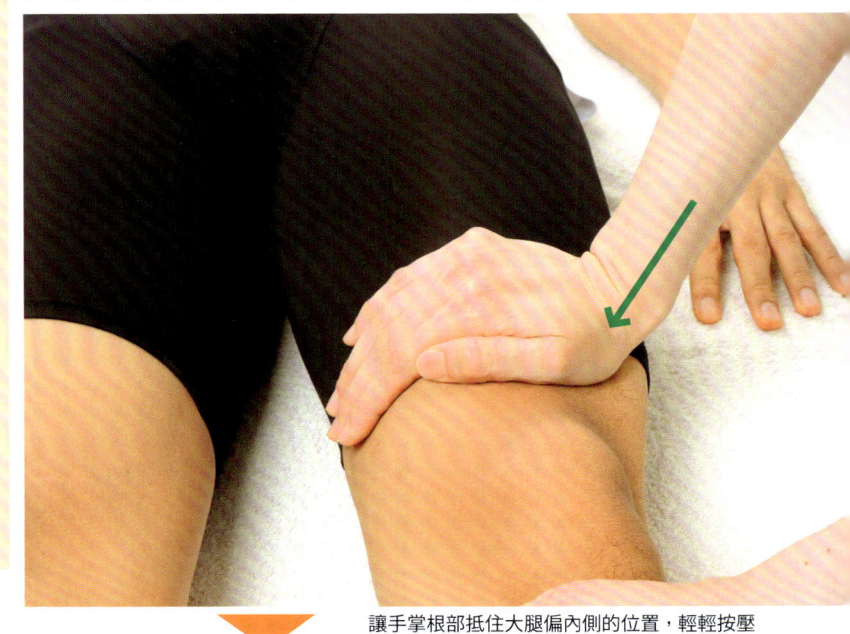

1 路徑 × 4~5 次

讓手掌根部抵住大腿偏內側的位置,輕輕按壓

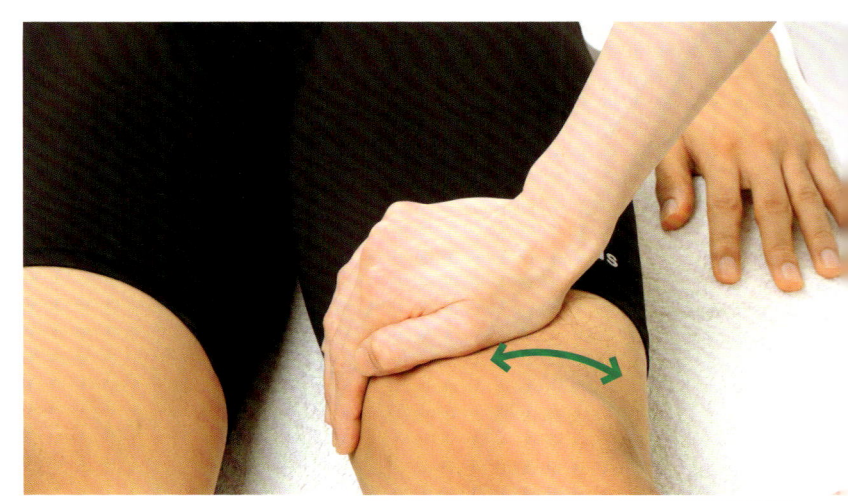

壓上體重後讓手往前後移動,感覺是要挪動肌肉而非皮膚。從膝蓋上方往大腿根部揉捏

PART 3　各部位按摩法

4 拍擊 [切打法]

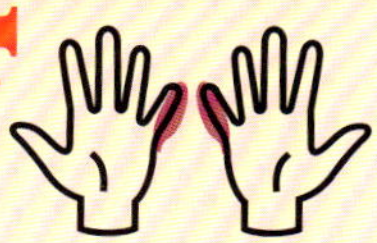

1 路徑 × 7~10 秒

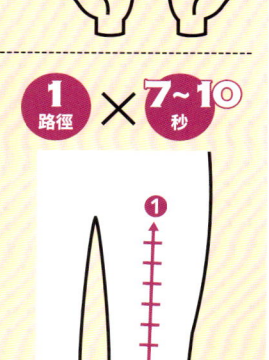

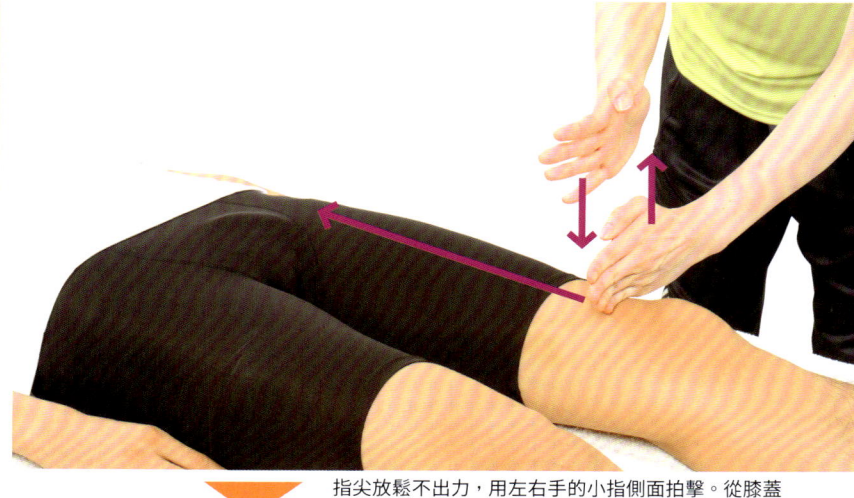

指尖放鬆不出力，用左右手的小指側面拍擊。從膝蓋上方，花7～10秒拍打至大腿根部

5 摩擦 [手掌輕擦]

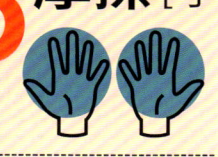

1 路徑 × 3~4 次

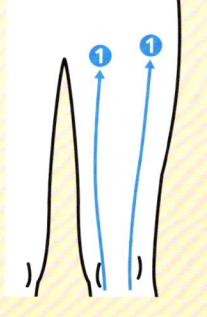

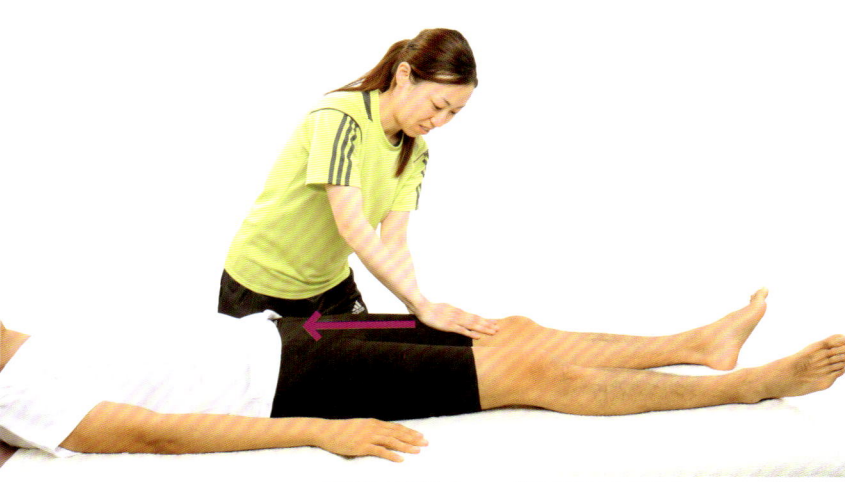

最後和49頁的「1」一樣手掌輕擦後便結束

51

各部位按摩法

大腿後側

半腱肌

股二頭肌

半膜肌

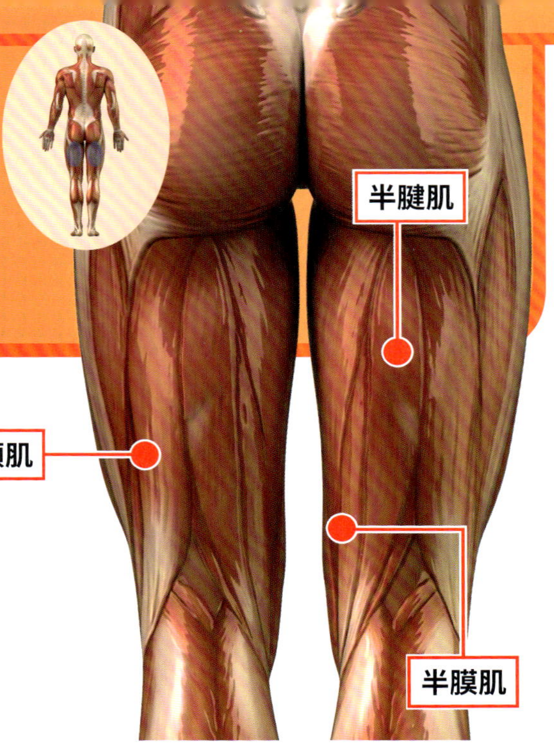

仔細放鬆
容易發生拉傷的部位

大腿後側靠近內側的地方有半腱肌和半膜肌，外側則有股二頭肌，按摩此區時會放鬆這幾條肌肉。這3條肌肉總稱「腿後肌群」，因為容易拉傷，所以需要事先仔細地按摩放鬆。使用雙掌根壓迫（手法2）、雙拇指壓迫（手法3）等容易施力的手法，放鬆厚實的肌肉。

按摩姿勢

單腳踩在床上，將被施術者的腳置於大腿上。像這樣讓大腿後側的肌肉鬆弛、不出力才容易按摩

伸展測試

check!

腳踝固定呈現90°，伸直膝蓋並將腿垂直抬起。在這個狀態下，確認大腿後側肌肉的緊繃程度。如果肌肉顯然很緊繃，就仔細地按摩放鬆。

PART 3 | 各部位按摩法

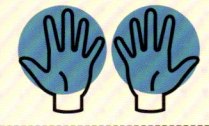

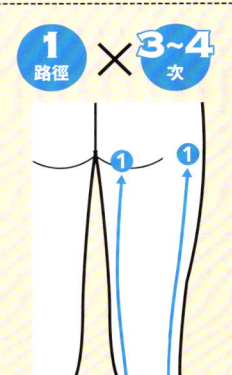

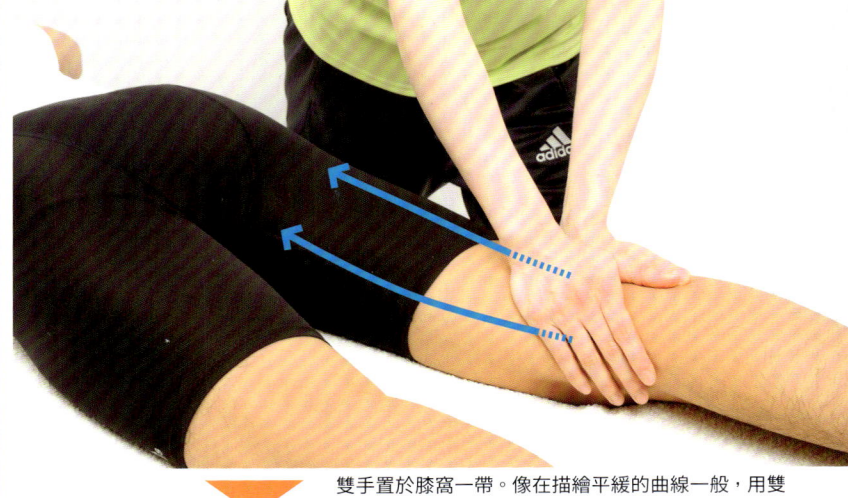

1 摩擦 [手掌輕擦]

1路徑 × 3~4次

雙手置於膝窩一帶。像在描繪平緩的曲線一般,用雙手摩擦大腿後側的內側及外側

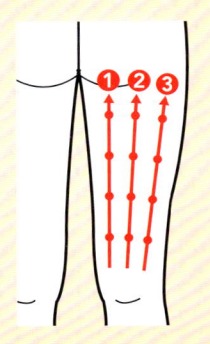

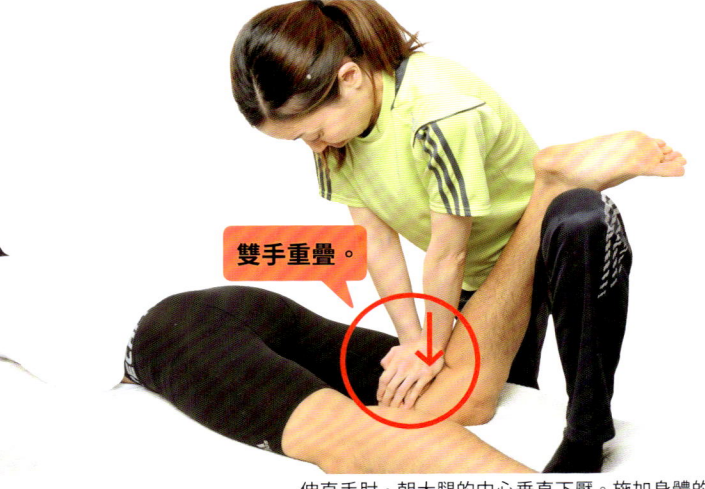

2 按壓 [雙掌根壓迫]

3路徑 × 2~3次

雙手重疊。

伸直手肘,朝大腿的中心垂直下壓。施加身體的重量按壓,而不是使用手臂的力氣

53

3 按壓 [雙拇指壓迫]

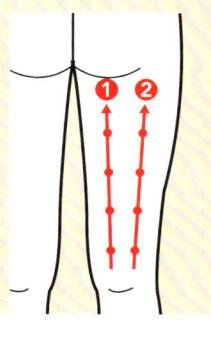

2 路徑 × **2~3** 次

大拇指重疊，朝大腿的中心垂直施加身體的重量

POINT
按壓時要確認肌肉的位置

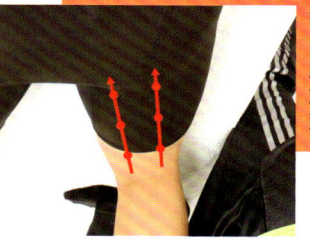

按壓位於內側的半腱肌和半膜肌，以及位於外側的股二頭肌

伸直手肘比較容易施加身體重量。從膝窩往大腿根部按壓 3～4 個點

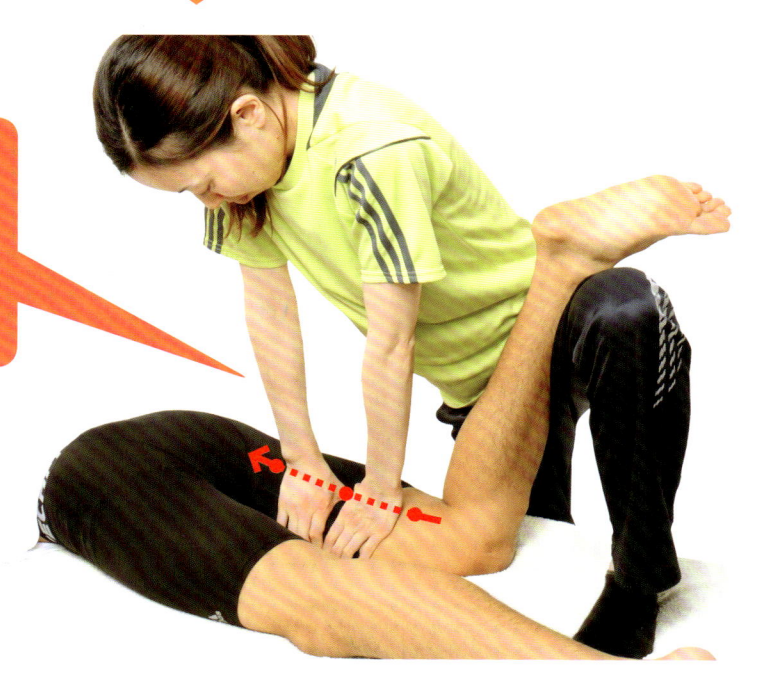

PART 3 | 各部位按摩法

4 拍擊 [切打法]

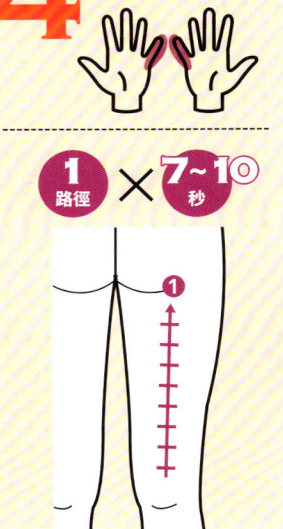

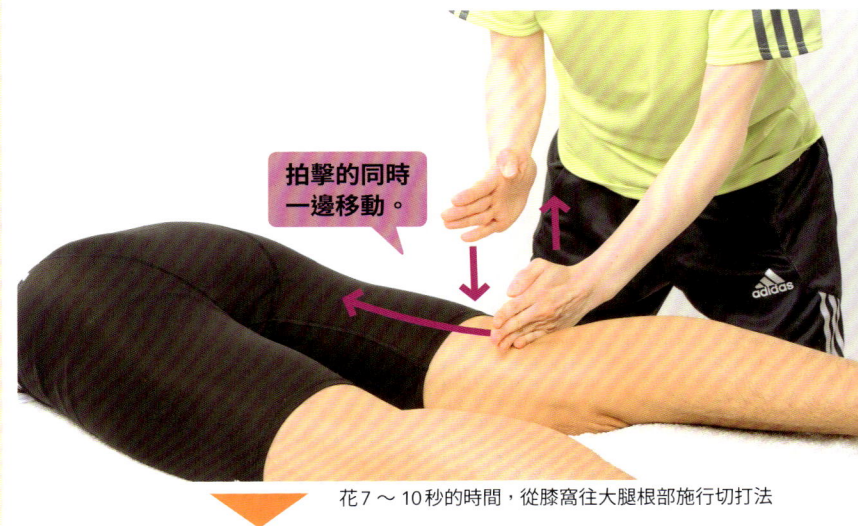

1 路徑 × 7~10 秒

拍擊的同時一邊移動。

花7～10秒的時間，從膝窩往大腿根部施行切打法

5 摩擦 [手掌輕擦]

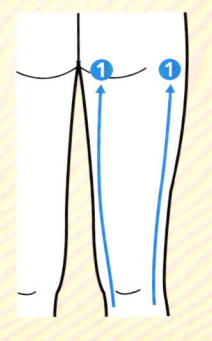

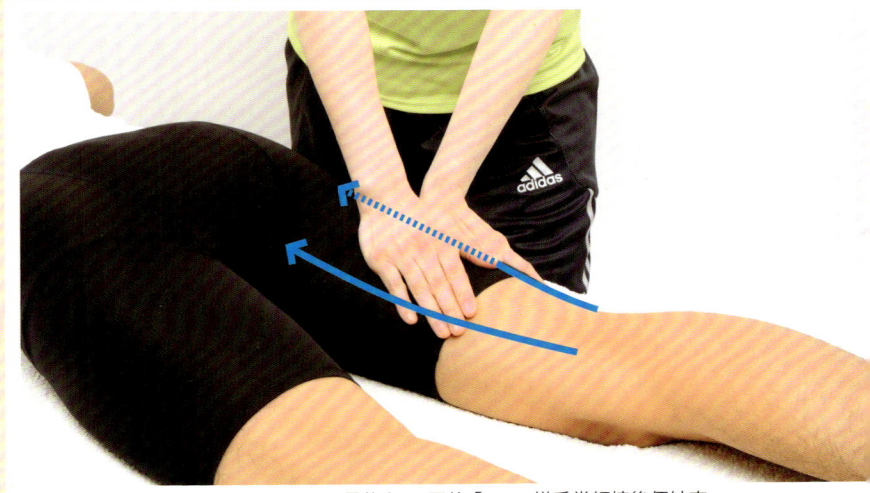

1 路徑 × 3~4 次

最後和53頁的「1」一樣手掌輕擦後便結束

55

各部位按摩法

大腿外側

髂脛束

股外側肌

想像將大腿外側的肌肉撥開一般

從膝蓋旁邊延伸至髖骨下方的股外側肌、髂脛束等大腿外側的肌肉，要用掌根（手法2）和雙拇指（手法3）像要將肌肉撥開一般地放鬆。不是用手臂的力量，而是伸直手肘，將體重施加在手和手指上揉捏。股外側肌因為附著在髖關節上，一旦硬化就會妨礙髖關節的活動，是從事任何運動都會累積疲勞的部位。由於也會引起腰痛和膝蓋疼痛，需要格外仔細地放鬆。

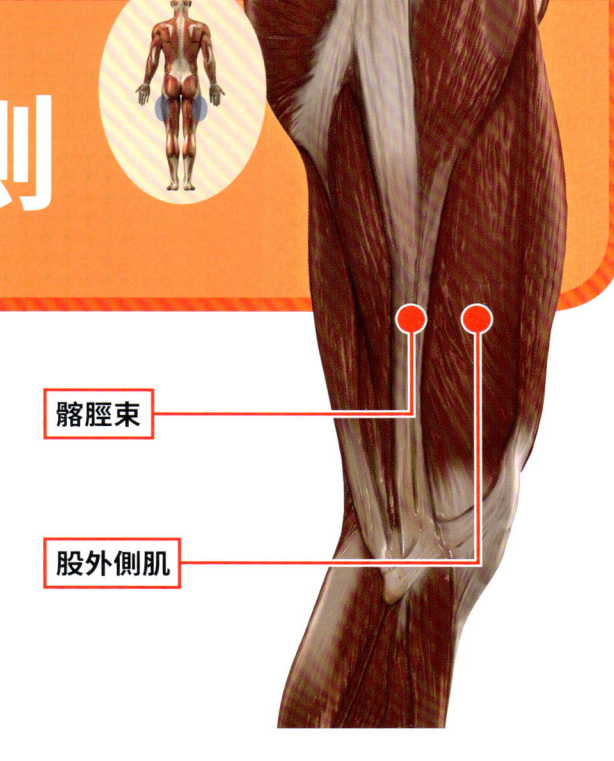

按摩姿勢 ①

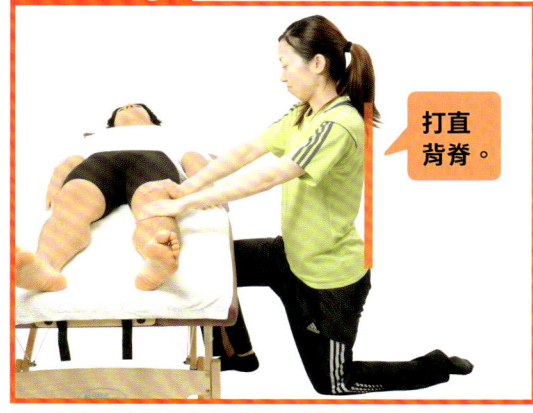

打直背脊。

側面的樣子。單膝跪在床旁邊，打直背脊

按摩姿勢 ②

固定腿。

一手按摩，另一隻手放在膝蓋下方，將腿牢牢固定住

PART **3** | 各部位按摩法

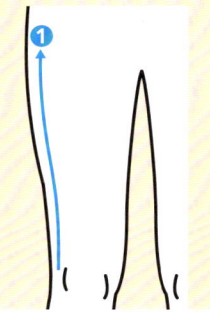

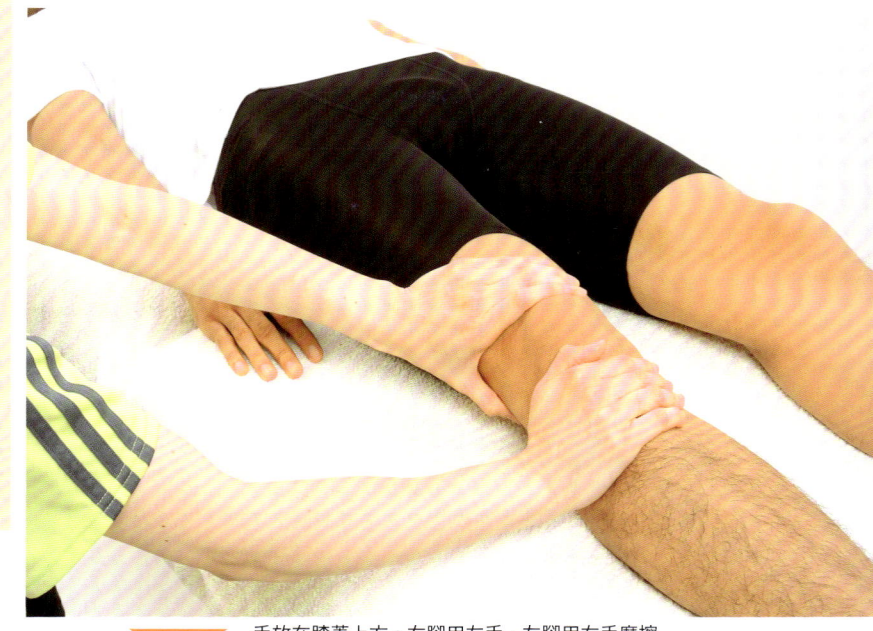

1 摩擦 [手掌輕擦]

1 路徑 × **3~4 次**

手放在膝蓋上方。右腳用左手，左腳用右手摩擦

POINT
一路摩擦至髖骨下方

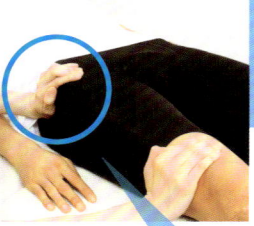

髂脛束、股外側肌會延伸到髖骨的附近。請確實摩擦這一大片的範圍

摩擦到這裡。

順著韌帶和肌肉的走向摩擦

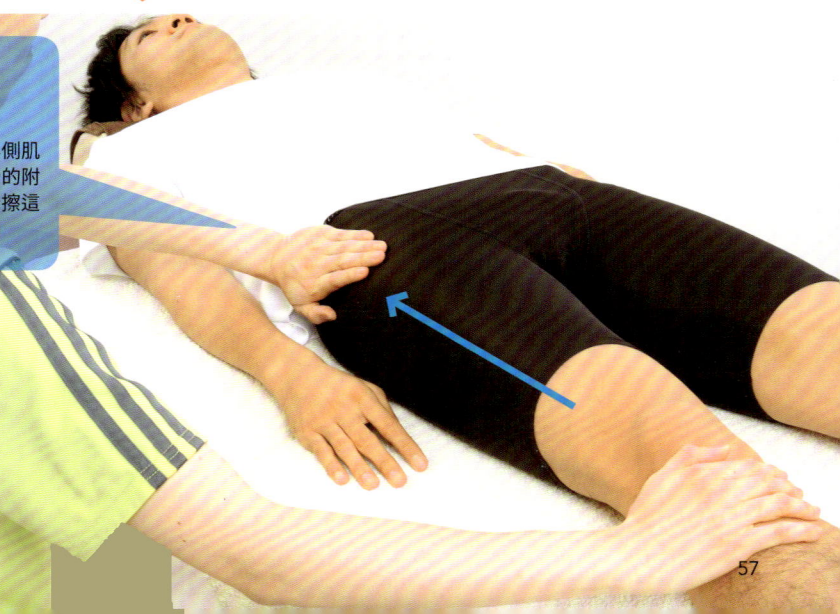

57

2 揉捏 [掌根揉捏]

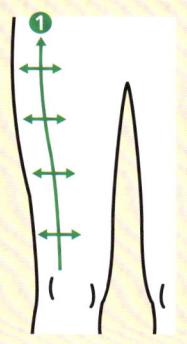

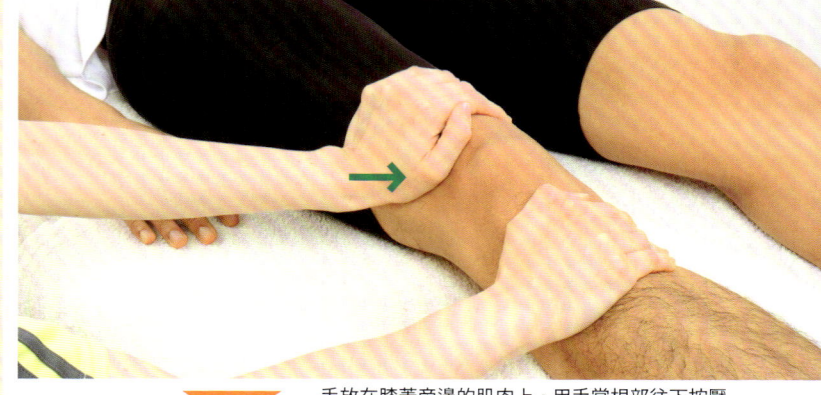

1 路徑 × 3~4 次

手放在膝蓋旁邊的肌肉上,用手掌根部往下按壓

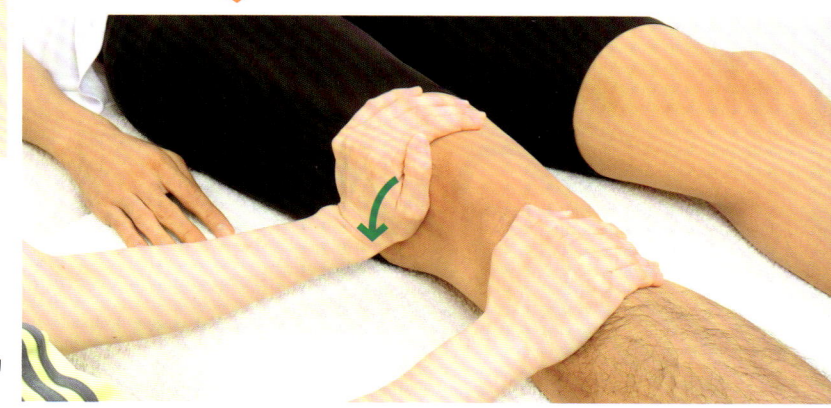

持續按壓的同時,像要挪動肌肉似地將掌根往下移

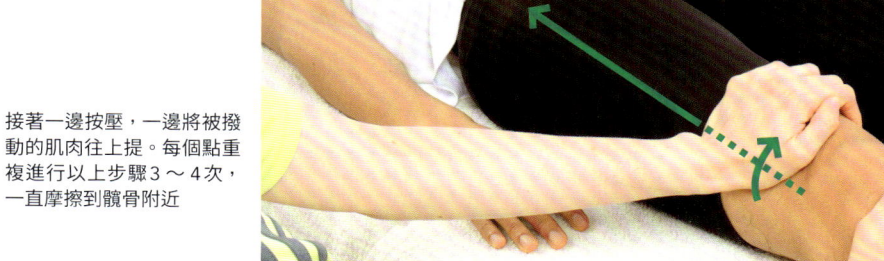

接著一邊按壓,一邊將被撥動的肌肉往上提。每個點重複進行以上步驟3～4次,一直摩擦到髖骨附近

PART **3** | 各部位按摩法

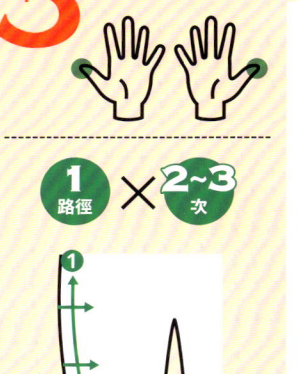

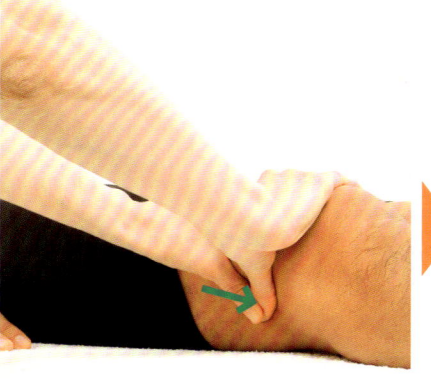

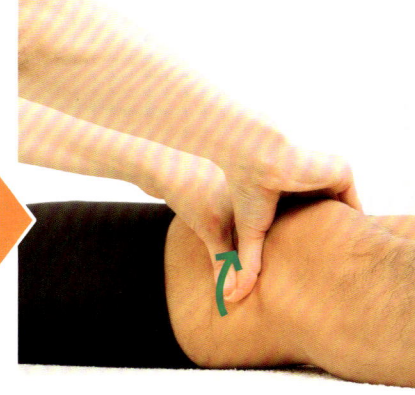

3 揉捏 [雙拇指揉捏]

1 路徑 × **2~3** 次

和掌根揉捏一樣,以按壓→挪動的動作將肌肉上提。一直揉捏到髖骨附近

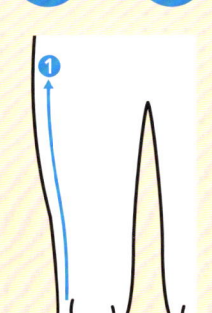

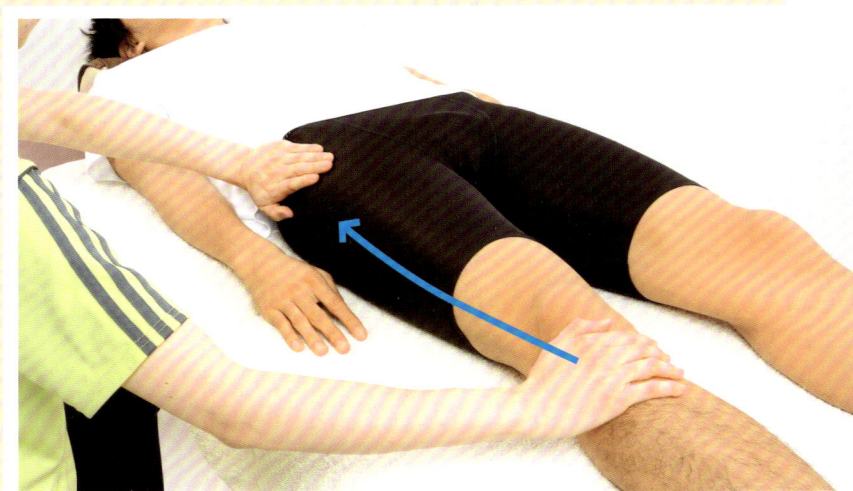

4 摩擦 [手掌輕擦]

1 路徑 × **3~4** 次

最後和57頁的「1」一樣摩擦整體後便結束

59

各部位按摩法

大腿內側

內收肌群

按壓揉捏容易拉傷的內收肌部位

大腿內側是容易在衝刺、轉向時拉傷的部位。由於曾經拉傷過的人很容易會再復發，因此需要經常放鬆。按摩時是用掌根，壓迫（手法2）、揉捏（手法3）名為內收肌的肌肉。假使按摩後仍有些地方很僵硬，也可以用拇指按壓5～10秒，或只反覆揉捏僵硬的部分。

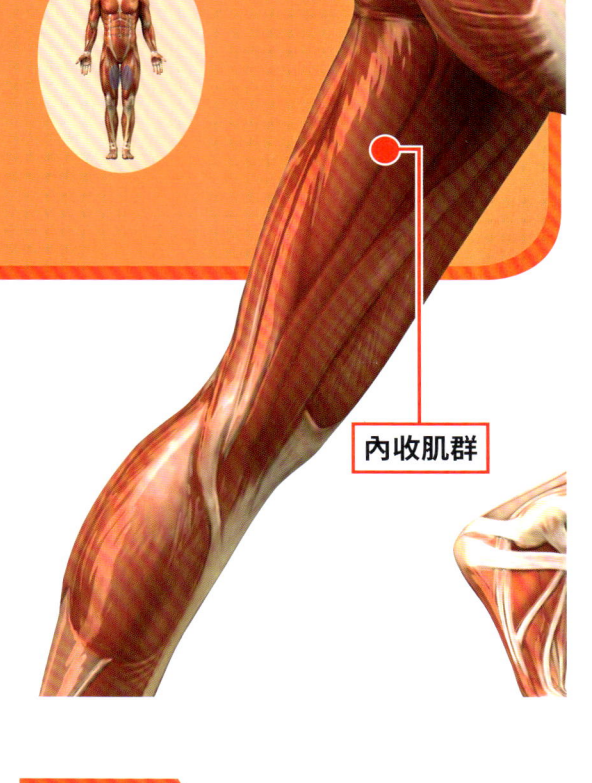

按摩姿勢 ❶

架高大腿比較穩定。

坐在床上翹腿之後，將被施術者的大腿放在自己的大腿上。若被施術者的髖關節僵硬，像右下圖一樣架高大腿會比較穩定

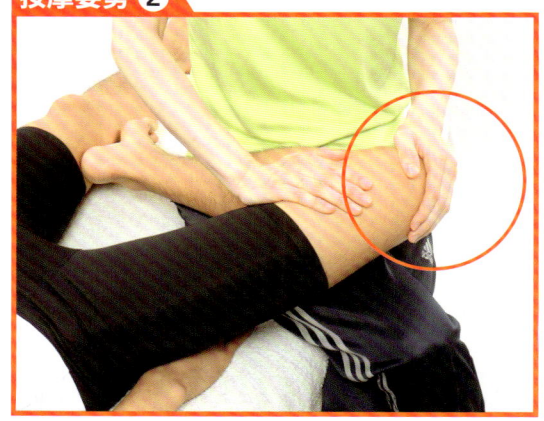

按摩姿勢 ❷

一手按摩，另一隻手（這裡是左手）牢牢按住膝蓋

PART **3** 各部位按摩法

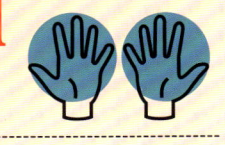

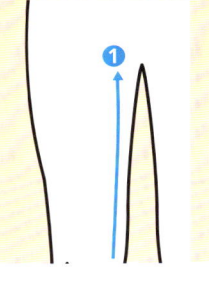

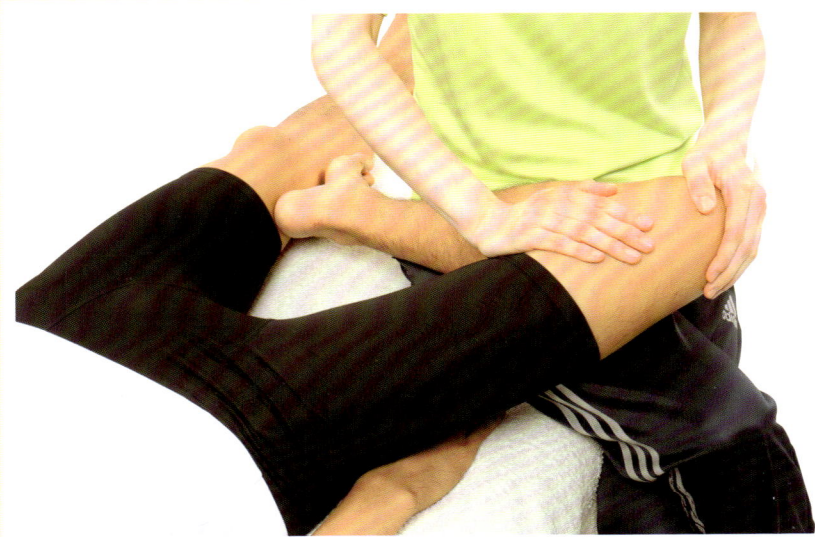

1 摩擦 [手掌輕擦]

1 路徑 × **3~4** 次

從膝蓋內側一帶開始摩擦

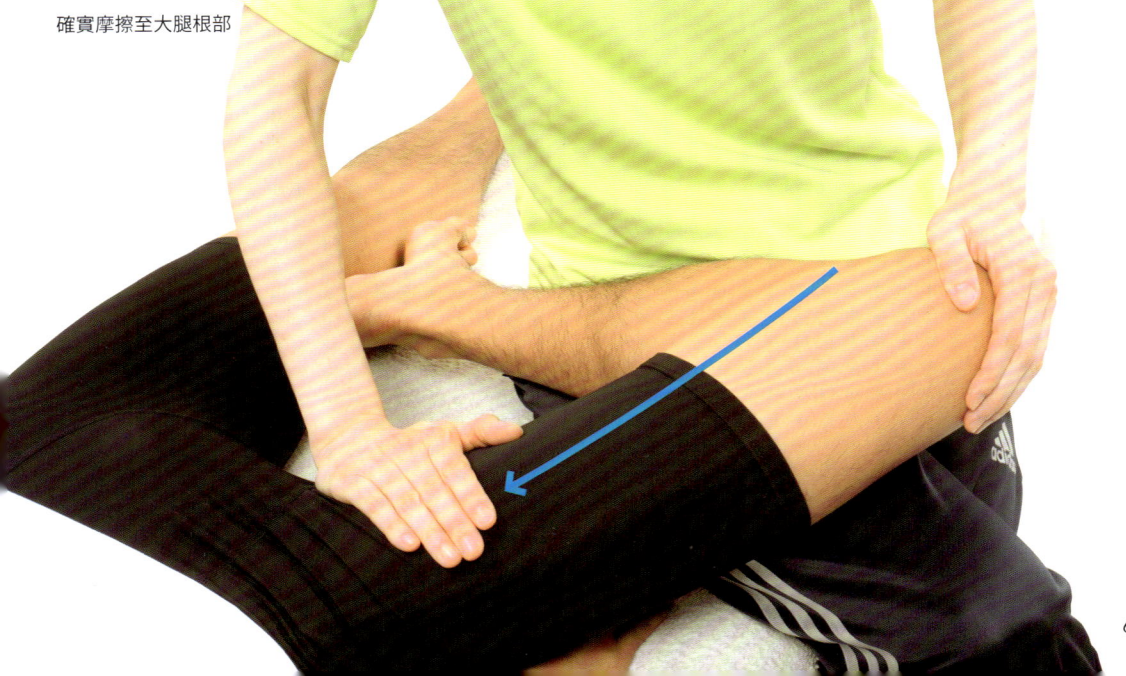

確實摩擦至大腿根部

2 按壓 [雙掌根壓迫]

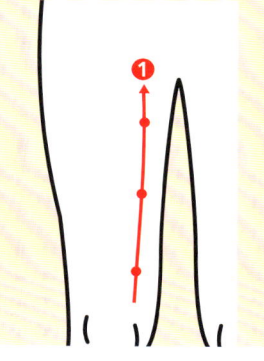

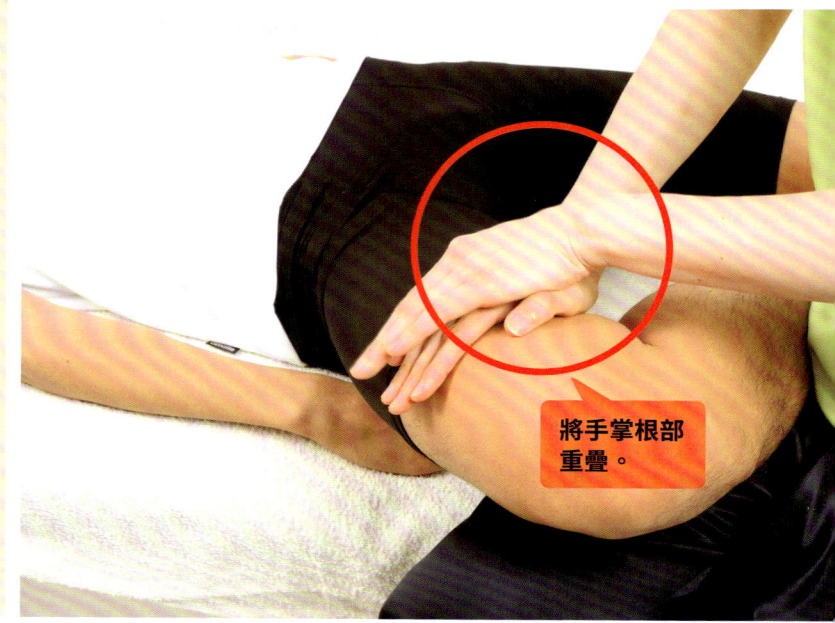

1 路徑 × **2~3** 次

將手掌根部重疊。

雙手掌根重疊，按壓內收肌的中央部分

POINT
沿著內收肌一路按壓

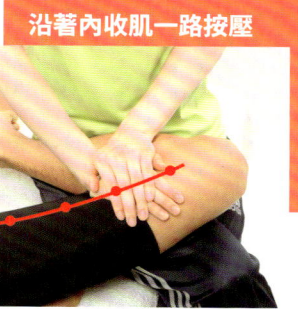

和手法1手掌輕擦的時候一樣，沿著位於大腿內側中央附近的內收肌一路按壓施術

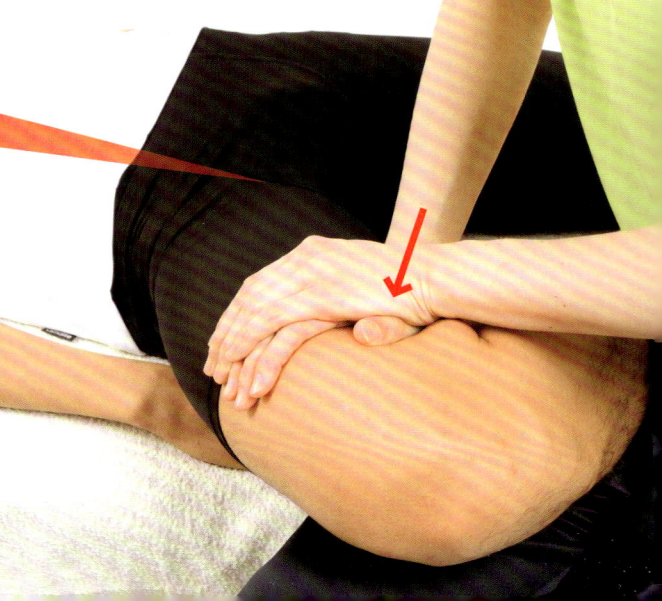

從正上方施加體重，深深地往下壓

PART **3** 各部位按摩法

3 揉捏 [雙掌根揉捏]

1 路徑 × **2~3** 次

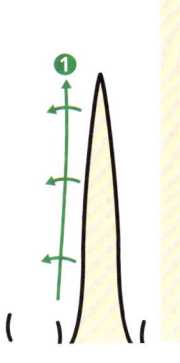

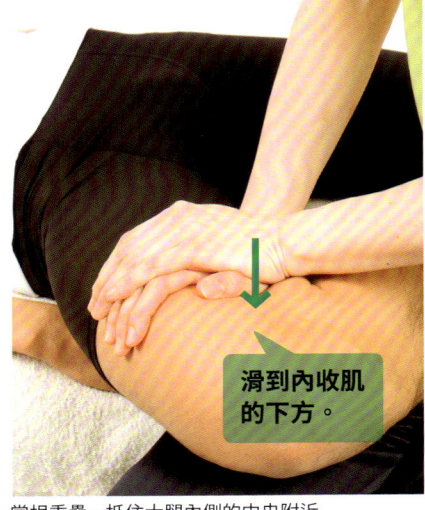

滑到內收肌的下方。

想像將肌肉上提。

掌根重疊，抵住大腿內側的中央附近

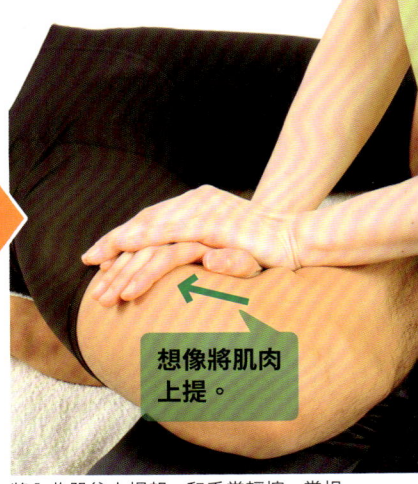

將內收肌往上提起。和手掌輕擦、掌根壓迫一樣要沿著內收肌揉捏

4 摩擦 [手掌輕擦]

1 路徑 × **3~4** 次

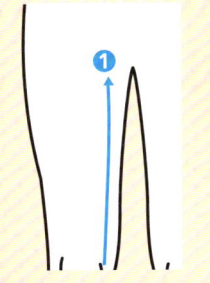

最後和61頁一樣摩擦後便結束

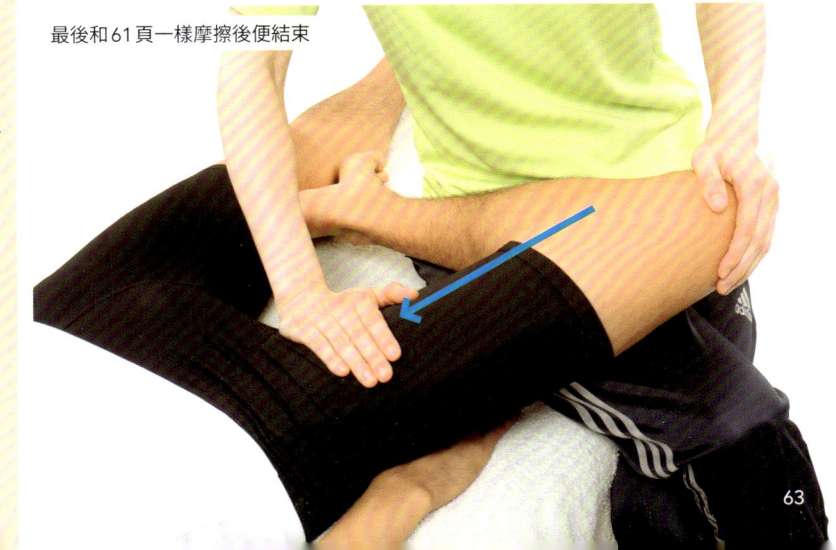

各部位按摩法

髕骨周圍

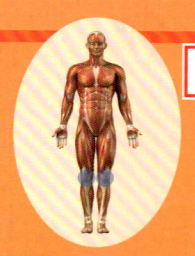

股直肌附著點

膝蓋韌帶

正面

依據要放鬆的位置改變姿勢

　　髕骨周圍因為聚集了股直肌、髂脛束等支撐體重的肌肉和韌帶，所以很容易累積疲勞。按摩時會沿著髕骨進行，但由於有些位置比較不好找，需要特別留意。另外，按摩的姿勢和手法也會隨著要放鬆的部位而改變。施術時請確認步驟是否正確。

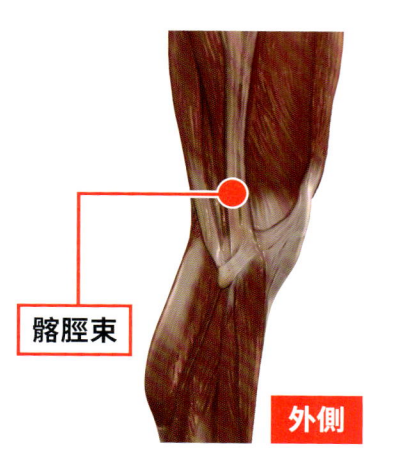

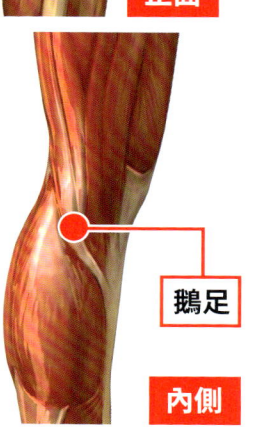

髂脛束

外側

鵝足

內側

按摩姿勢 ①

對外側施術時

用方便的那隻手施術。

按摩膝蓋正面與外側時的姿勢。用方便的那隻手施術即可

按摩姿勢 ②

對內側施術時

用方便的那隻手施術。

按摩膝蓋內側時的姿勢。姿勢1、2都用方便的那隻手施術即可

PART 3 | 各部位按摩法

1 揉捏 [拇指揉捏]

5處 × 2~3次

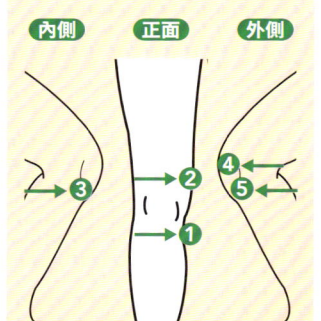

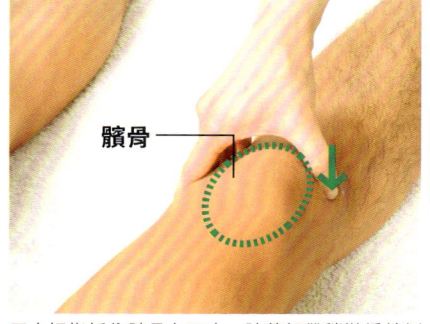

內側　正面　外側

用大拇指抵住髕骨左下方、膝蓋韌帶稍微偏外側的位置

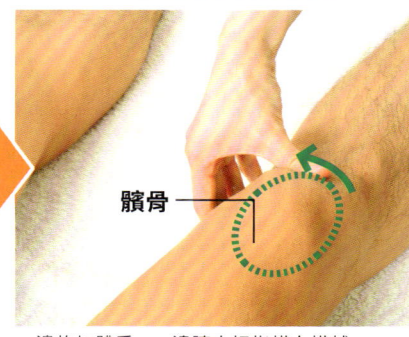

一邊施加體重，一邊讓大拇指橫向橫越膝蓋韌帶，滑到膝蓋的正面。髕骨上緣的做法亦同

髕骨

POINT
兩側都要揉捏放鬆

內側與外側的3個揉捏處不容易找到正確的位置。請對照右圖確認各部位

外側（2處） 揉捏髂脛束與股二頭肌

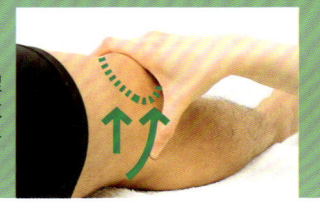

內側（1處） 揉捏鵝足肌腱

2 按壓 [拇指壓迫]

1路徑 × 3~4次

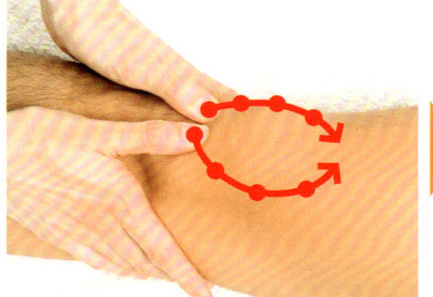

用雙手大拇指同時輕輕壓迫2條路徑。注意不要太過用力

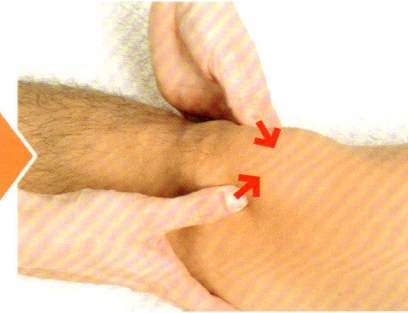

隨時留意指緣抵住髕骨的位置，輕輕地壓迫

65

各部位按摩法

膝窩

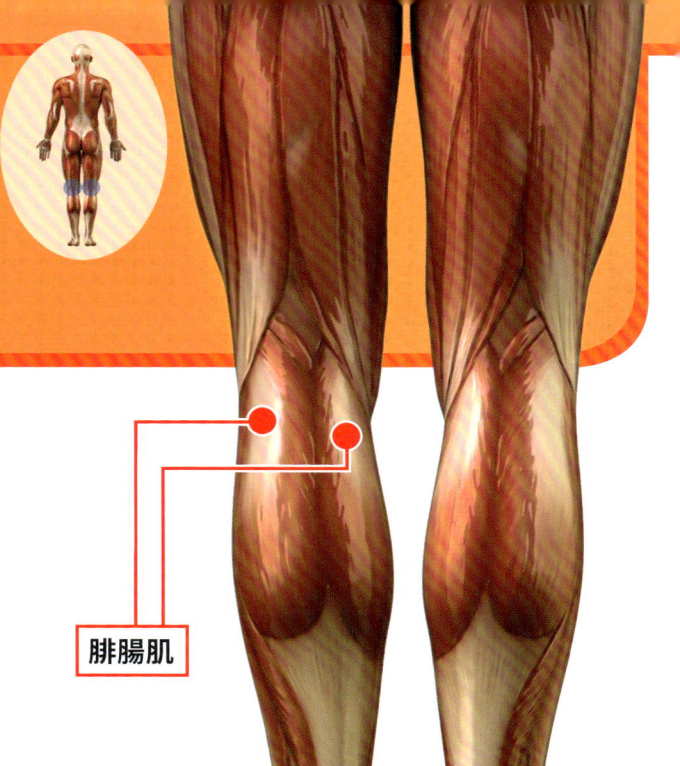

按壓的同時，像要撥開肌肉似地揉鬆

當過度跑步或競走以及身體左右不平衡時，膝窩有可能會出現緊繃、疼痛的情況。主要原因是小腿肚（腓腸肌）外側和內側肌肉的附著點、膝蓋後側的細小部分產生了疲勞。這時請以拇指揉捏將其鬆開。稍微用力按壓之後，像要將肌肉往外撥開般地揉捏。

腓腸肌

按摩姿勢 1

腳踩在床上。

單腳踩在床上，將被施術者的腳置於自己的大腿上

按摩姿勢 2

Check! 120°

被施術者的膝蓋角度為120°左右。如果將膝蓋抬得太高，對方接受按摩的部分會變得狹窄

PART **3** 各部位按摩法

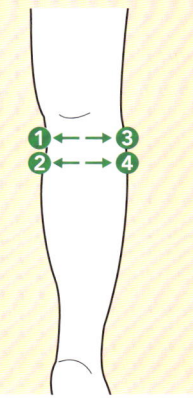

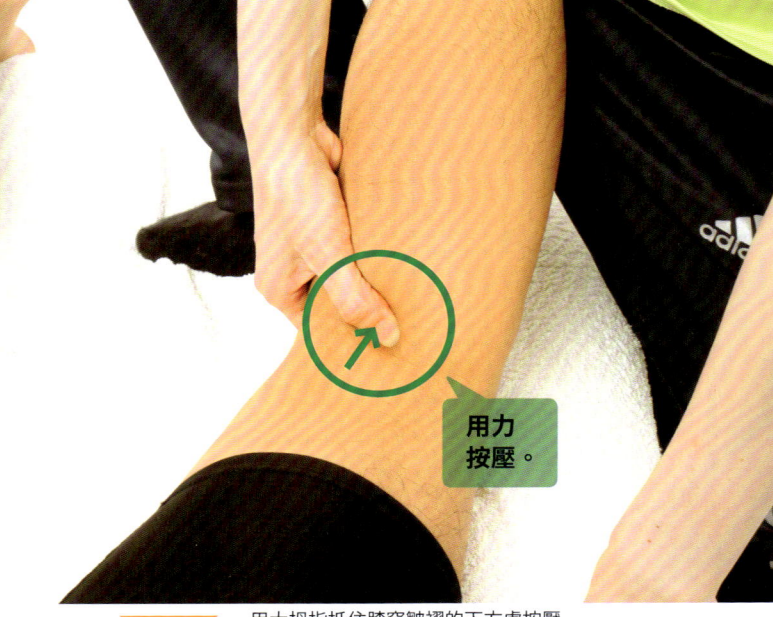

1 揉捏 [拇指揉捏]

4處 × **3~4**次

用力按壓。

用大拇指抵住膝窩皺褶的下方處按壓

POINT
想著腓腸肌的形狀

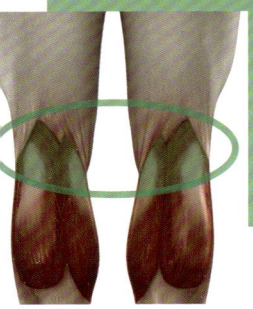

腓腸肌是從小腿肚連接到膝窩的肌肉。施術時只要想著將腓腸肌的最上緣撥開，操作起來就會很容易

像撥開般地往外側挪動。

按壓的同時，像要將肌肉撥開一般地往腿的外側挪動。以相同方式揉捏內側與外側一共4處

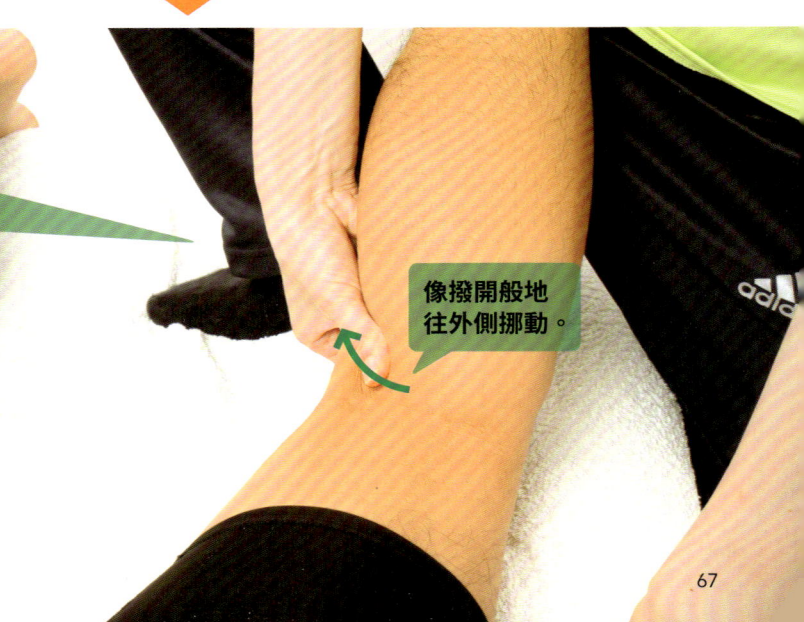

67

各部位按摩法

小腿

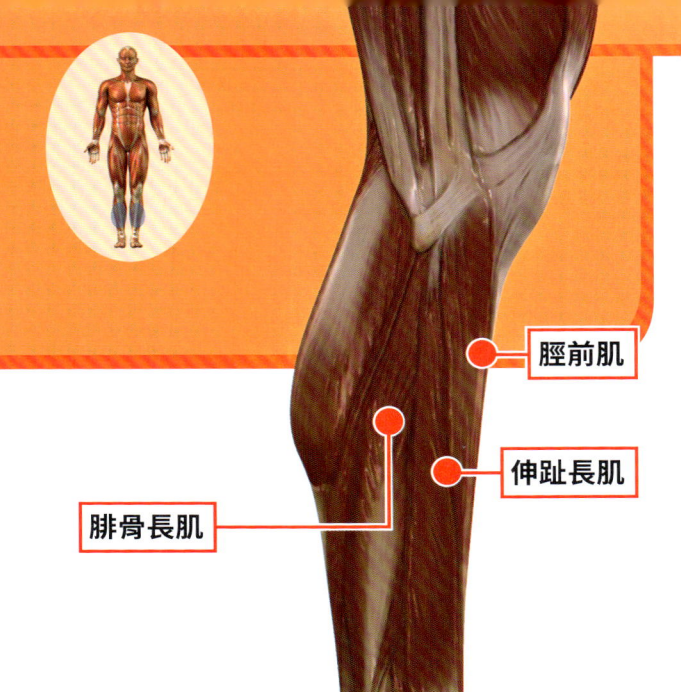

脛前肌
伸趾長肌
腓骨長肌

以2條肌肉的位置為基準進行放鬆

　　小腿有能夠活動腳尖的肌肉通過，是足球選手等運動員容易受傷的部位。壓迫（手法2）、揉捏（手法3）可以放鬆通過小腿骨旁邊的脛前肌，以及通過脛前肌旁邊的伸趾長肌和腓骨肌。以小腿骨旁邊的路徑、從踝骨往上延伸的路徑、位於那2條路徑中間的路徑，一共3條路徑為基準施術。和其他眾多部位一樣，揉捏時要想像按壓並將肌肉提起。

按摩姿勢 1

伸直手肘。

P70-71的「2按壓」、「3揉捏」在按摩3條路徑之中的上面2條時，要以稍微前傾的站姿從上方加壓

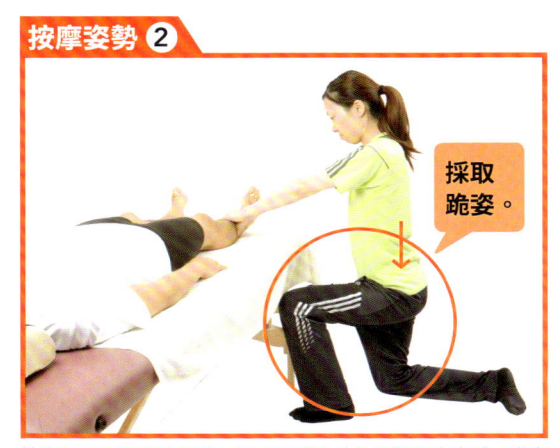

按摩姿勢 2

採取跪姿。

按摩最下面那條路徑時，要以單膝跪地的姿勢穩定身體，從旁邊加壓

68

PART **3** 各部位按摩法

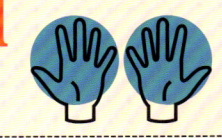

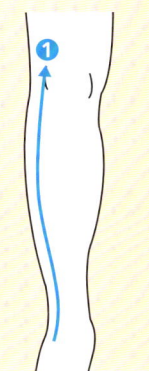

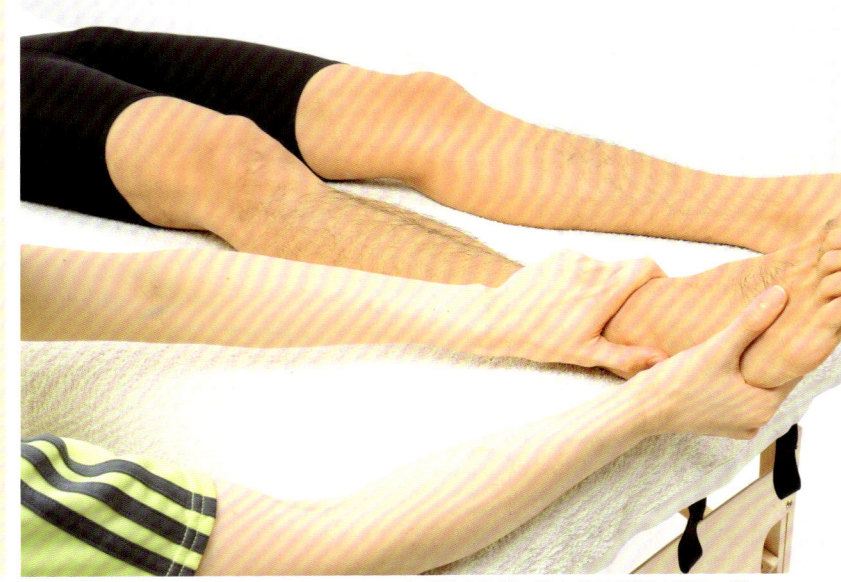

1 摩擦 [手掌輕擦]

1 路徑 × 3～4 次

用右手固定住腳，將左手手掌置於腳踝一帶

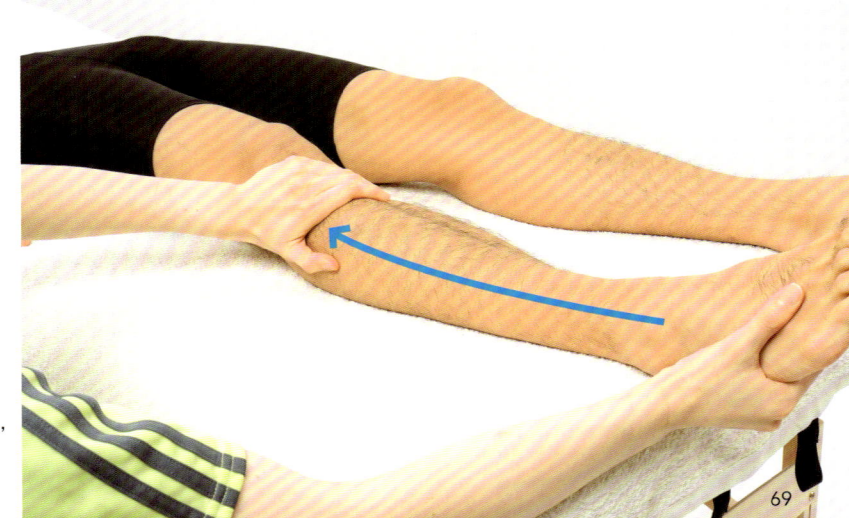

沿著2條腓骨肌的位置，摩擦3～4次

69

2 按壓 [雙拇指壓迫]

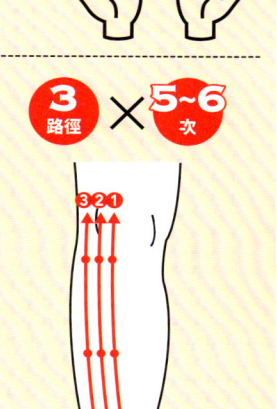

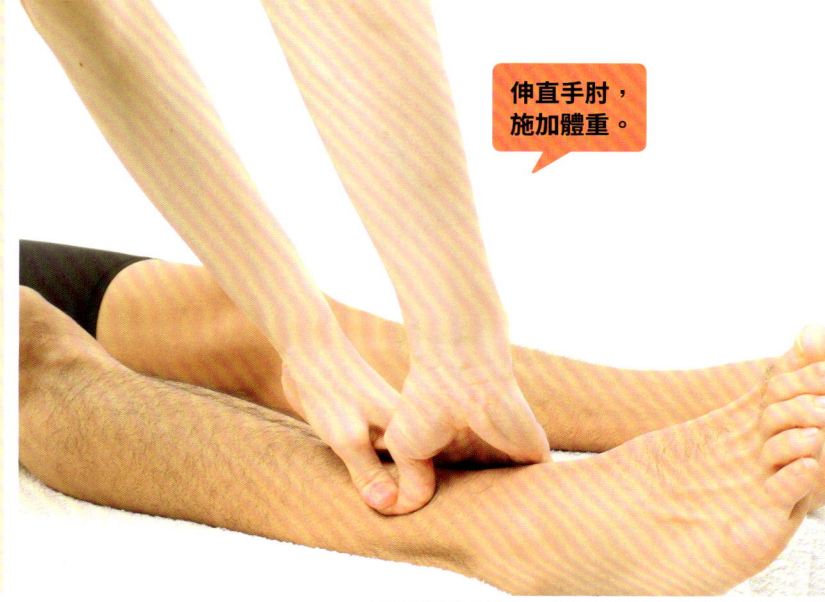

3 路徑 × **5~6** 次

伸直手肘，施加體重。

小腿骨旁邊是路徑1。從靠近腳踝的點開始按壓

沿著通往膝蓋下方的路徑按壓3次。花3～5秒慢慢地壓迫

POINT
確認路徑位置

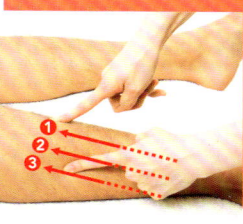

在左方照片中右手所指的小腿骨下方的位置是路徑1。而左手所指的是路徑3。所以路徑1和路徑3中間是路徑2

PART **3** 各部位按摩法

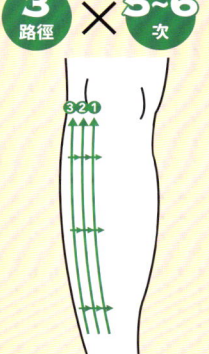

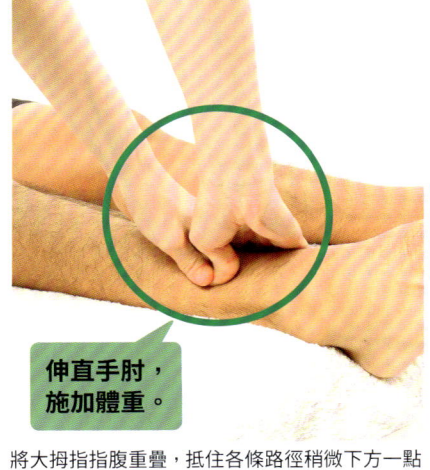

3 揉捏 [雙拇指揉捏]

3 路徑 × **5~6** 次

伸直手肘，施加體重。

將大拇指指腹重疊，抵住各條路徑稍微下方一點的位置

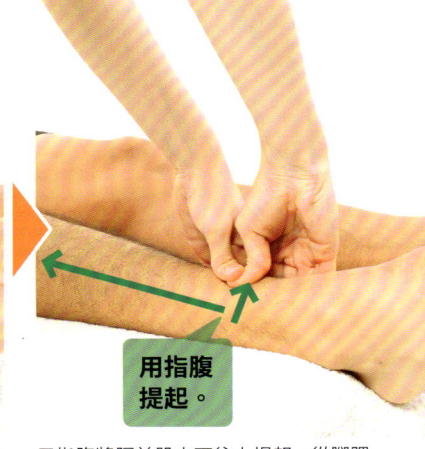

用指腹提起。

用指腹將脛前肌由下往上提起。從腳踝附近往膝蓋的方向揉捏

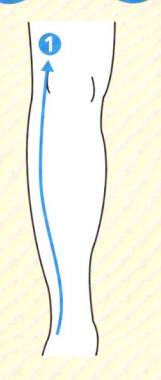

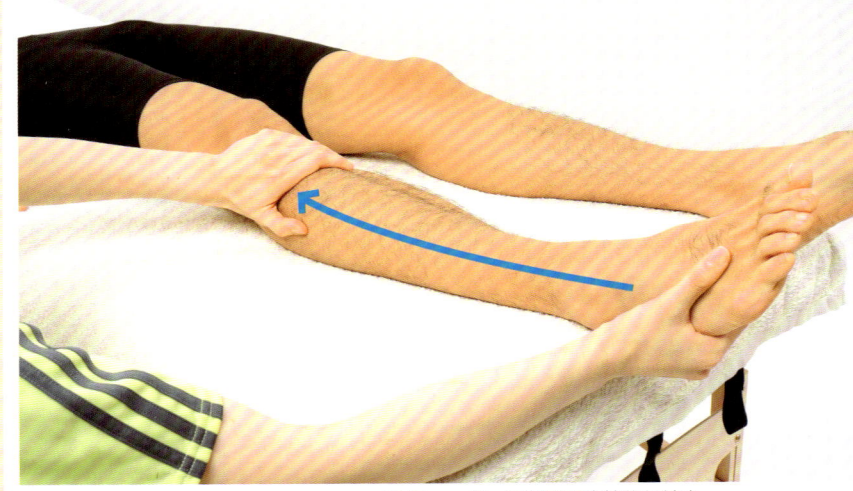

4 摩擦 [手掌輕擦]

1 路徑 × **3~4** 次

和「1」一樣，握著腳踝摩擦後便結束

各部位按摩法

小腿肚

需要特別仔細放鬆的部位
按摩初學者也容易操作

小腿肚是從事任何運動都容易累積疲勞的部分。不僅如此，由於小腿肚也和阿基里斯腱、腳底相連，也有可能成為周邊部位疼痛的原因，因此需要特別花時間仔細地按摩放鬆。另外，小腿肚的肌肉面積較大且柔軟，即便是按摩初學者也容易操作。各位不妨可以先從這裡開始挑戰。

小腿三頭肌
- 腓腸肌
- 比目魚肌

阿基里斯腱

按摩姿勢

將腳踝放在大腿上。

站在床旁邊，單腳踩在床上。將被施術者的腳放在大腿上

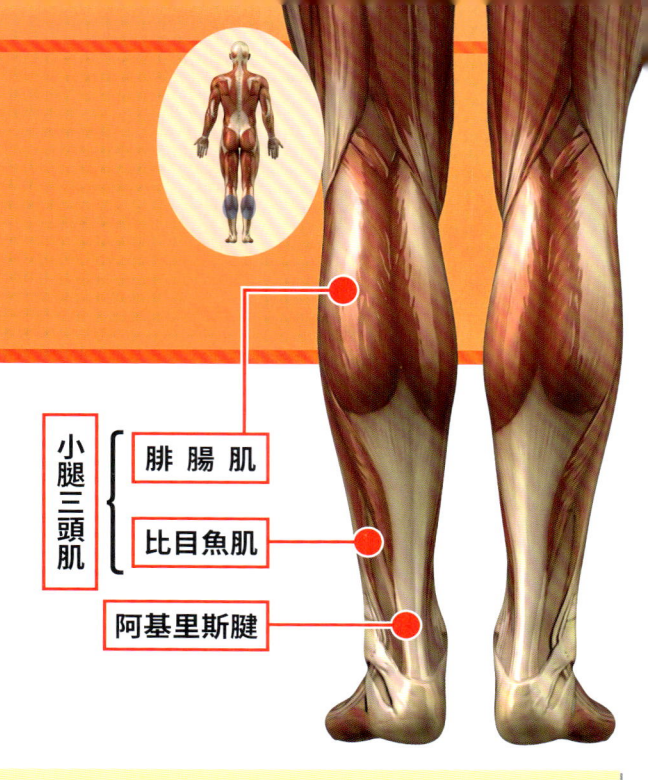

伸展測試

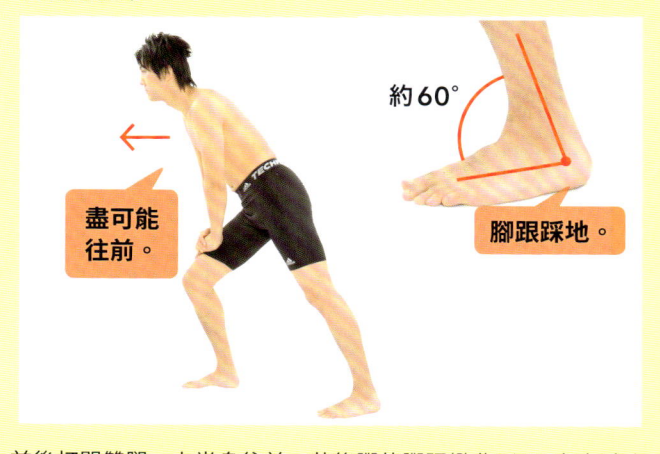

盡可能往前。

約60°

腳跟踩地。

前後打開雙腿，上半身往前。若後腳的腳踝彎曲到60°左右時小腿肚就會有緊繃感，那麼就需要加強放鬆。假如左右腿的緊繃程度不同，請仔細放鬆比較緊繃的那一邊。

PART 3 | 各部位按摩法

1 摩擦 [手掌輕擦]

1 路徑 × **3~4** 次

併攏雙手，置於腳踝附近、在阿基里斯腱末端的位置

一路摩擦至膝窩。

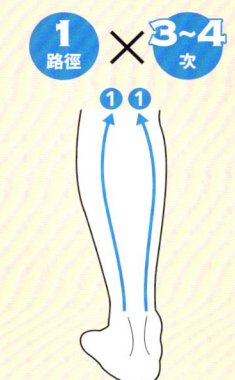

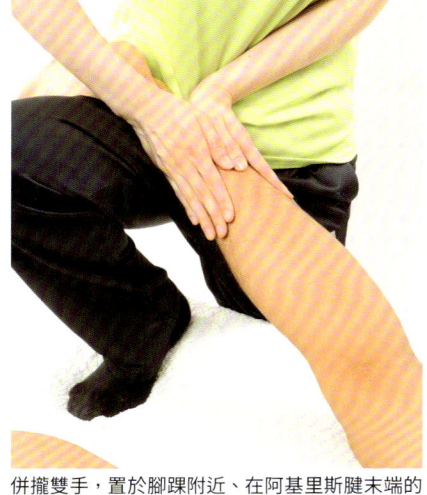

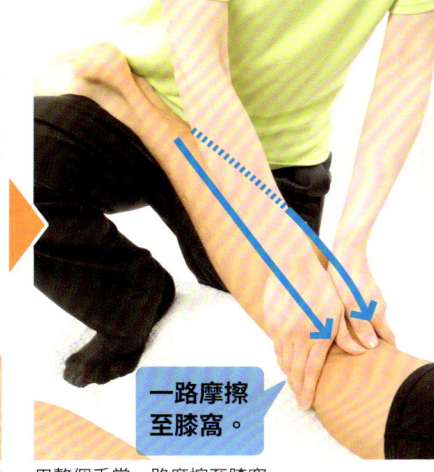

用整個手掌一路摩擦至膝窩

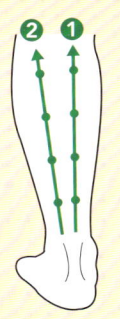

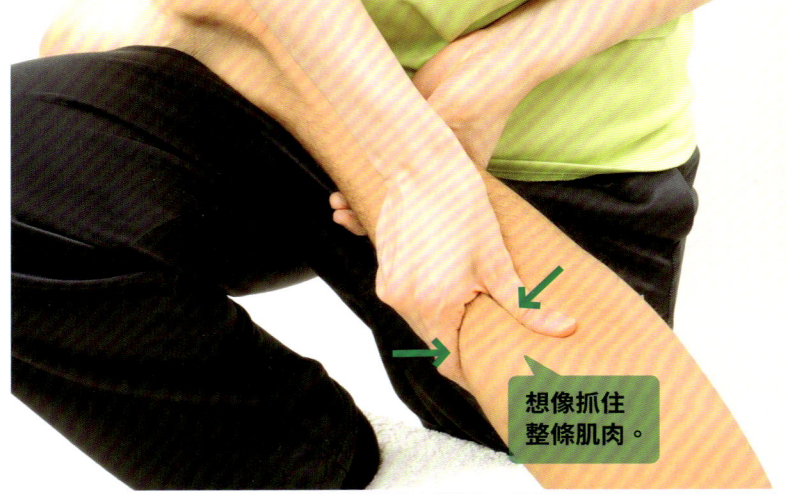

2 揉捏 [手掌抓握]

2 路徑 × **5** 次

想像抓住整條肌肉。

從阿基里斯腱的末端開始，抓住小腿肚內側的肌肉。使用大拇指根部與4根手指的第二關節附近

73

3 揉捏 [掌根揉捏]

2 路徑 × 5 次

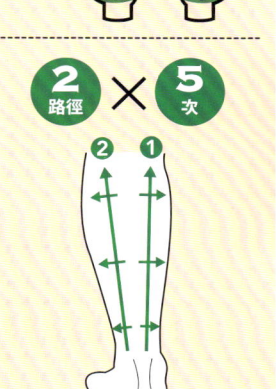

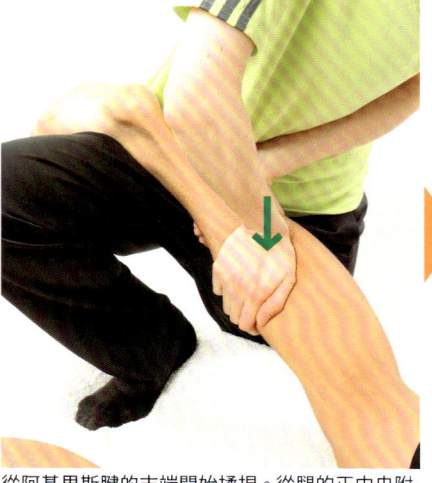

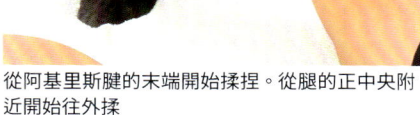

從阿基里斯腱的末端開始揉捏。從腿的正中央附近開始往外揉

用掌根撥開肌肉。

想像用掌根將肌肉往外側撥開

4 按壓 [雙拇指壓迫]

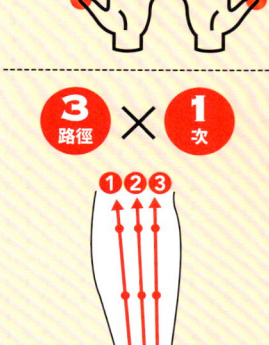

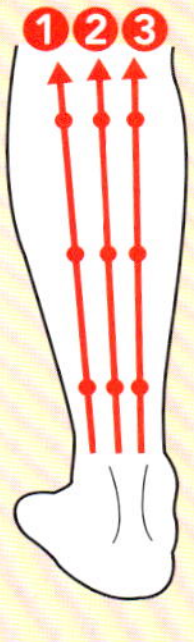

3 路徑 × 1 次

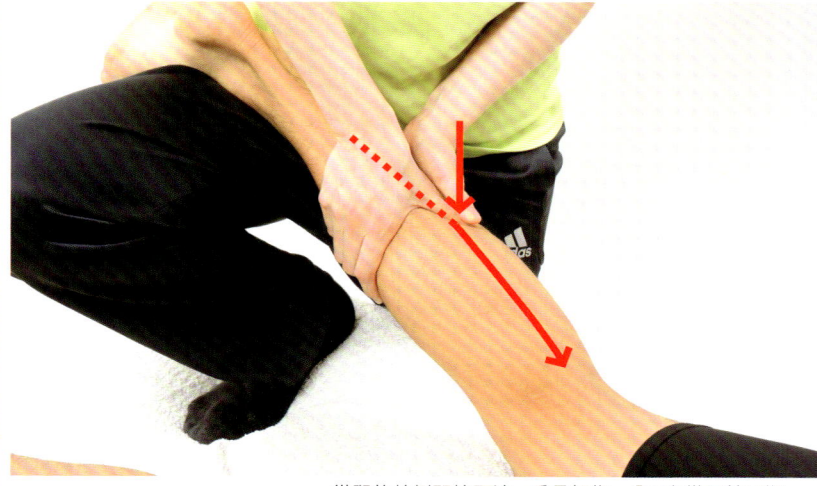

從腿的外側開始壓迫。重疊拇指，分3次從阿基里斯腱的末端附近開始按壓至膝窩

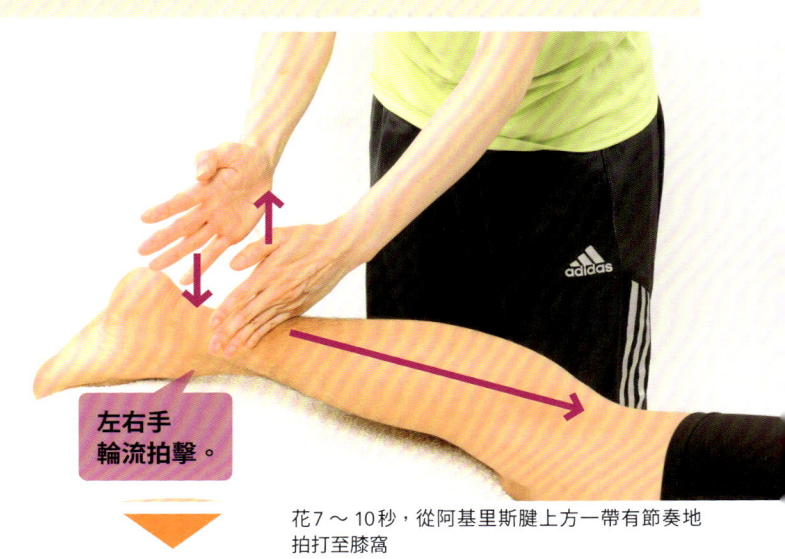

PART 3　各部位按摩法

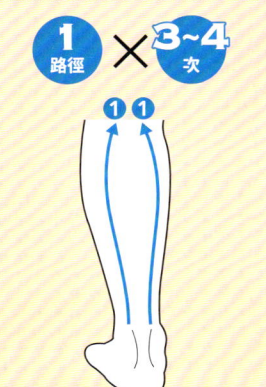

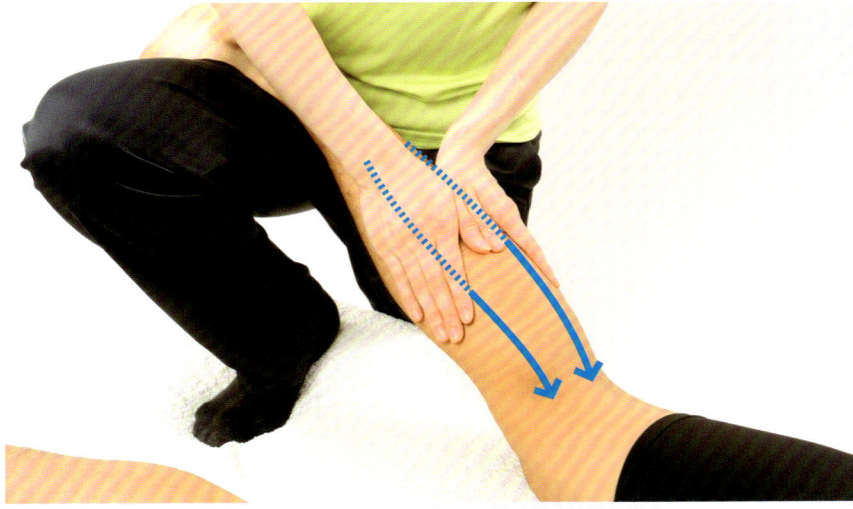

5 拍擊 [切打法]

1 路徑 × 7~10 秒

左右手輪流拍擊。

花 7～10 秒，從阿基里斯腱上方一帶有節奏地拍打至膝窩

6 摩擦 [手掌輕擦]

1 路徑 × 3~4 次

最後和「1」一樣手掌摩擦後便結束

75

各部位按摩法
阿基里斯腱

有可能遭受嚴重外傷的部位
直接左右挪動肌腱

阿基里斯腱是連接腓腸肌、比目魚肌等小腿肚肌肉與腳跟的粗大肌腱。這裡是進行跑、跳時很重要的部位，過度使用會引發阿基里斯腱炎，承受劇烈壓力時甚至還會造成名為阿基里斯腱斷裂的外傷。放鬆阿基里斯腱時要直接捏著，左右移動。光是這麼做便能預防嚴重外傷。

腓腸肌
比目魚肌
阿基里斯腱

按摩姿勢

POINT
打直背脊
施術者打直背脊，和阿基里斯腱稍微保持一段距離。如果靠得太近會很難揉捏，這一點要特別留意

站在床旁邊將單腳踩在床上，用大腿支撐被施術者的腳。揉捏左腳時要用右手固定，以左手施術

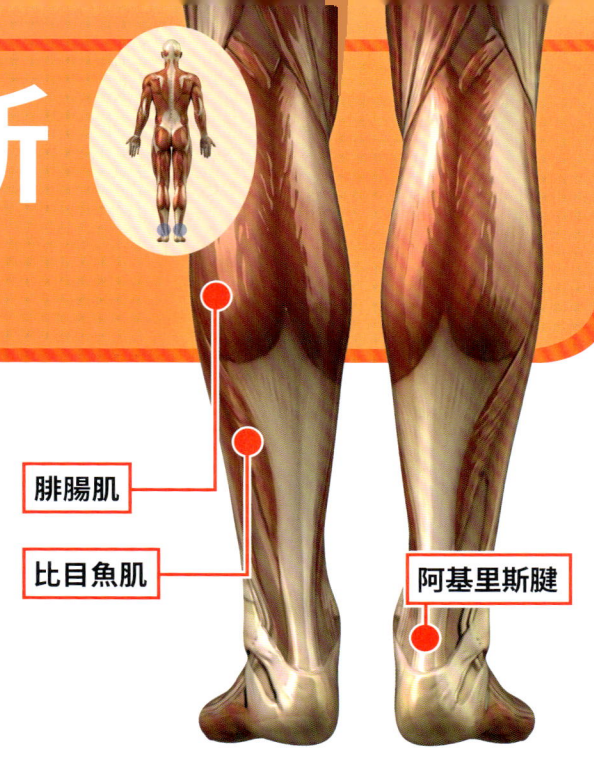

伸展測試

膝蓋往前推出。

60°

以伸展阿基里斯腱的方式前後打開雙腿，後腳腳踝彎曲60°左右且腳跟踩地，接著將後腳膝蓋向前彎曲。這時，如果阿基里斯腱感到疼痛或是有強烈緊繃感，就要加強放鬆那隻腳。

PART 3　各部位按摩法

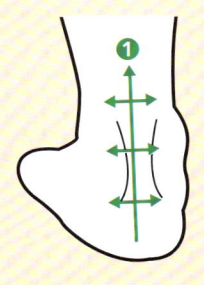

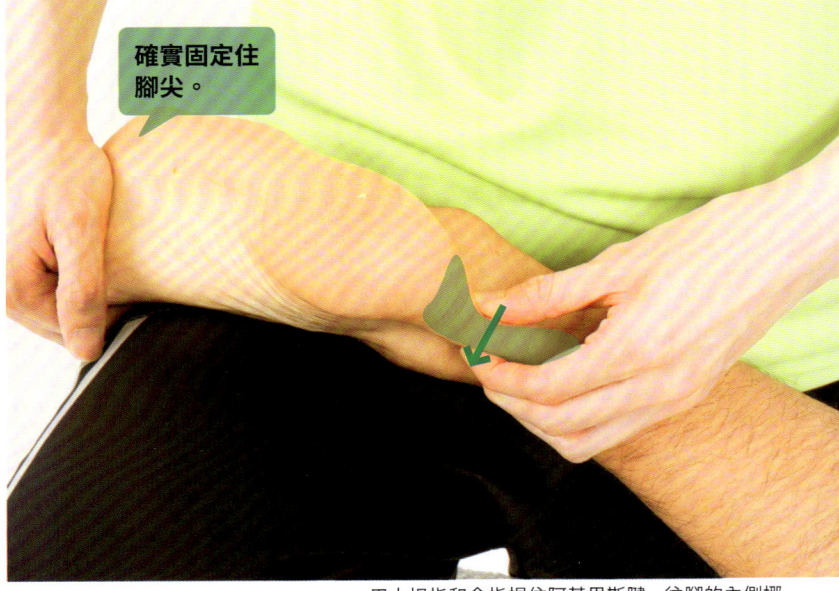

1 揉捏 [兩指揉捏]

1 路徑 × **3** 次

確實固定住腳尖。

用大拇指和食指捏住阿基里斯腱，往腳的內側挪動。小心不要捏得太用力，以免引起疼痛

POINT
阿基里斯腱意外地長

這裡是需要揉捏的部位的最上緣。因為阿基里斯腱意外地長，請確實按摩整條肌腱

這次往腳的外側挪動。依照以上方式揉捏1條路徑上的3個點，兩腳各按摩3組

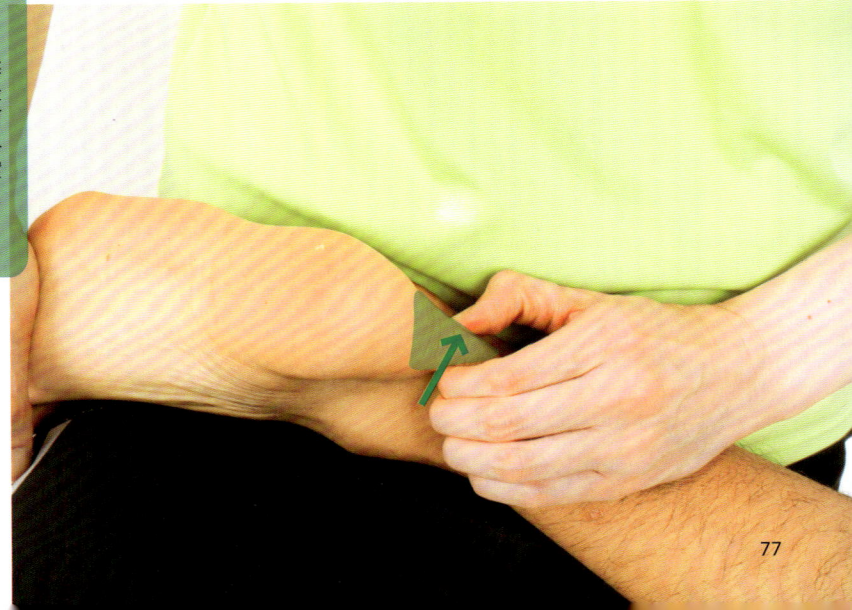

77

各部位按摩法

臀部

確認肌肉位置，
緩緩地加深加強刺激

　　臀肌是支撐髖關節功能的重要肌肉，一旦產生疲勞就會導致腰痛、姿勢不良，必須特別留意。按摩時會使用多種手法，不過一開始要先以較輕的力道淺層刺激，之後再慢慢加強刺激深層的肌肉。揉捏（手法2、4）時要注意不是刺激皮膚，而是要確實搖晃位於深處的肌肉。臀部因為很難鎖定要放鬆的點，按摩過程中請一邊想著臀中肌與臀大肌的位置。

臀大肌

臀中肌

按摩姿勢

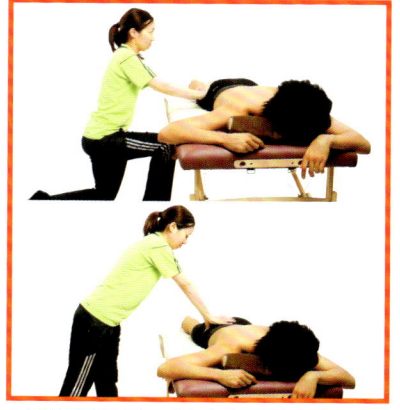

上圖為手掌輕擦、掌根揉捏時的姿勢。下圖為雙拇指按壓、雙拇指揉捏時的姿勢

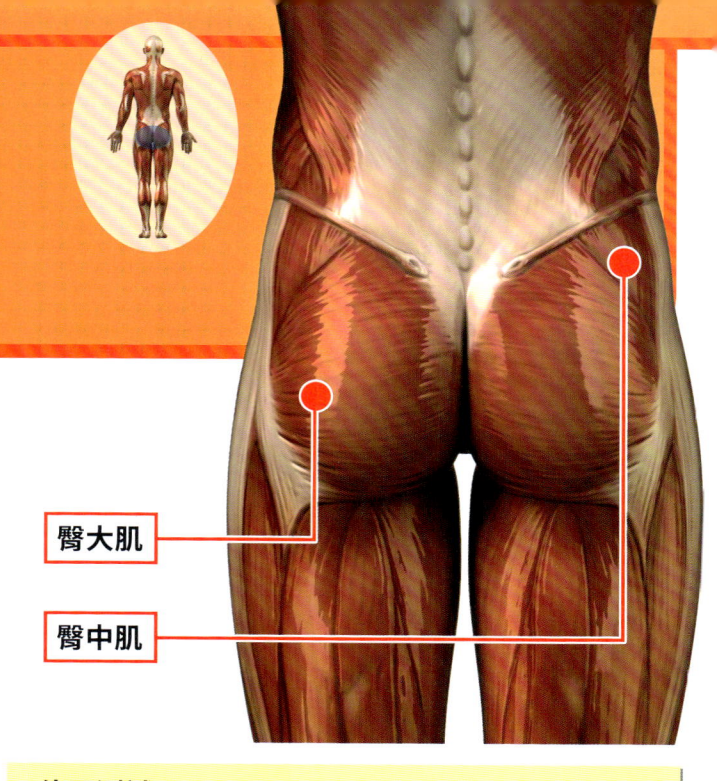

伸展測試

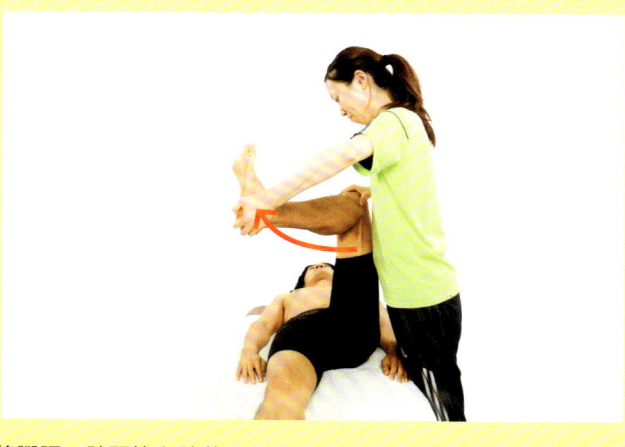

將腳踝、髖關節和膝蓋全部彎曲呈現90°，然後朝身體的內側扭轉。如果從前面看可以扭轉到60°左右，就表示臀肌的狀態良好。倘若只有40～50°就要仔細地按摩放鬆。兩邊都測試完之後，加強放鬆肌肉較為緊繃的那一邊。

PART **3** | 各部位按摩法

1 摩擦 [手掌輕擦]

1 路徑 × **3~4** 次

手放在大腿根部附近，一路摩擦至腰部

2 揉捏 [掌根揉捏]

3 路徑 × **3~4** 次

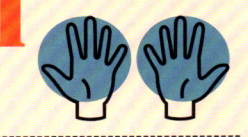

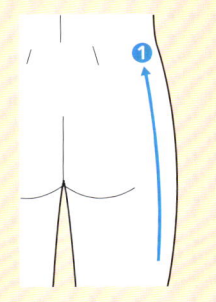

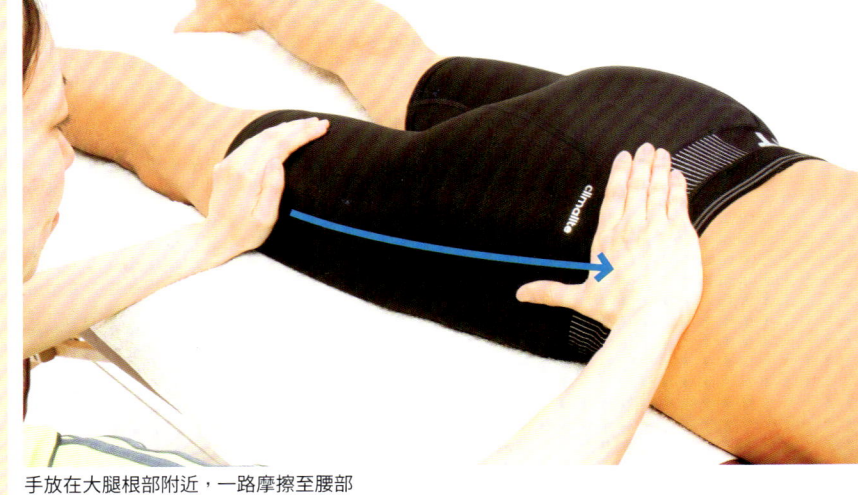

POINT

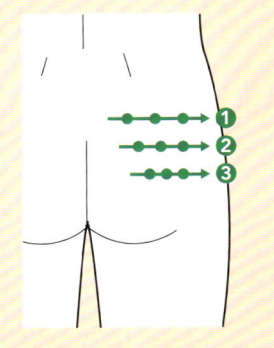

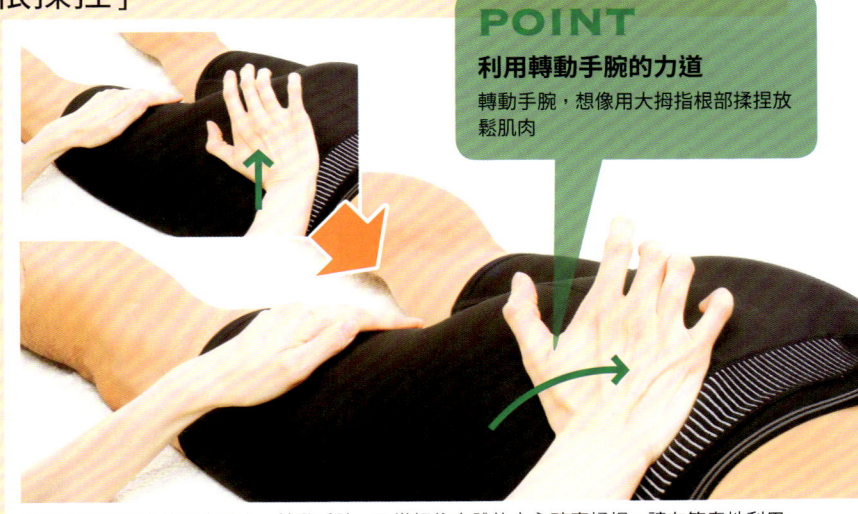

利用轉動手腕的力道
轉動手腕，想像用大拇指根部揉捏放鬆肌肉

手放在髖骨下方的臀中肌上，轉動手腕，用掌根往身體的中心確實揉捏。請有節奏地利用轉動手腕的力道按摩。行進方向是從高處往低處，讓手逐漸往下移動

79

3 按壓 [雙拇指壓迫]

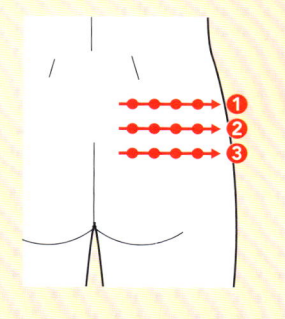

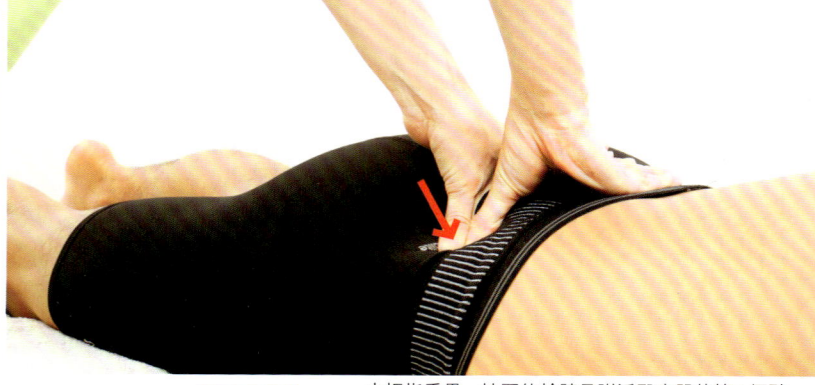

3 路徑 × **3~4** 次

大拇指重疊，按壓位於髂骨附近臀中肌的第1個點

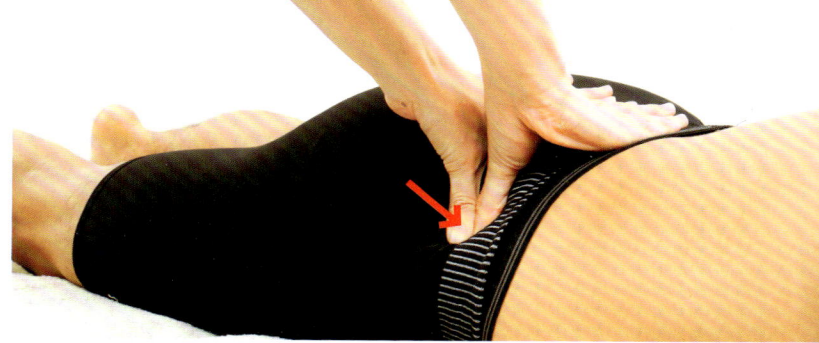

第2個點在偏離臀部隆起處的位置

POINT
花 3～4 秒緩慢按壓
想著要刺激深層的臀肌，每個點都花 3～4 秒慢慢地用力按壓

路徑的終點位在非常接近床的地方。請一路確實壓迫到這裡

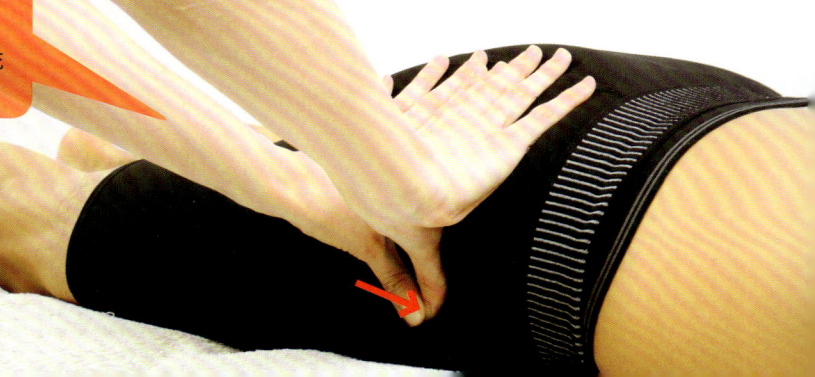

PART 3　各部位按摩法

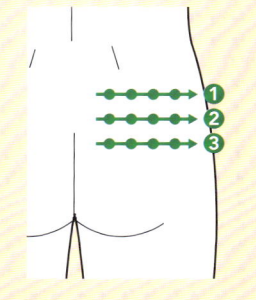

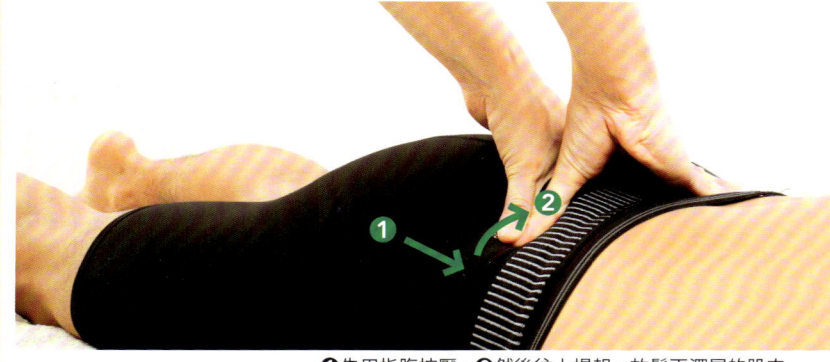

4 揉捏 [雙拇指揉捏]

3 路徑 × 3~4 次

❶先用指腹按壓，❷然後往上提起。放鬆更深層的肌肉

VARIATION

如果很僵硬就改用手肘
假使肌肉非常僵硬緊繃，也可以改用比較容易施力的手肘按壓。壓迫臀中肌與臀大肌的邊界

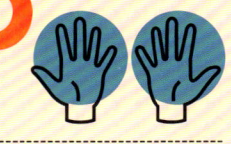

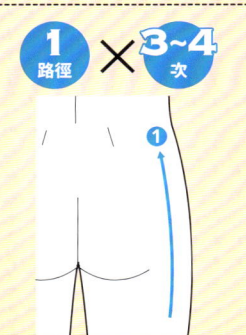

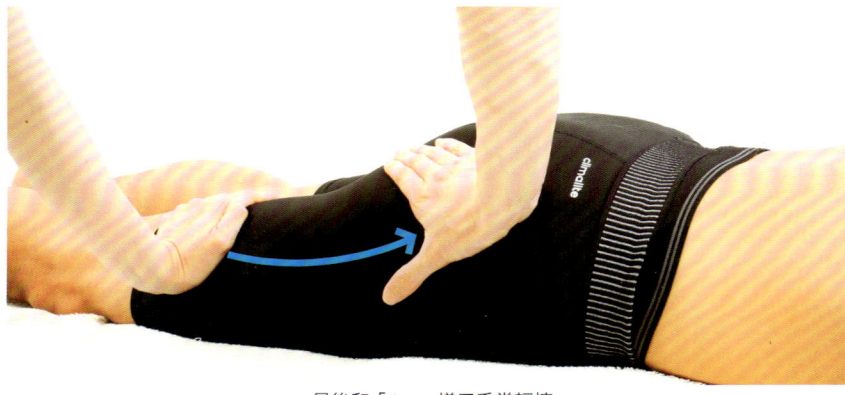

更深入地放鬆肌肉。

5 摩擦 [手掌輕擦]

1 路徑 × 3~4 次

最後和「1」一樣用手掌輕擦

81

各部位按摩法

髖關節

張闊筋膜肌

改變腳的角度，操作3種手法

　　髖關節分為外側、前側與內側，其中前側用「大腿前側（P48）」、內側用「大腿內側（P60）」介紹的手法放鬆，這裡則會介紹外側的放鬆方式。髖關節外側特別容易累積疲勞，尤其是張闊筋膜肌一旦疲勞就會影響到髖關節的活動度，導致活動起來很不順暢。一般常以為這個部位很難放鬆，但這裡介紹的方法可以做到非常深層的放鬆。

按摩姿勢

伸直手肘。

單膝跪在床旁邊，伸直手肘

伸展測試

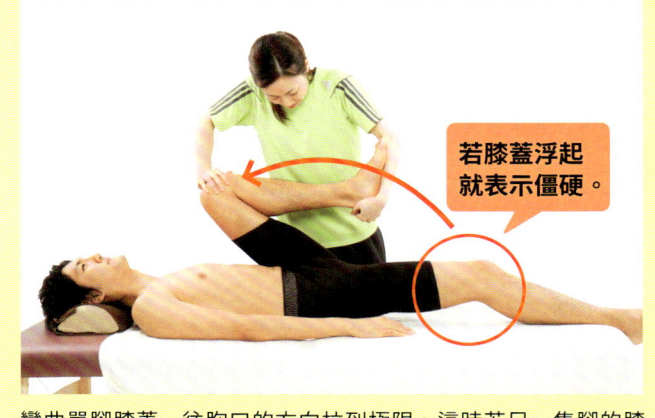

若膝蓋浮起就表示僵硬。

彎曲單腳膝蓋，往胸口的方向拉到極限。這時若另一隻腳的膝蓋浮起來，就代表浮起來那隻腳的髖關節肌肉僵硬。另外，如果彎曲膝蓋那隻腳的髖關節感覺卡卡的，則表示那隻腳的張闊筋膜肌很可能處於緊繃狀態。兩腳都測試完之後，仔細放鬆比較僵硬的那一邊。

PART **3** 各部位按摩法

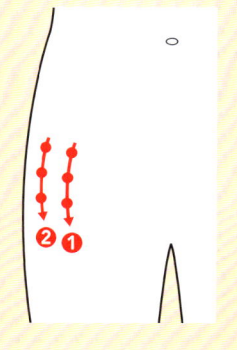

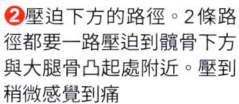

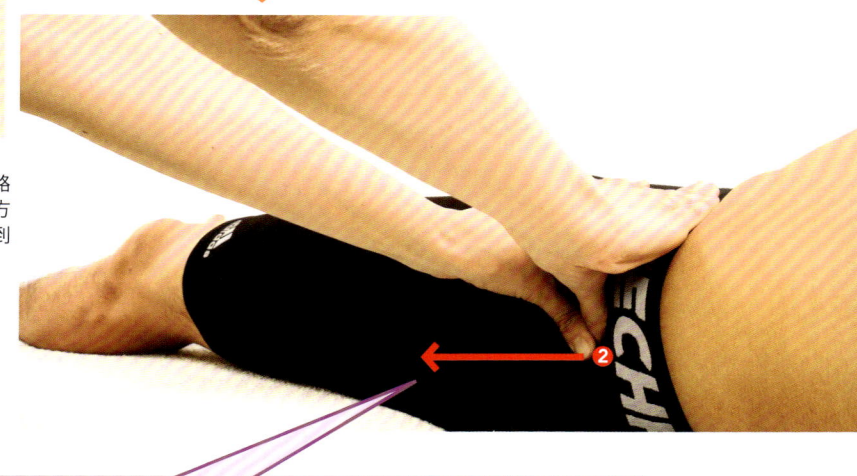

1 按壓 [雙拇指壓迫]

2 路徑 × **3~5** 次

❶ 用雙手大拇指按壓髖骨下方的肌肉

❷ 壓迫下方的路徑。2條路徑都要一路壓迫到髖骨下方與大腿骨凸起處附近。壓到稍微感覺到痛

VARIATION

被施術者的姿勢

這個手法要在被施術者伸直腿部，以及讓腿垂在床外面的這2種狀態下進行。彎曲膝蓋更能深入刺激肌肉

也要在垂放腿部的狀態下進行

83

2 揉捏 [雙拇指揉捏]

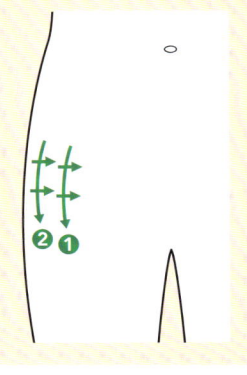

2 路徑 × **3~5** 次

雙手大拇指抵住髖骨下方的肌肉按壓

壓住肌肉之後，像要由下往上將肌肉撥開一般地揉捏。這裡也要分成上下2條路徑，一路揉捏到髖骨下方與大腿骨凸起處附近

VARIATION

被施術者的姿勢

和壓迫一樣，分別在伸直腿部與垂放腿部的狀態下揉捏

① 垂放腿部

PART **3** 各部位按摩法

3 按壓 [拇指壓迫]

1處 × **7~8**秒

放在大腿上固定。

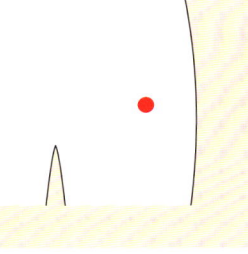

將腳放在大腿上，用大拇指抵住大腿根部（鼠蹊部）中央附近最僵硬的地方

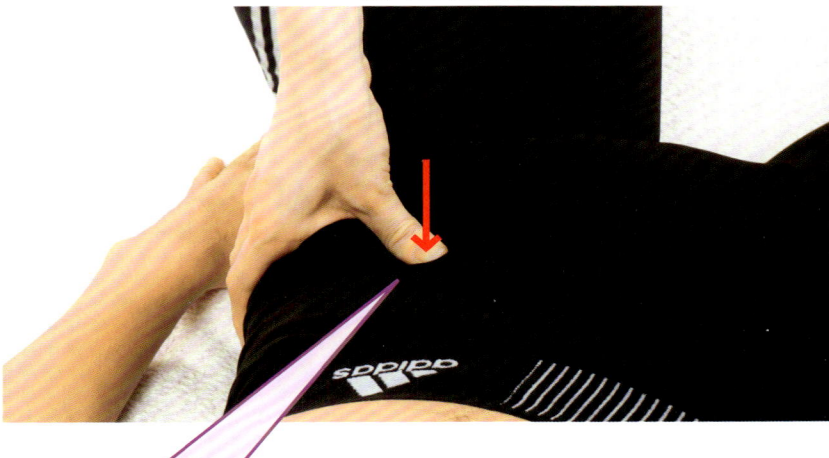

抱著腳，施加體重進行壓迫。花7～10秒左右緩慢下壓

VARIATION

改變膝蓋的角度

壓迫時改變膝蓋角度會更有效果。請以「伸直」、「微彎」、「彎曲90°」這3種的模式進行操作

①微彎

②彎曲90°

85

各部位按摩法

腰、背

運用多種手法，專注於放鬆大片的肌肉

　　背部有斜方肌、闊背肌等大片的肌肉，一旦累積疲勞就會引起肩頸僵硬。因為肌肉面積大，所以要運用多種手法仔細地鬆開。脊椎兩側隆起的豎脊肌，多半會使用往左右挪動（手法2）或撥開（手法4）的手法按摩。像是使用手臂以接近垂直的角度揉捏等等，按摩時的姿勢也要多加留意。

- 斜方肌
- 豎脊肌
- 闊背肌

按摩姿勢 ❶
伸直手肘，施加體重

站在床旁邊，用雙手施加自身的體重去按摩

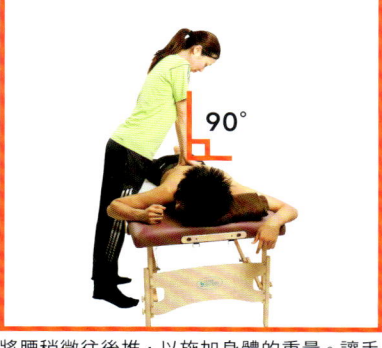

按摩姿勢 ❷
90°

將腰稍微往後推，以施加身體的重量。讓手臂和背部呈垂直狀會比較好施力

伸展測試

在站立狀態下抬起雙手。若手無法抬到正上方或會折腰，就代表闊背肌很僵硬，需要仔細放鬆。

86

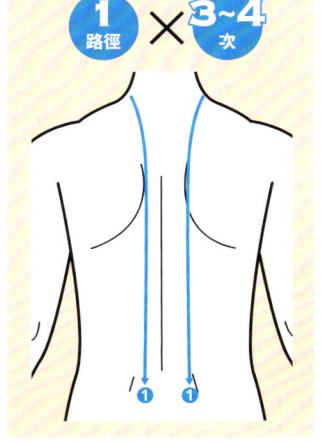

PART **3** 各部位按摩法

1 摩擦 [手掌輕擦]

1 路徑 × 3~4 次

POINT
不要過度用力
一開始施術時手只要輕輕地抓握即可。從頭到尾都是用手掌輕擦，不需要用力

輕抓肩膀的斜方肌。

輕擦的起點是肩膀。將手掌輕輕搭在肩膀的弧度上

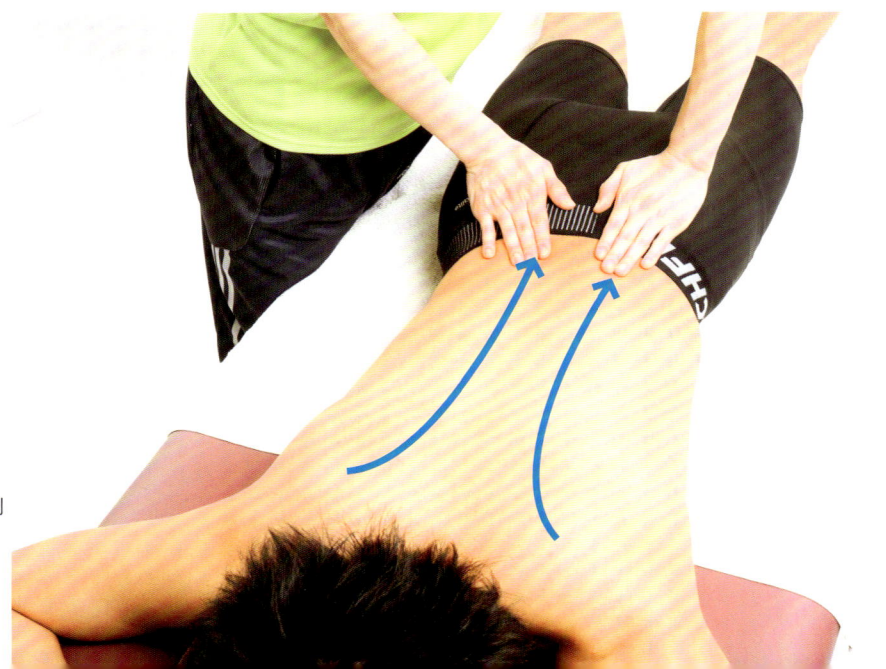

將手往後拉，摩擦到髖骨一帶

87

2 揉捏 [掌根揉捏]

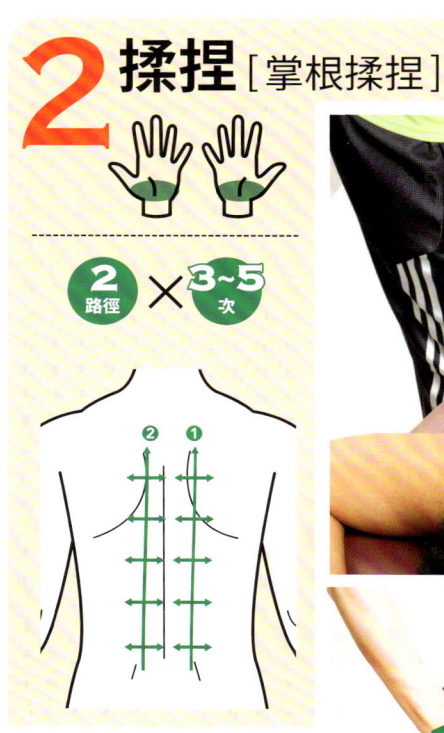

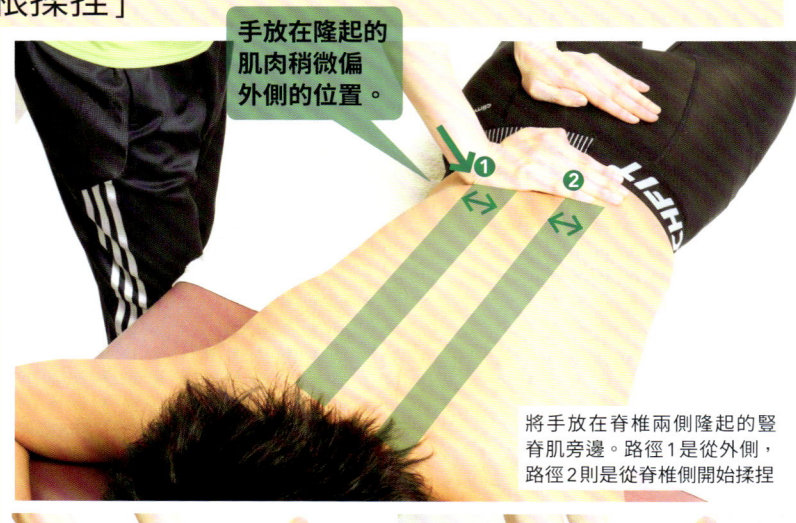

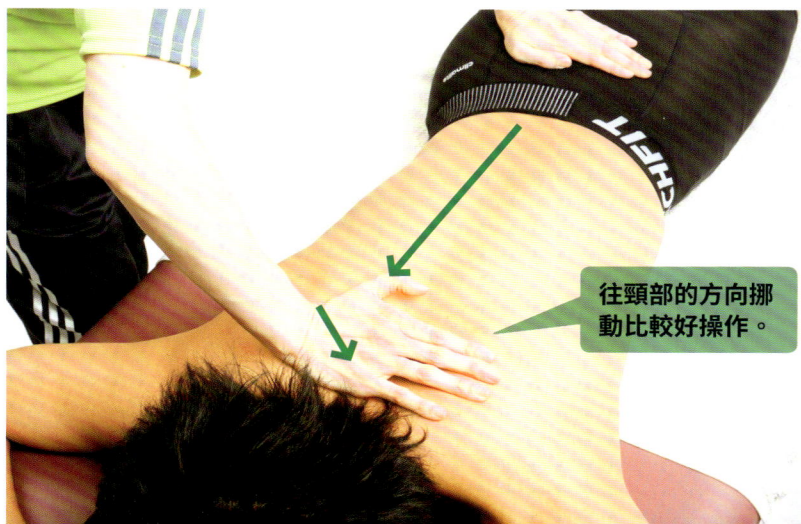

2 路徑 × 3~5 次

持續施加自身體重，將肌肉往對側挪動。每個點往返 3～4 次

每個點之間都相隔一個手掌的距離，一直揉捏到肩胛骨一帶。肩胛骨周圍要稍微往斜向挪動肌肉才容易施力

手放在隆起的肌肉稍微偏外側的位置。

將手放在脊椎兩側隆起的豎脊肌旁邊。路徑1是從外側，路徑2則是從脊椎側開始揉捏

每個點往返 3～4 次。

往頸部的方向挪動比較好操作。

PART 3 | 各部位按摩法

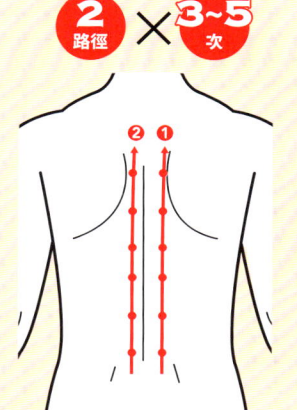

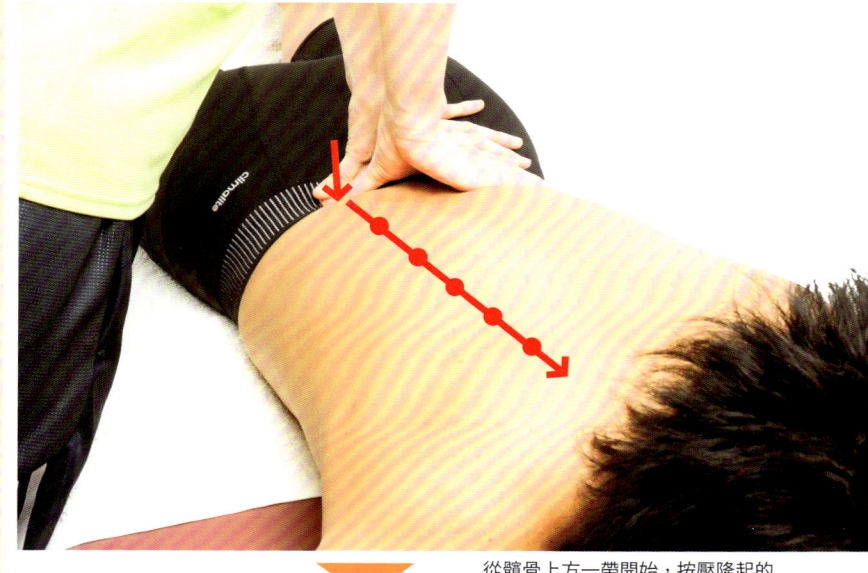

3 按壓 [雙拇指壓迫]

2 路徑 × 3~5 次

從髖骨上方一帶開始，按壓隆起的豎脊肌邊緣

POINT
第5個點要注意肩胛骨

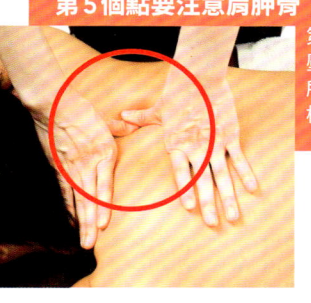

第5個點因為是按壓肩胛骨的邊緣，所以最好將手指打橫按壓

和掌根揉捏一樣，路徑2是壓迫對側豎脊肌的脊椎側（內側）

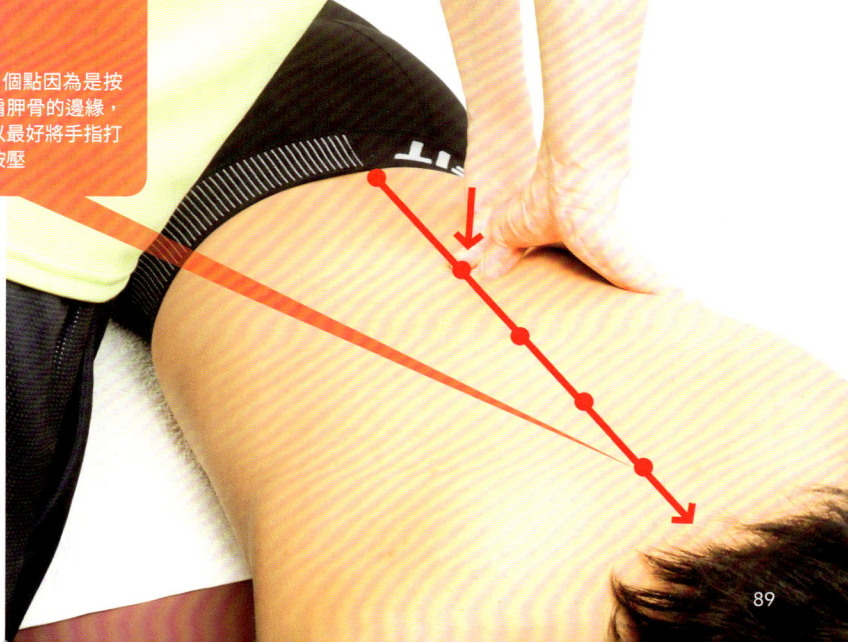

89

4 揉捏 [雙拇指揉捏]

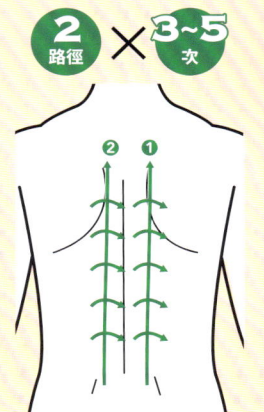

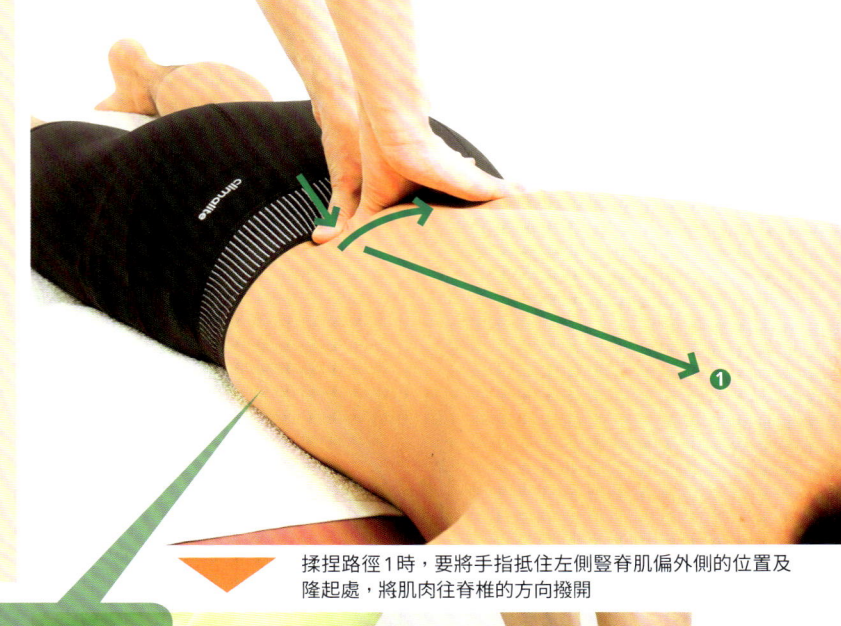

2 路徑 × **3~5** 次

揉捏路徑1時,要將手指抵住左側豎脊肌偏外側的位置及隆起處,將肌肉往脊椎的方向撥開

POINT
肩胛骨附近要將手指打橫

和雙拇指壓迫的手法一樣,按壓肩胛骨附近時要將手指打橫

路徑2是將手指抵住右側豎脊肌的內側,從脊椎往身體的外側挪動

PART **3** 各部位按摩法

5 拍擊 [切打法]

2路徑 × **7~10**秒

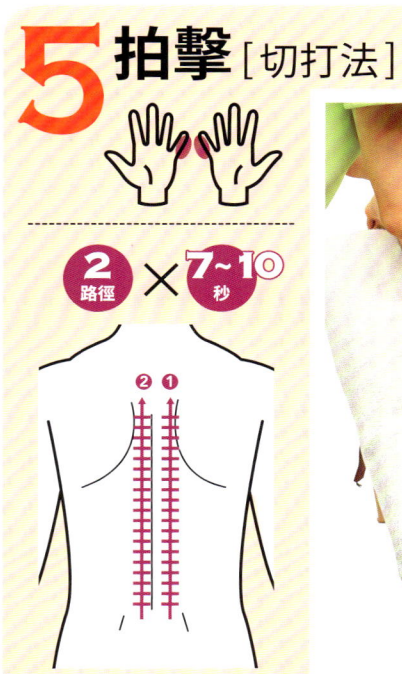

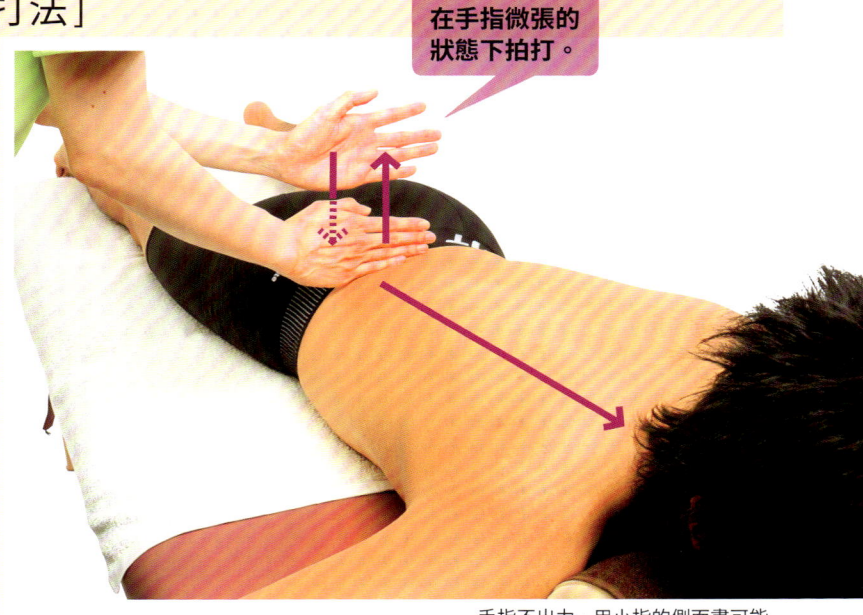

> 在手指微張的狀態下拍打。

手指不出力,用小指的側面盡可能小幅度地拍打

6 摩擦 [手掌輕擦]

1路徑 × **3~4**次

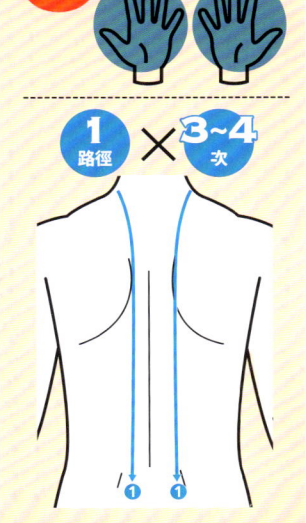

用整個手掌確實摩擦。習慣之後可以用每次1秒左右的速度摩擦

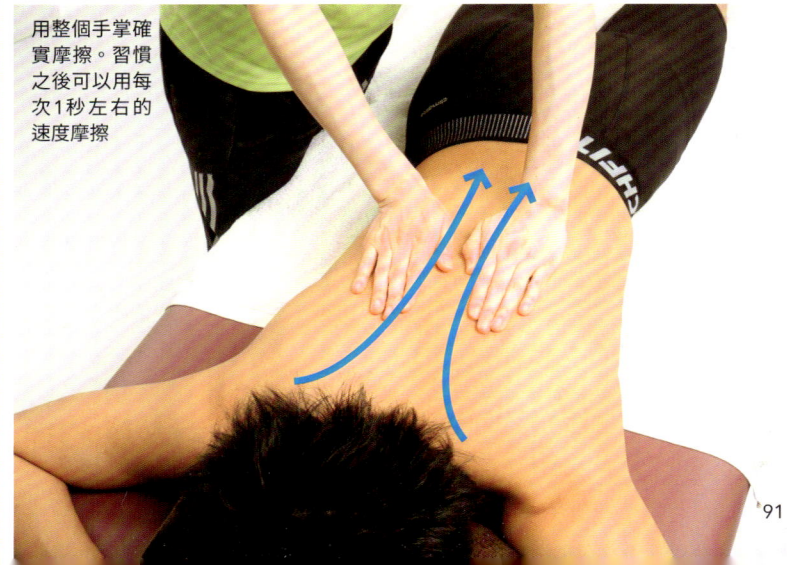

91

各部位按摩法

頭部

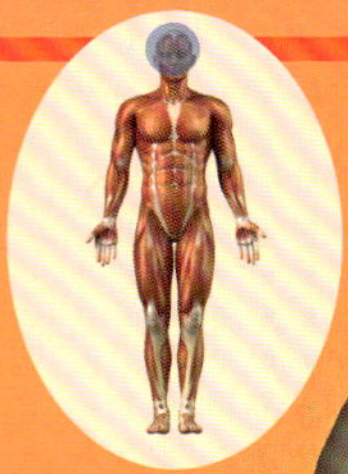

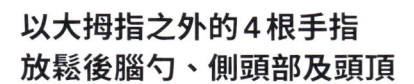

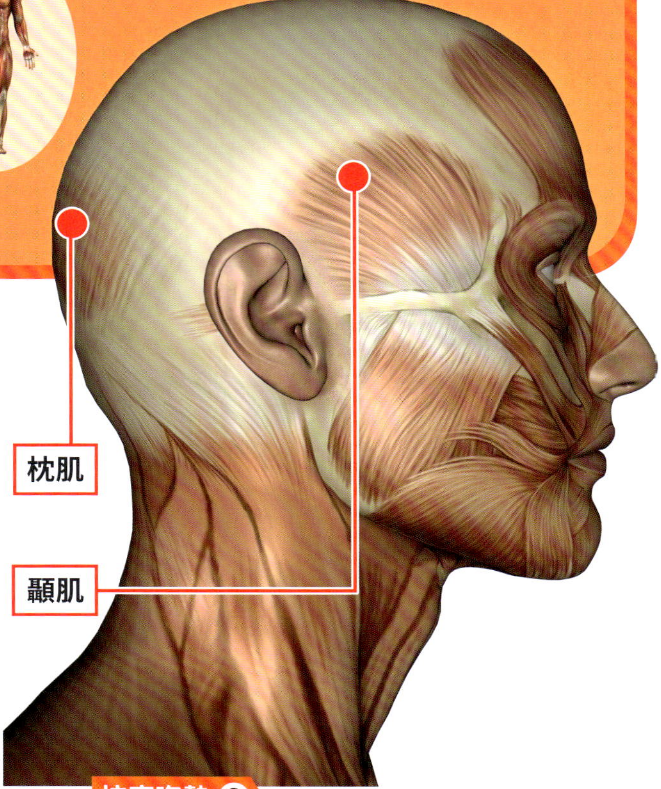

以大拇指之外的 4 根手指放鬆後腦勺、側頭部及頭頂

很少人知道頭部其實也有肌肉，有可能會在不知不覺間緊繃僵硬，而這裡也是會引起頭痛、肩頸僵硬的部位之一。需要按摩的部分是後腦勺、側頭部及頭頂這 3 處。做法是微微張開大拇指之外的 4 根手指，小幅度地前後移動揉捏。由於一旦被施術者的頸部用力便會無法順利揉捏，因此請使用毛巾等創造出一個方便按摩的姿勢。

枕肌

顳肌

按摩姿勢 1

放掉頸部到肩膀的力氣。

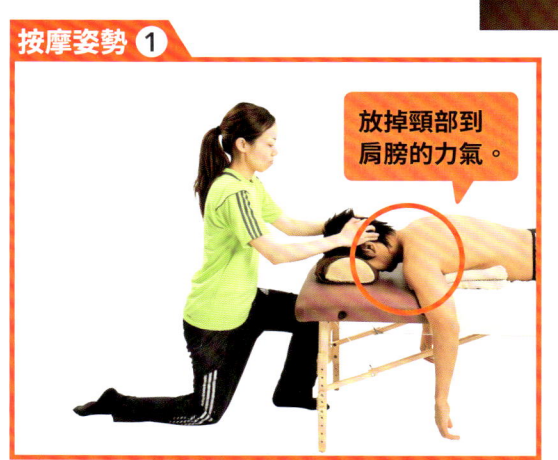

施術時，按摩者要來到頭部的前方。單膝跪地，用雙手按摩

按摩姿勢 2

調整高度，好讓頸部到肩膀放鬆不出力。

在被施術者的胸口放毛巾、在額頭下放枕頭，調整高度好讓頸部和肩膀放鬆。最好將毛巾折得厚一點，和枕頭的高度差不多

PART 3　各部位按摩法

1 揉捏 [四指揉捏]

3 處 × **3~5** 次

後腦勺、側頭部

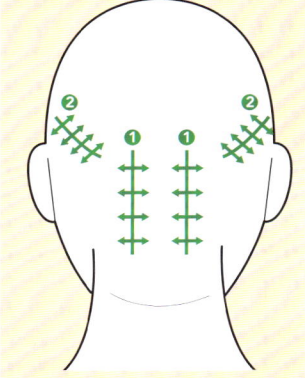

頭頂

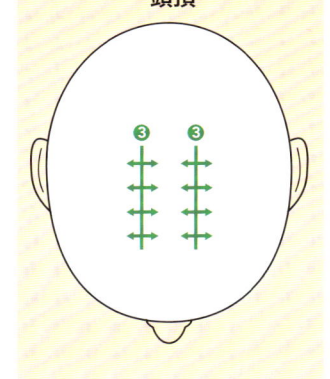

重複5到6次。

❶ 將4根手指貼在後腦勺上，找到四指可以勾住施力的地方。找到之後就用指尖壓著頭，前後移動揉捏。重複此動作5～6次

❷ 和後腦勺一樣，在側頭部找到手指勾住的部分之後前後移動

❸ 最後是頭頂。轉動手腕，反手按摩。大拇指朝下，以雙手左右開合的方式揉捏

93

各部位按摩法

頸部

以兩指揉捏、兩指壓迫按摩細微部分

　　頸部和頭部、背部一樣，會因為疲勞而引起肩頸僵硬。頸部肌肉多半具備活動、支撐頭部的功能，肌肉的走向十分複雜，因此要活用使用兩指的手法（手法1、2）來放鬆細微部位。讓被施術者仰躺在床上，然後巧妙利用床與枕頭之間的空間揉捏按摩。

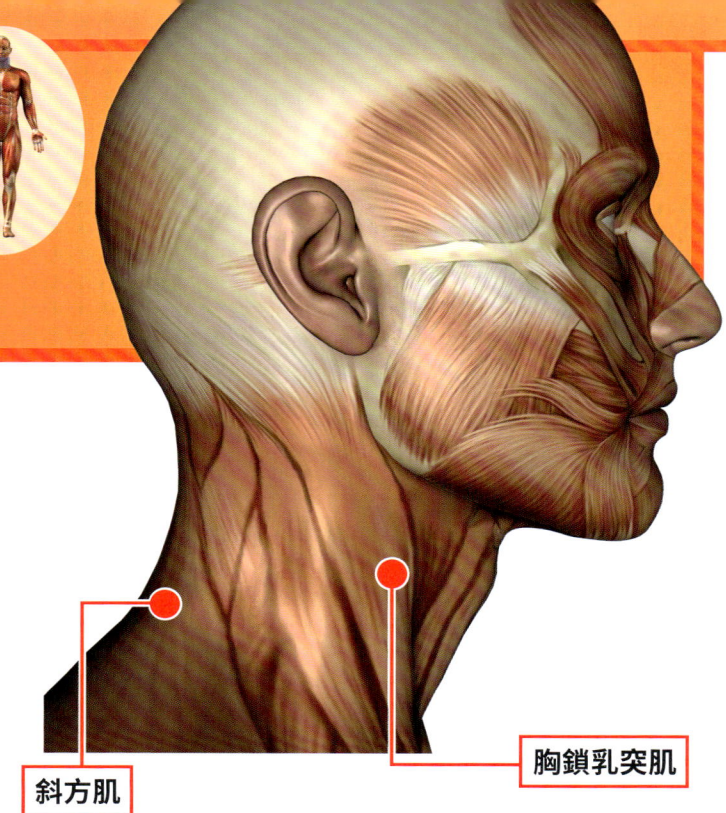

斜方肌

胸鎖乳突肌

按摩姿勢 1

在床的邊緣。

施術者在頭的後方單膝跪地。將枕頭擺在床的邊緣，讓被施術者的頭部稍微超出床會比較方便揉捏

按摩姿勢 2

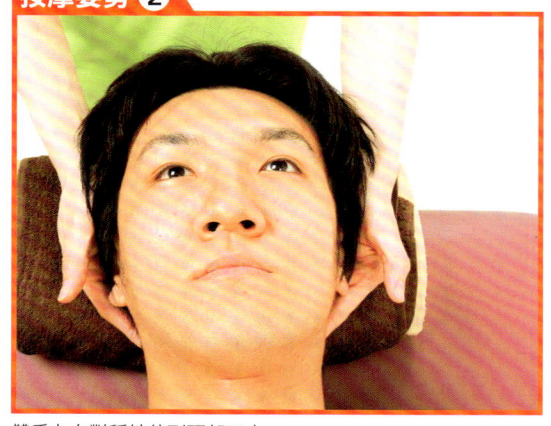

雙手左右對稱地伸到頭部下方

PART **3** 各部位按摩法

1 揉捏 [兩指揉捏]

2 路徑 × **3~5** 次

POINT
重疊兩指

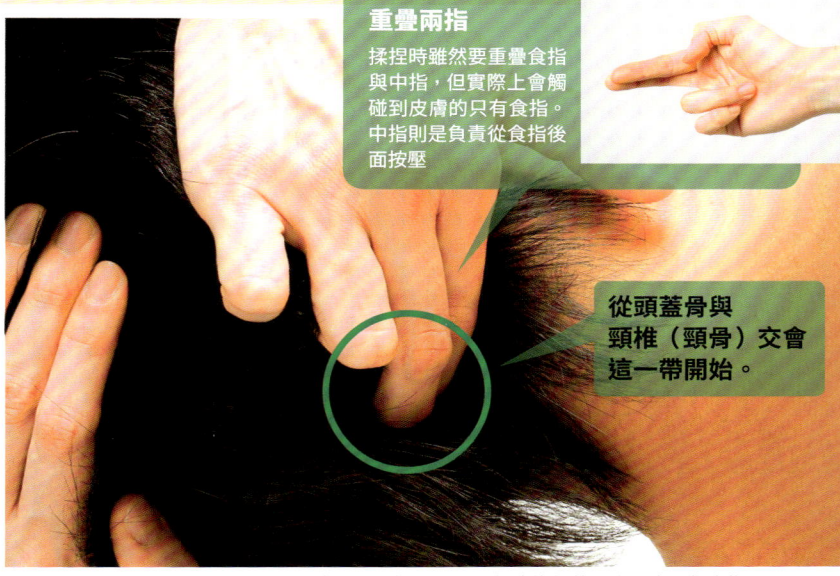

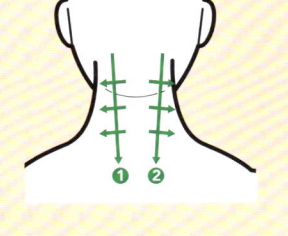

揉捏時雖然要重疊食指與中指，但實際上會觸碰到皮膚的只有食指。中指則是負責從食指後面按壓

從頭蓋骨與頸椎（頸骨）交會這一帶開始。

❶ 手滑到頭部下方，用食指抵住後腦勺邊緣側的正中間處。將中指疊在食指上，像要將頸部後側的粗大肌肉（斜方肌）之內側從骨頭上撥開一般地揉捏

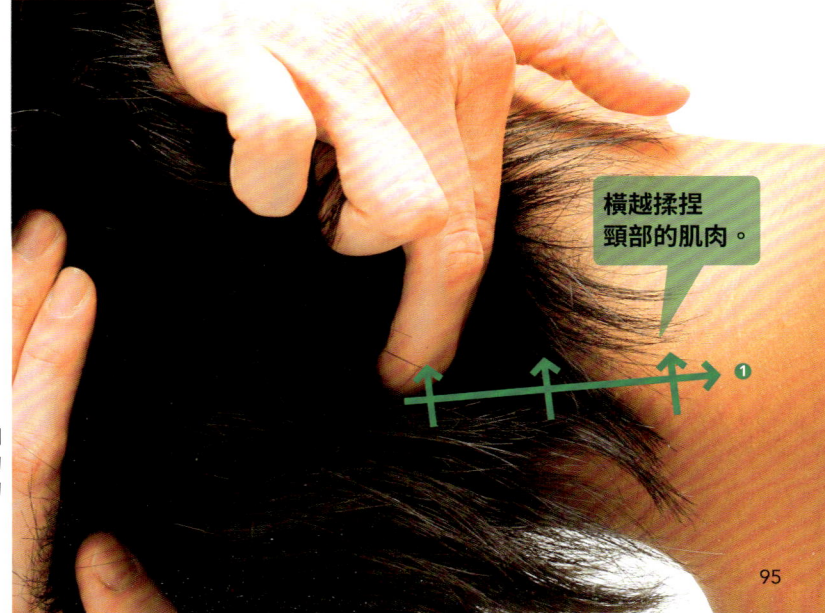

橫越揉捏頸部的肌肉。

❶ 用兩指朝頸部外側挪動肌肉。朝頸根的方向慢慢移動揉捏的位置

95

2 揉捏 [兩指抓握]

1 路徑 × **3~5** 次

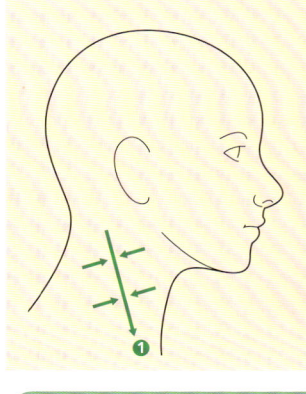

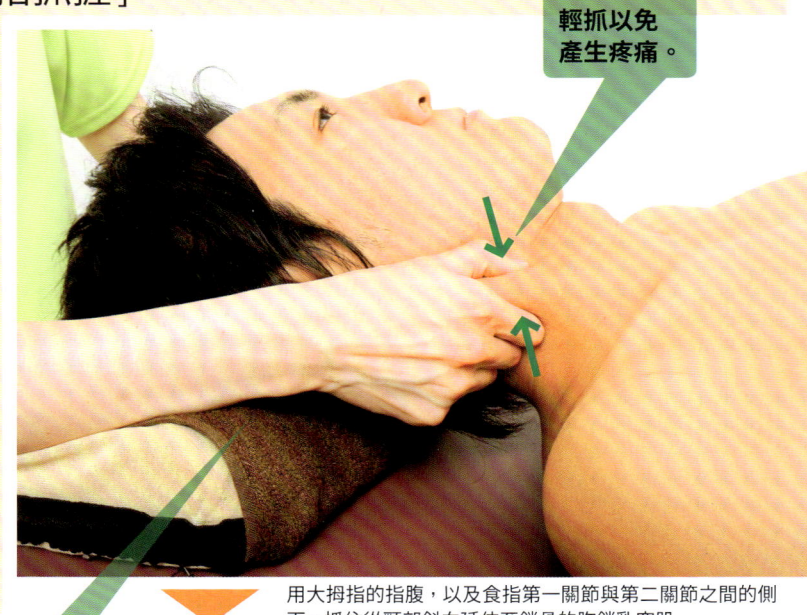

> 輕抓以免產生疼痛。

用大拇指的指腹,以及食指第一關節與第二關節之間的側面,抓住從頸部斜向延伸至鎖骨的胸鎖乳突肌

POINT
確認胸鎖乳突肌位置後抓住

頸部胸鎖乳突肌的位置很容易找到,施術時請確實抓握住肌肉

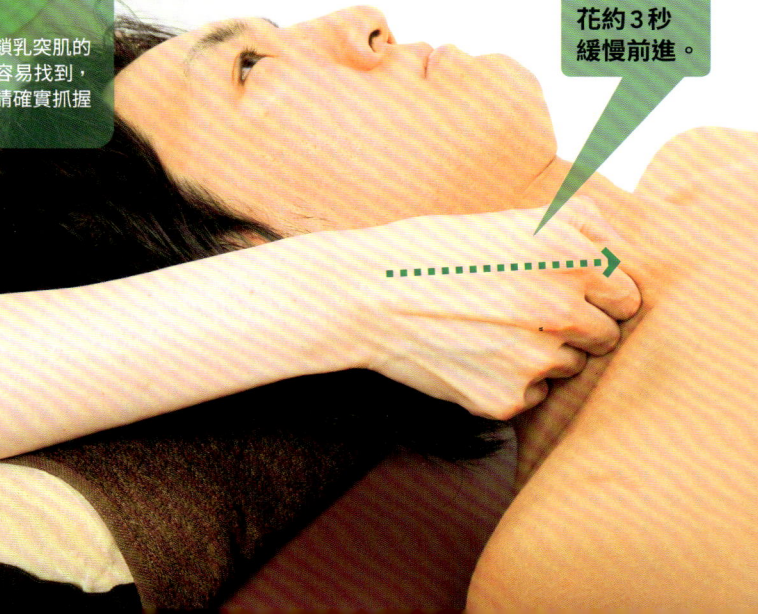

> 花約3秒緩慢前進。

分2~3次抓握到鎖骨前方。施術時力道要輕,以免產生疼痛

96

PART **3** | 各部位按摩法

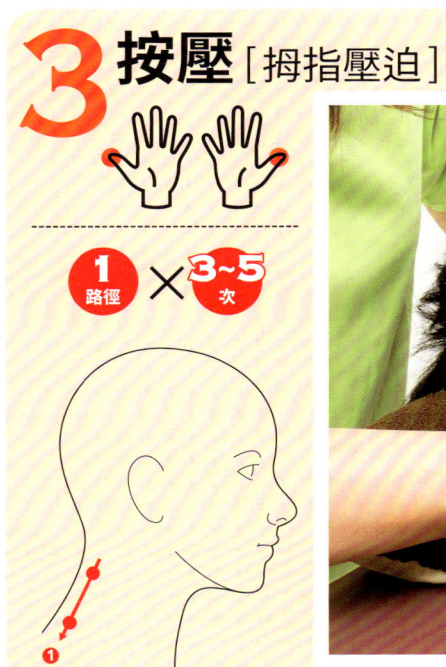

3 按壓 [拇指壓迫]

1 路徑 × **3~5** 次

> 讓頸部稍微倒向對側會比較容易操作。

將頸部旁邊，用兩指抓握抓起的胸鎖乳突肌靠近背部的肌肉，往外側（背側）按壓

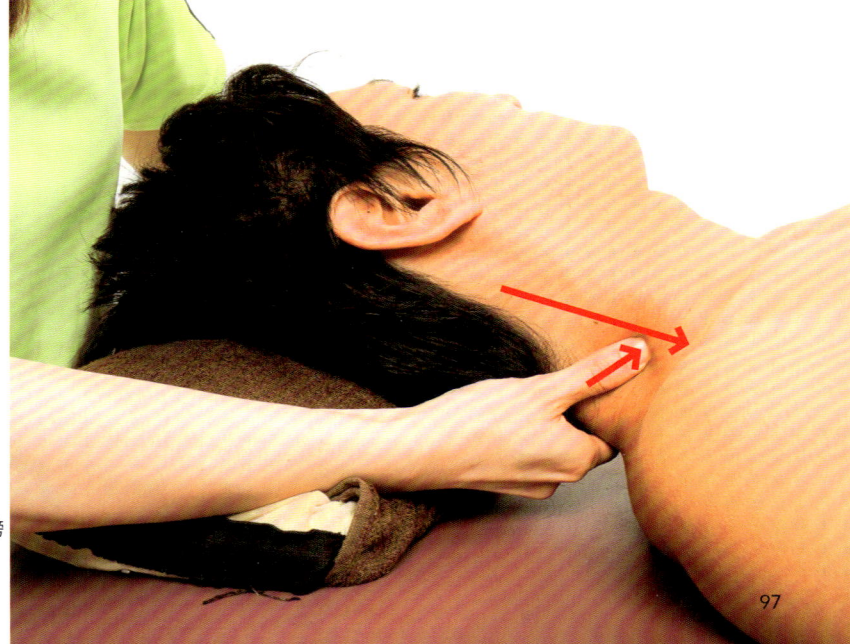

第2個按壓點是肩膀上方一帶

97

各部位按摩法

前臂

兩指揉捏與拇指揉捏時的手及手指之運用難度高

　　前臂有掌管手掌開合、手指及手腕屈伸、手腕旋轉等動作的肌肉，是從事所有會用到手的運動都容易產生疲勞的部位。由於操作兩指揉捏（手法3）、拇指揉捏（手法4）的手法時，手及手指的運用方式和按摩其他部位不太相同，因此需要特別練習。伸展測試只要被施術者一人即可做到，平日就可以請對方嘗試看看。

- 伸指肌
- 屈指淺肌
- 橈側屈腕肌
- 尺側屈腕肌

按摩姿勢

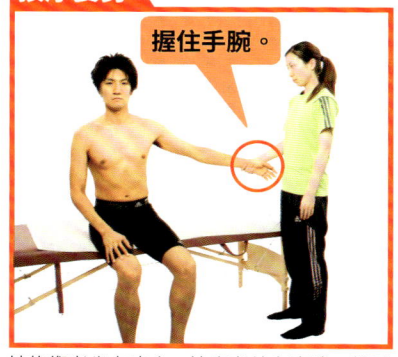

握住手腕。

被施術者坐在床上，按摩者站在旁邊，將手臂抬到方便按摩的高度

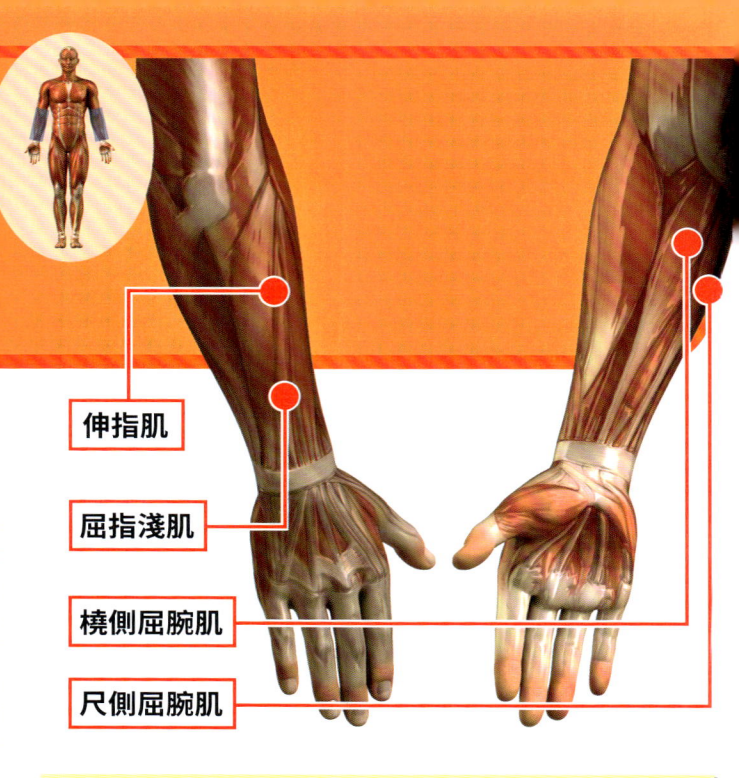

伸展測試

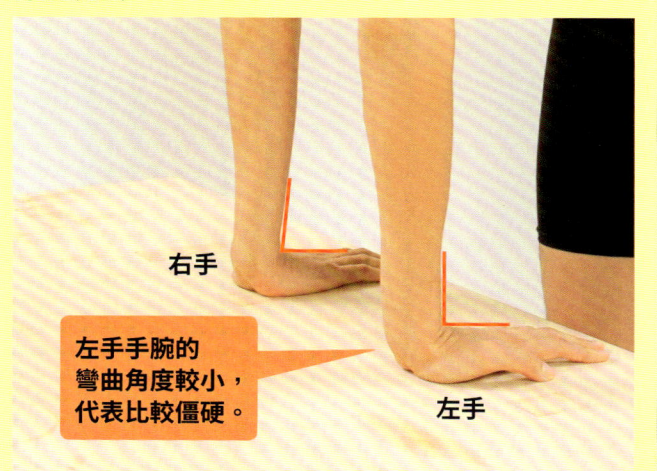

右手

左手手腕的彎曲角度較小，代表比較僵硬。

左手

如圖將手掌放在平台上。在這個狀態下將身體後彎，手腕上方的部位會感到緊繃。比較左右手的手腕，加強放鬆較難彎曲的那一邊。

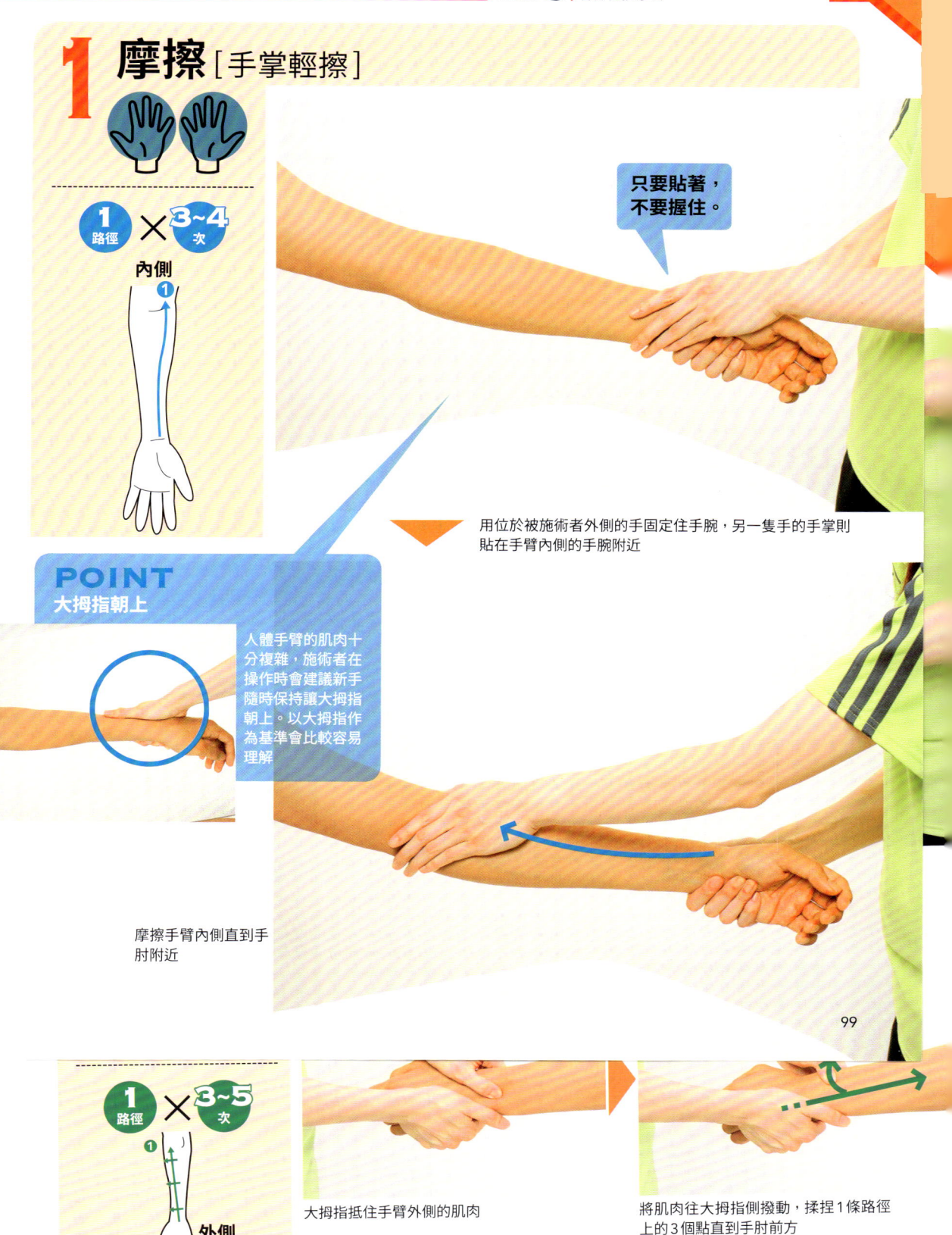

PART **3** 各部位按摩法

1 摩擦 [手掌輕擦]

1 路徑 × 3~4 次

內側

只要貼著，不要握住。

用位於被施術者外側的手固定住手腕，另一隻手的手掌則貼在手臂內側的手腕附近

POINT
大拇指朝上

人體手臂的肌肉十分複雜，施術者在操作時會建議新手隨時保持讓大拇指朝上。以大拇指作為基準會比較容易理解

摩擦手臂內側直到手肘附近

99

1 路徑 × 3~5 次

外側

大拇指抵住手臂外側的肌肉

將肌肉往大拇指側撥動，揉捏1條路徑上的3個點直到手肘前方

101

2 揉捏 [手掌抓握]

各部位按摩法

肱三頭肌

肱三頭肌

揉捏具備
伸直手肘功能的肌肉

位於手臂反面（背側）上分成兩路的肌肉稱為肱三頭肌。因為具備伸直手肘的功能，是棒球投手、網球選手等運動員容易產生疲勞的部位。按摩時要抓住（手法1）、挪動（手法2、3）肌肉，想像將其撥開。由於需要根據不同手法改變姿勢，請確認以下「姿勢」後以正確的姿勢施術。

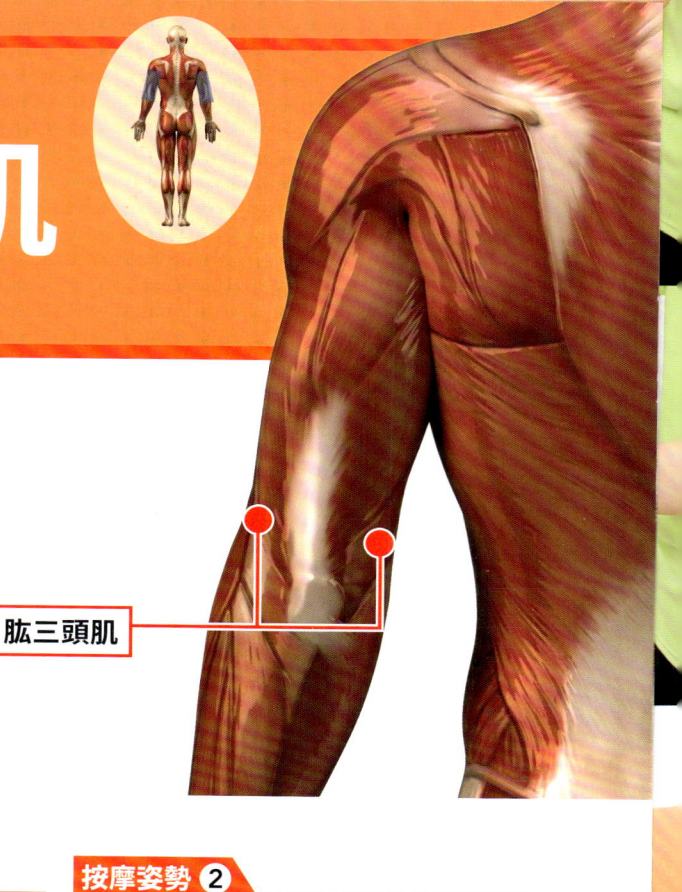

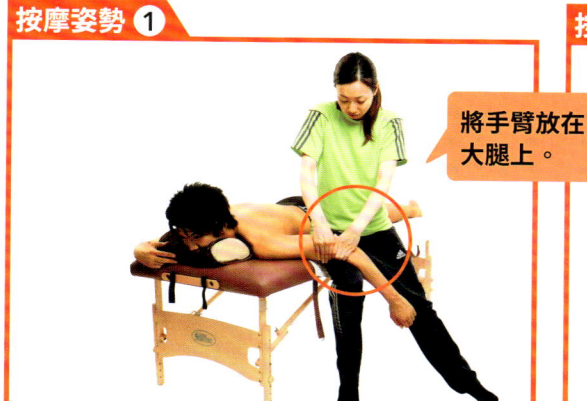

按摩姿勢 1

將手臂放在大腿上。

進行拇指揉捏時施術者要淺坐在床緣。讓被施術者的手臂垂放，微彎手肘

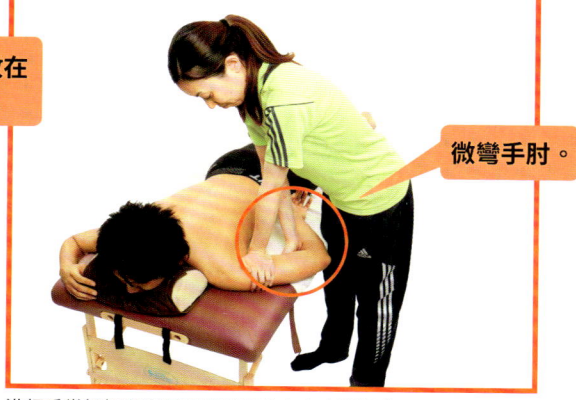

按摩姿勢 2

微彎手肘。

進行手掌抓握與掌根揉捏時要站在床旁邊操作，用另一隻手確實支撐被施術者的手臂

PART 3 各部位按摩法

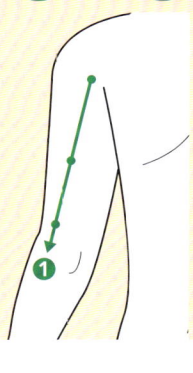

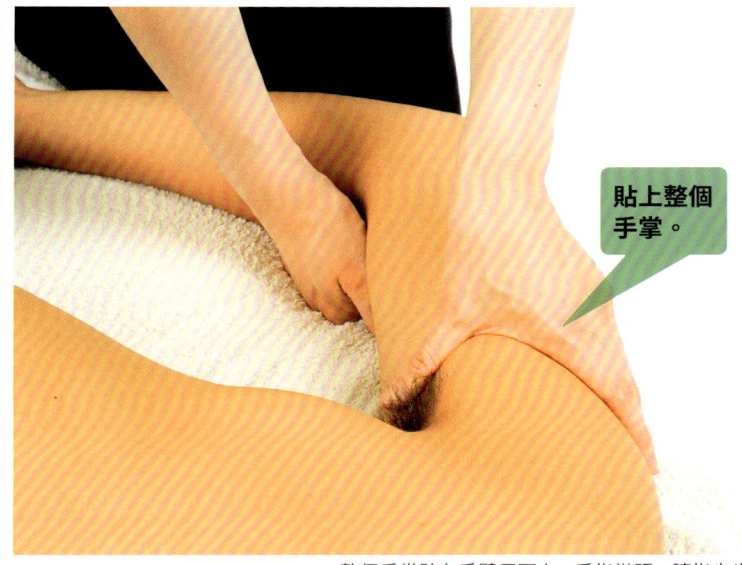

1 揉捏 [手掌抓握]

1 路徑 × **3~5** 次

貼上整個手掌。

整個手掌貼在手臂反面上。手指微張，讓指尖也貼著皮膚

POINT
一路揉捏到手肘上方

沿著手臂反面肱三頭肌的走向，從腋下開始施術揉捏到手肘上方一帶，重複3次

用大拇指根部與四指第二關節附近抓握。

用大拇指根部與剩下4根手指的第二關節附近抓住肌肉

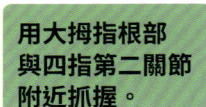

103

2 揉捏 [掌根揉捏]

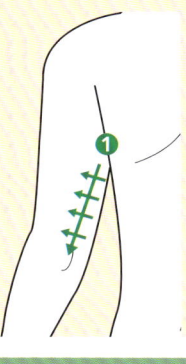

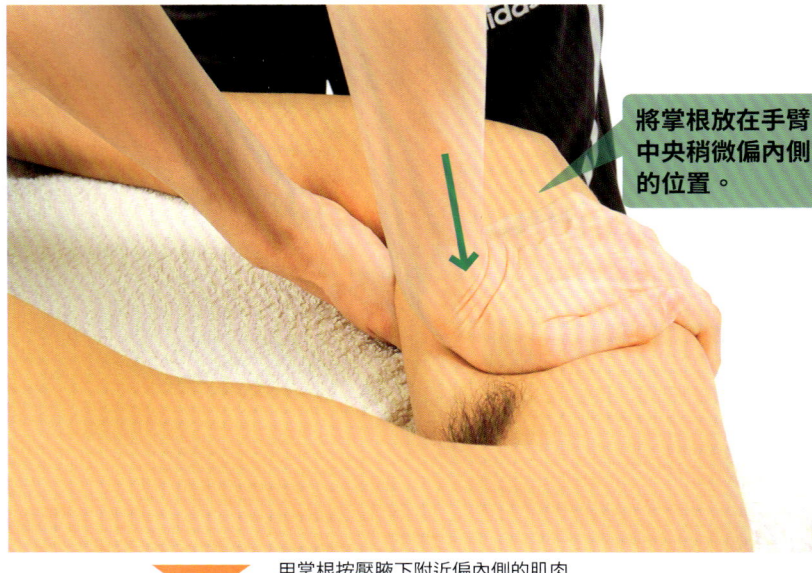

1 路徑 × 3~5 次

將掌根放在手臂中央稍微偏內側的位置。

用掌根按壓腋下附近偏內側的肌肉

將肌肉緩緩往手臂外側挪動。

POINT
從手臂偏內側處開始揉捏

施術時將掌根放置於肱三頭肌的內側處，想像著往外側揉捏

持續按壓，同時想像將肌肉從手臂內側撥向外側，花約2秒時間緩慢地揉捏

PART **3** 各部位按摩法

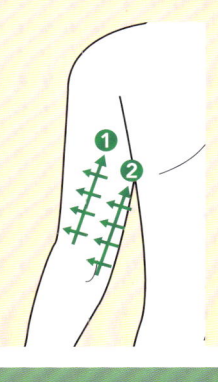

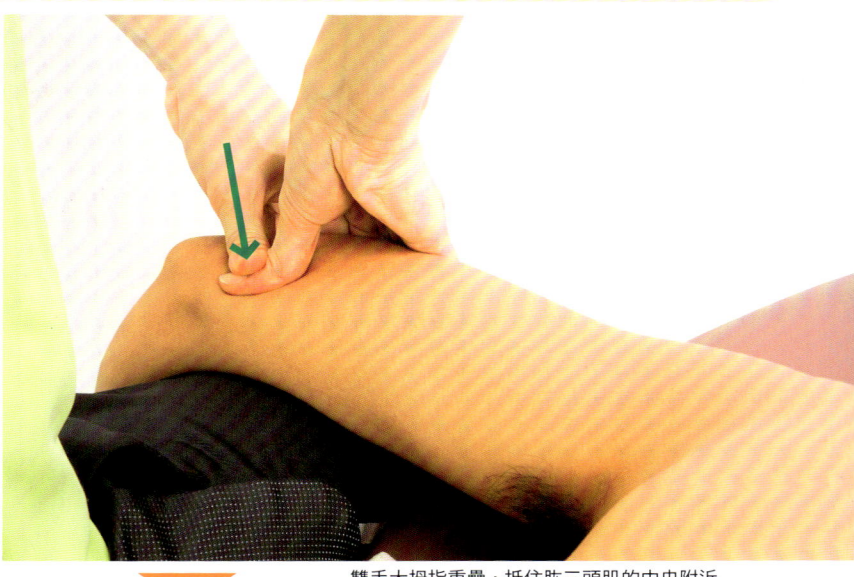

3 揉捏 [雙拇指揉捏]

2 路徑 × **3~5** 次

雙手大拇指重疊，抵住肱三頭肌的中央附近

POINT
下方路徑要想著往上抬起

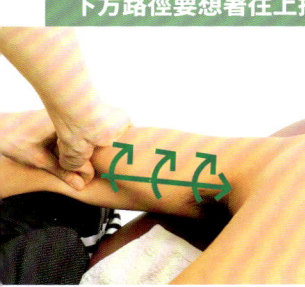

在按摩下方的路徑時，要將手指伸到肱三頭肌下面，想像著將肌肉往上推一般

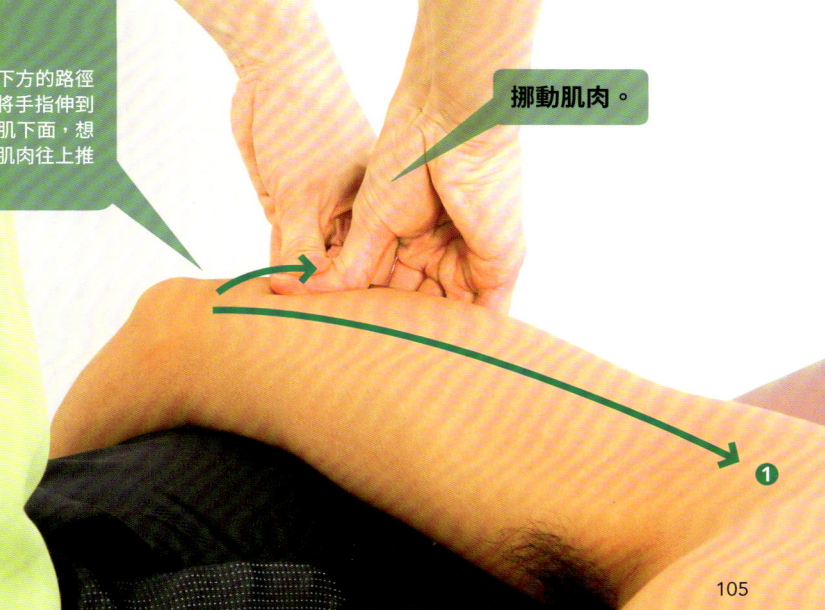

挪動肌肉。

像是在挪動肌肉一般，往外側揉捏

105

各部位按摩法

肱二頭肌

彎曲手肘的肌肉
揉捏時想像將肌肉撥開

　　肱二頭肌是位於上臂正面的肌肉，和肱三頭肌相反，是具備彎曲手肘的功能。這裡同樣是棒球投手、網球選手等大量使用手肘的人容易損傷的部位。揉捏路徑大致分為橫越肌肉，以及沿著左右2個不同的方向按摩。請記住這2種按摩模式。

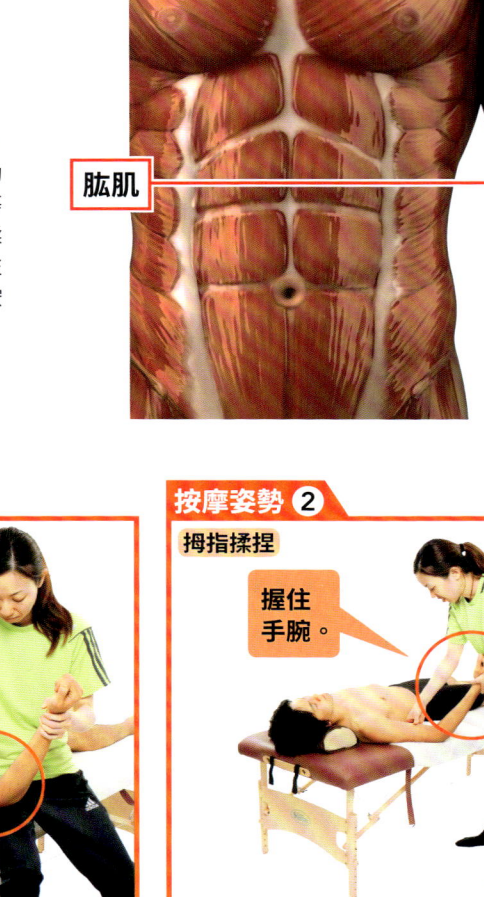

肱二頭肌

肱肌

按摩姿勢 1
掌根揉捏

將手肘放在大腿上。

淺坐在床緣，將被施術者的手肘放在大腿上揉捏

按摩姿勢 2
拇指揉捏

握住手腕。

稍微側身站在床旁邊，讓被施術者的手肘微微彎曲

PART **3** 各部位按摩法

1 揉捏 [掌根揉捏]

2 路徑 × **3~5** 次

> 想像著按壓肱二頭肌下方。

> 想著要挪動肌肉。

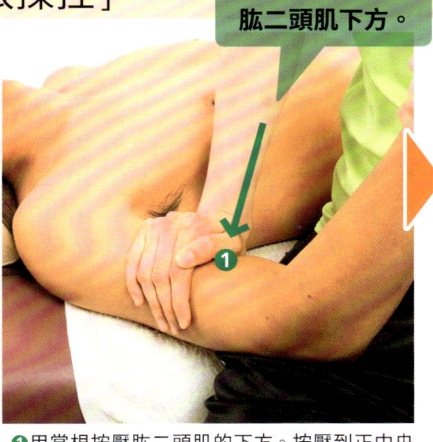

❶用掌根按壓肱二頭肌的下方。按壓到正中央的部分會有痛感，須特別留意

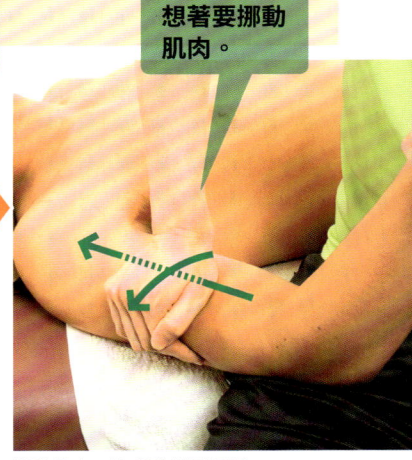

挪動肌肉，往手臂外側揉捏

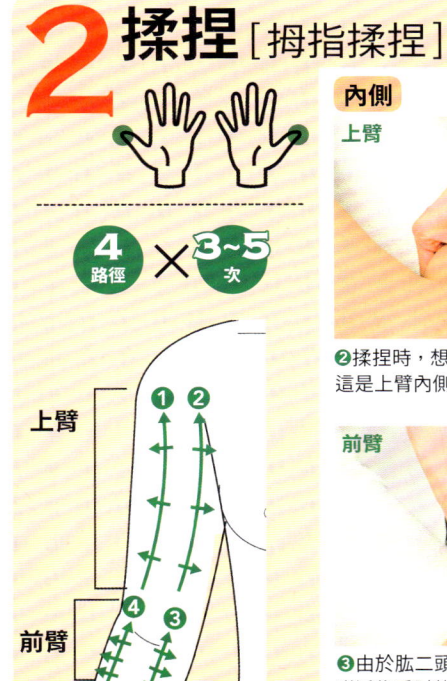

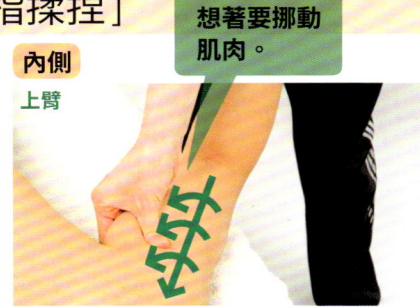

2 揉捏 [拇指揉捏]

4 路徑 × **3~5** 次

上臂 / 前臂 / 外側 內側

內側

上臂
> 想著要挪動肌肉。

❷揉捏時，想像著將肱二頭肌從外側撥向內側。這是上臂內側的路徑

前臂

❸由於肱二頭肌也有延伸至前臂，因此要從中央附近往手肘的方向揉捏

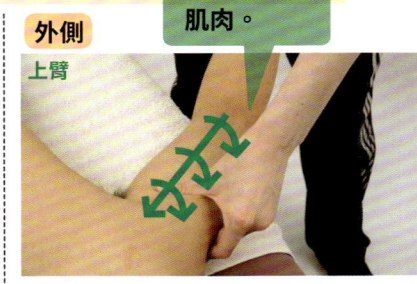

外側

上臂
> 想著要挪動肌肉。

❶想像著將肱二頭肌從內側挪向外側

前臂

❹肱二頭肌前臂部分也要從內側挪向外側

各部位按摩法

手

大魚際肌

骨間肌

小魚際肌

此處遍布小肌肉
肌腱也要仔細壓迫

　　手是會使用到球拍的運動，或是需要握著小小球體的棒球選手容易疲勞的部位。由於手上布滿做出抓握、彎曲動作時會用到的小肌肉，又有骨頭和肌腱，因此像是斜向用手指或左右按壓（手法2），即便手法相同，也必須隨按摩位置改變手的運用方式。話雖如此，手法本身其實相當簡單，請各位務必好好練習。

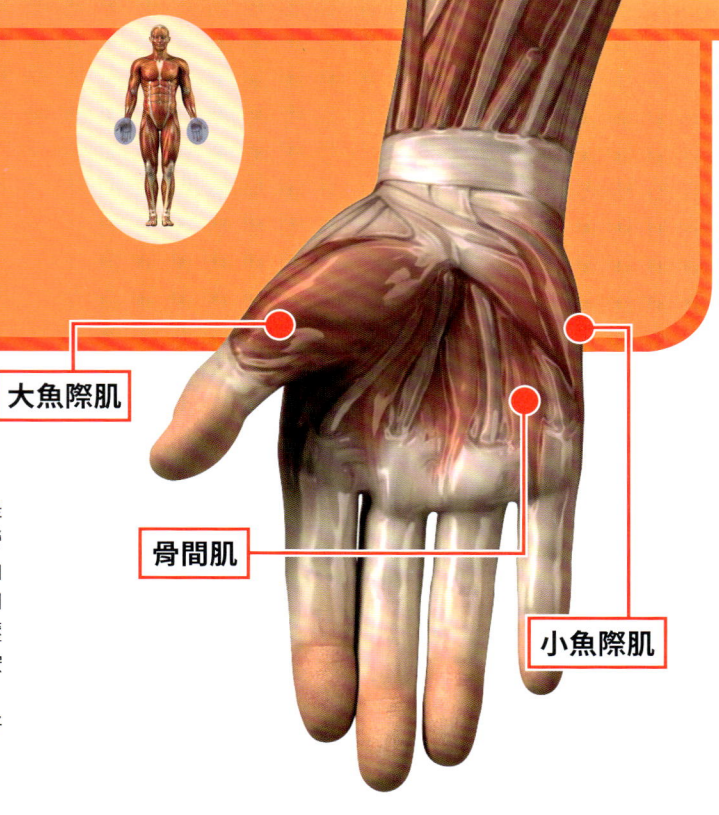

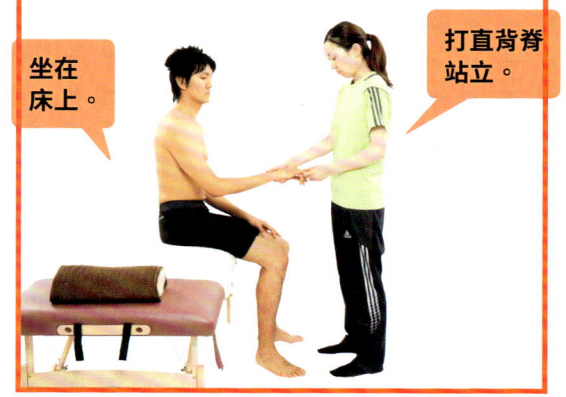

按摩姿勢 ❶

坐在床上。

打直背脊站立。

被施術者坐在床上，施術者站在旁邊按摩

按摩姿勢 ❷

用另一隻手固定住。

夾緊腋下，將手肘彎曲到接近90°。為避免被施術者因疼痛而閃躲，要用另一隻手固定住

PART **3** 各部位按摩法

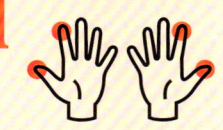

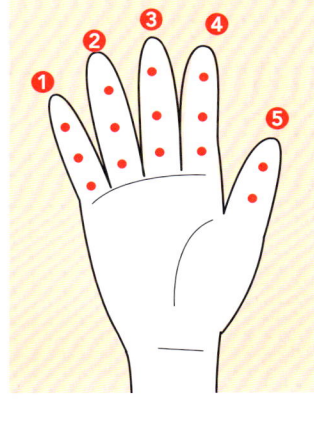

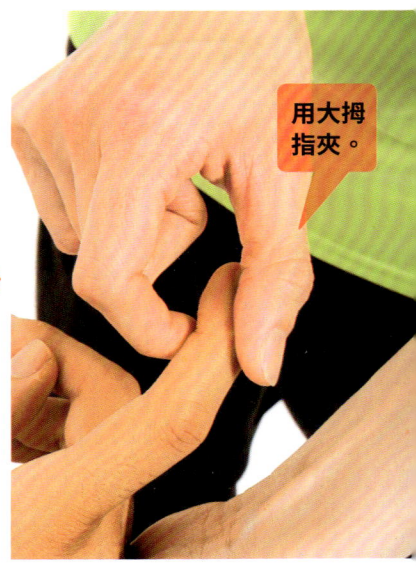

1 按壓 [兩指壓迫]

5 處 × **1~2** 次

將食指打橫,貼在要按摩那隻手的第一關節往下約1根手指處

> 伸出食指。

用大拇指抵住食指的相反側

> 用大拇指夾。

POINT
手指的肌腱在哪裡?

手指的肌腱會經過第一關節的中央。如果用力按壓後感到痠痛,就表示有按壓到肌腱

大拇指只是貼著,靠食指揉捏,壓迫手指的肌肉和肌腱。按壓各關節上方的點,一共3個(大拇指是2個)

> 用食指按壓肌腱。

2 按壓 [拇指壓迫]

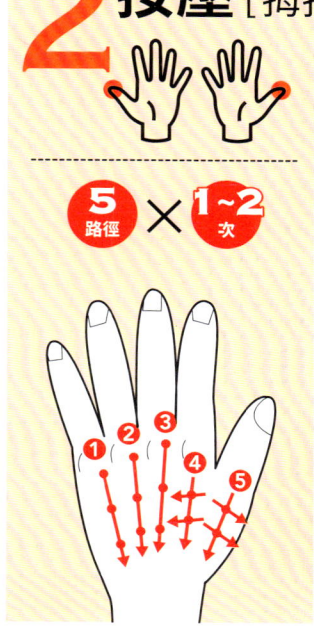

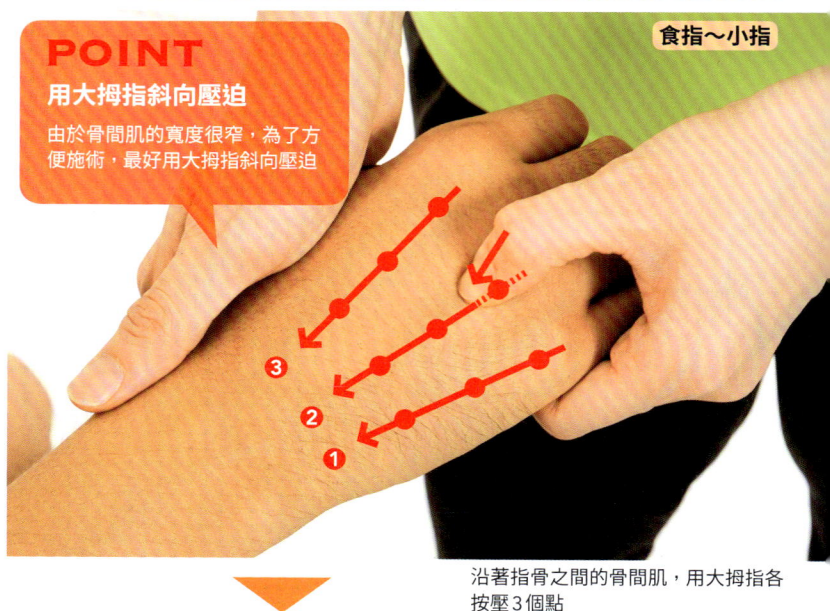

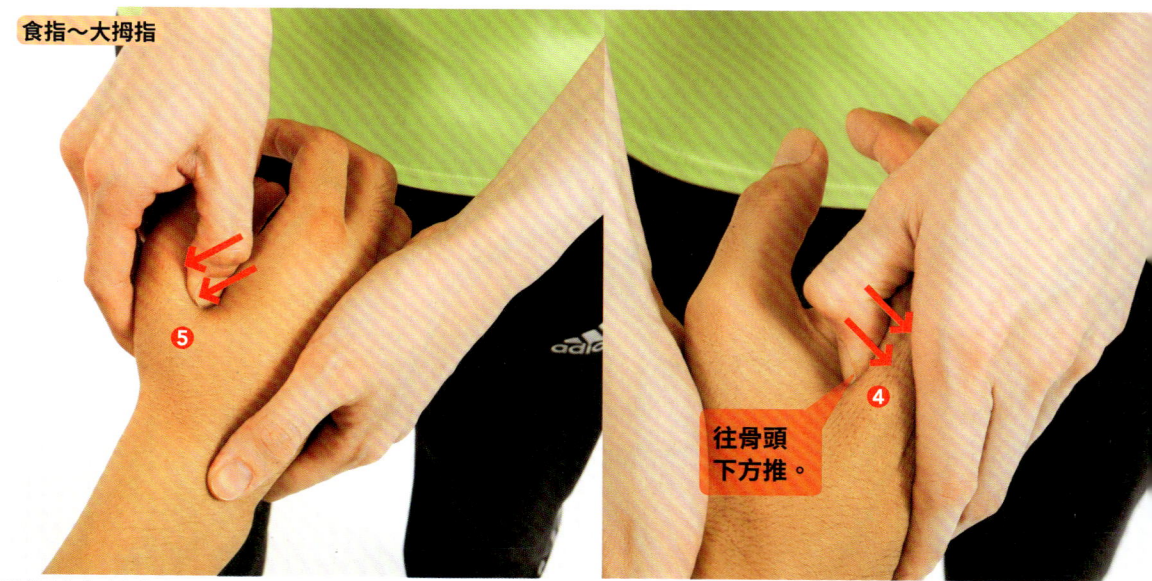

5 路徑 × **1~2** 次

POINT
用大拇指斜向壓迫
由於骨間肌的寬度很窄，為了方便施術，最好用大拇指斜向壓迫

食指～小指

沿著指骨之間的骨間肌，用大拇指各按壓3個點

食指～大拇指

往骨頭下方推。

沿著食指與大拇指之間的骨間肌按壓4個點。每次按壓，都要像伸入骨頭下方一般地往旁邊推

PART 3 | 各部位按摩法

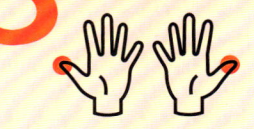

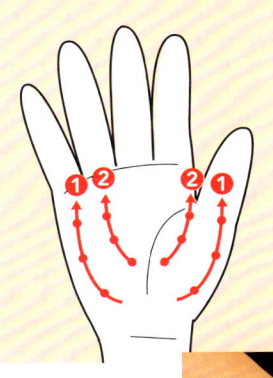

3 按壓 [拇指壓迫]

2 路徑 × **1~2** 次

纏繞小指，固定手掌

按摩時，要將手伸到小指與無名指之間加以固定。這樣負責壓迫的大拇指也會比較容易施力。

用大拇指壓迫手掌的肌肉。依序按壓 ❶ 手掌外緣的路徑，以及 ❷ 位於其內側、肉較厚實的路徑

VARIATION

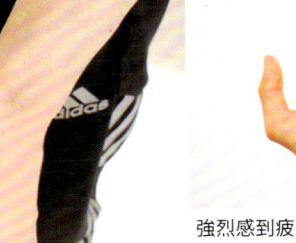

按壓位置在這裡。

強烈感到疲勞時，別忘了也要壓迫手掌中央。按壓位置在彎曲中指與無名指時的中間部分

111

各部位按摩法

胸部

胸大肌

使用其他部位很少會用到的四指壓迫與四指揉捏

　　胸部主要與手臂相連，是長時間從事會用到手的運動時容易累積疲勞的部位。按摩時要特別放鬆鎖骨和肋骨。其特徵是會使用按摩其他部位時，很少用到的四指壓迫（手法2）和四指揉捏（手法3）。這是為了將手指伸到肋骨與肋骨之間，因此才會運用這一類的手法。圓背（駝背）的人因為胸部肌肉緊縮，所以只要放鬆這裡就會變得容易挺胸。

按摩姿勢

左圖的單膝跪姿，是掌根揉捏、四指壓迫與四指揉捏的姿勢。右圖的站姿則是拇指壓迫的姿勢

伸展測試

確認這裡！

將手扶在牆壁上，手的高度和打棒球投球時差不多，接著將對側的腰向外扭轉。若貼牆那一側的胸部很緊繃就要加強放鬆。

112

PART 3 | 各部位按摩法

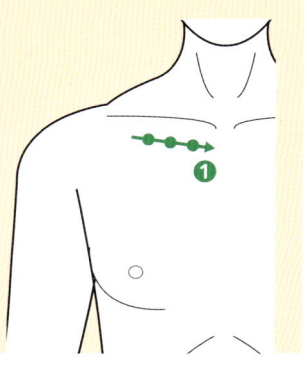

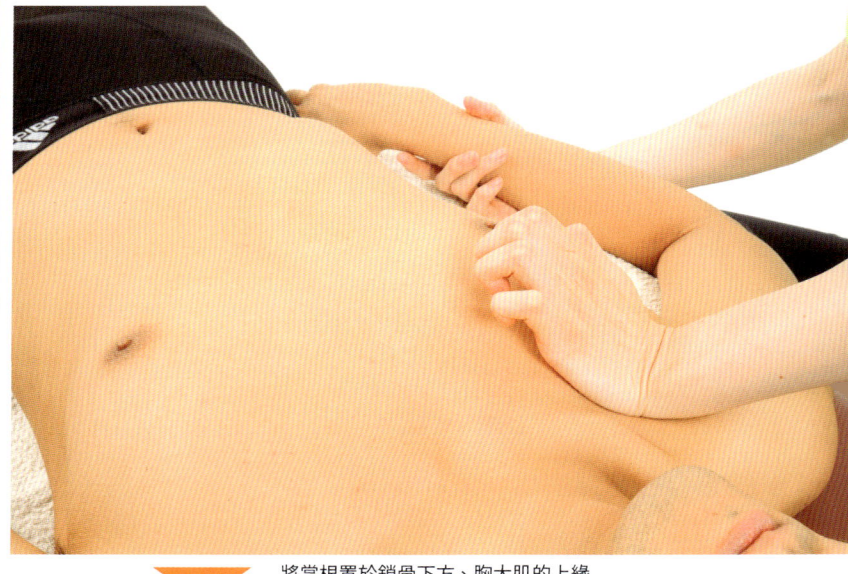

1 揉捏 [掌根揉捏]

1 路徑 × 3~4 次

將掌根置於鎖骨下方、胸大肌的上緣

POINT
利用自身體重按摩

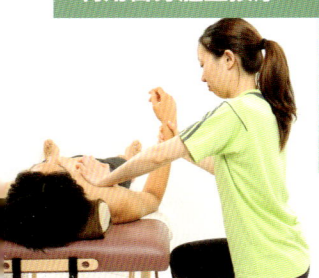

施術者的姿勢要伸直手肘，利用自身的體重施術。絕對不要使用到臂力去揉捏！

每個點揉捏 3～4 次。

往身體的下方揉捏。路徑大致與鎖骨平行，但要稍微往斜下方移動。對胸部施力過猛容易讓被施術者感到不適，因此必須小心斟酌揉捏的力道

113

2 按壓 [四指壓迫]

1 路徑 × 3~5 次

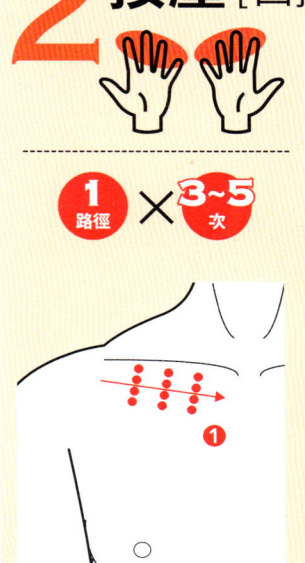

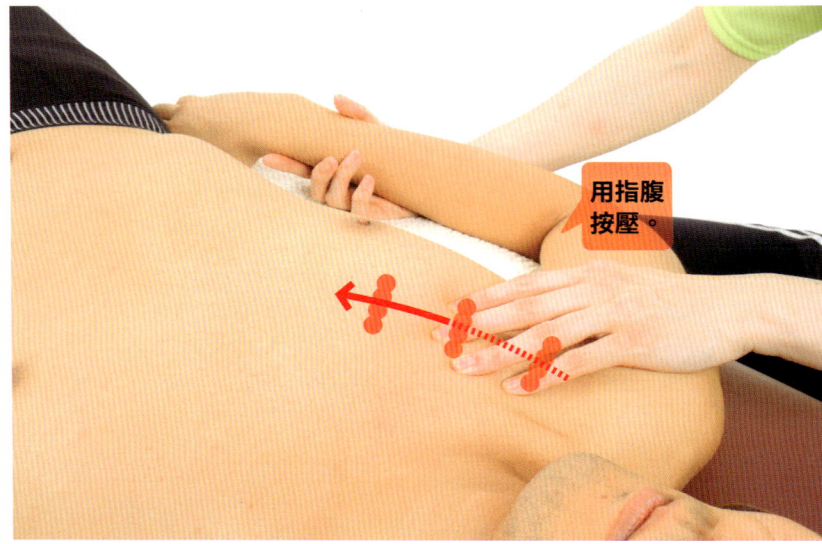

將4根手指放在肋骨與肋骨之間壓迫。手不要張得太開。從手臂根部往胸部中央緩緩地移動按壓位置

用指腹按壓。

3 揉捏 [四指揉捏]

1 路徑 × 3~5 次

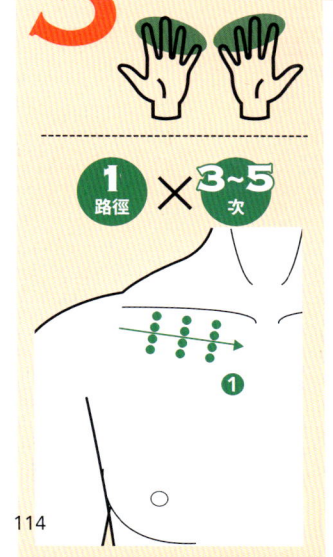

以與四指壓迫相同的方式揉捏。從手臂根部往胸部中央，隨著移動慢慢地加強刺激

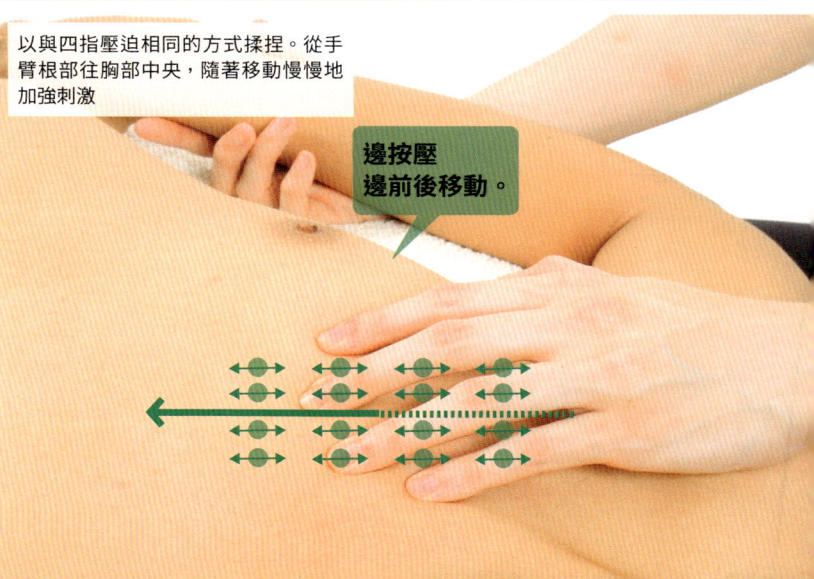

邊按壓邊前後移動。

PART **3** | 各部位按摩法

4 按壓 [拇指壓迫]

1處 × **3~5**秒

將手臂抱到腋下。

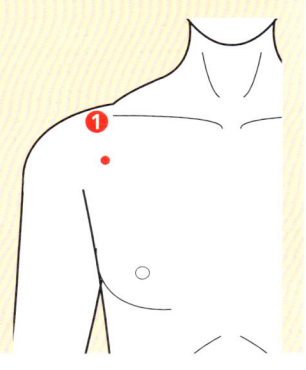

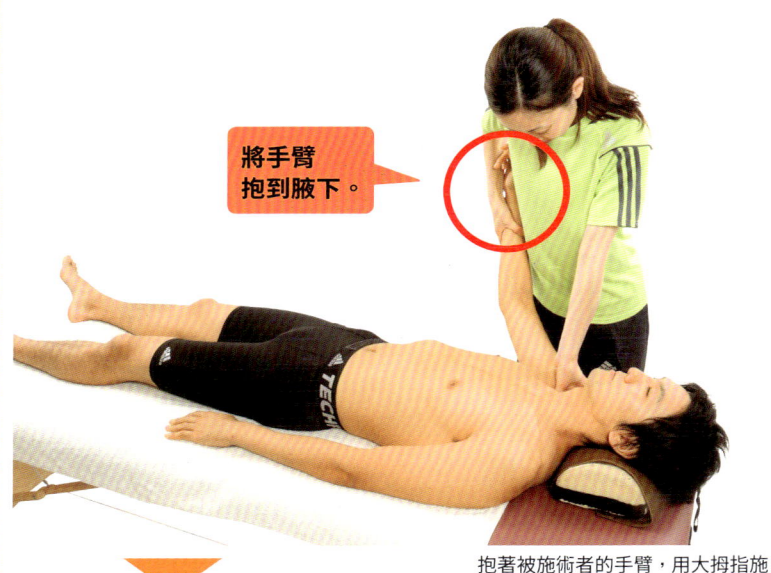

抱著被施術者的手臂，用大拇指施加體重按壓

POINT
不要用指尖按壓

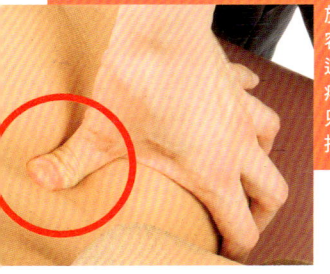

施加身體重量時很容易會用到指尖，這會導致對方感到疼痛，因此要記得只用指腹施加體重按壓

施加體重往下壓。

抱著手臂會讓鎖骨旁邊產生凹陷，這時就可以按壓該處。萬一對方感到疼痛，就一邊和被施術者對話、一邊調整位置

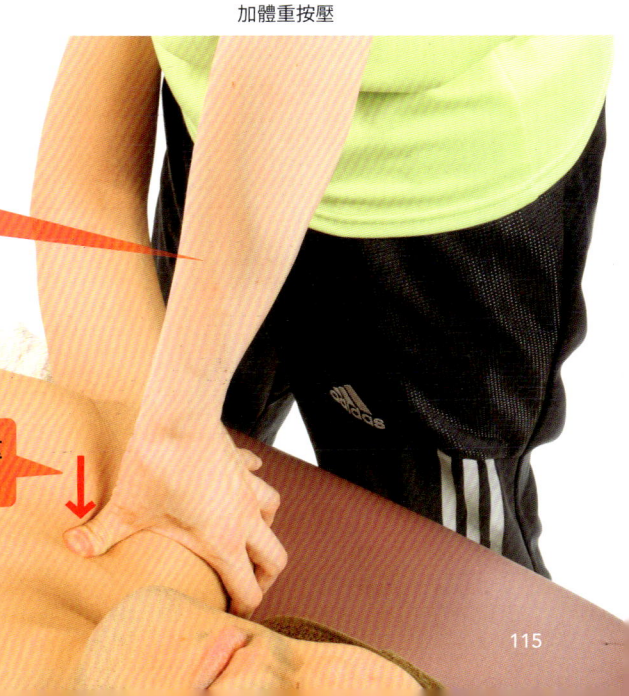

115

各部位按摩法

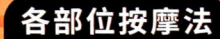

肩關節

棘上肌

三角肌

棘下肌

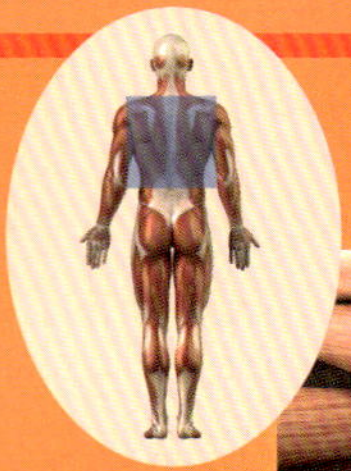

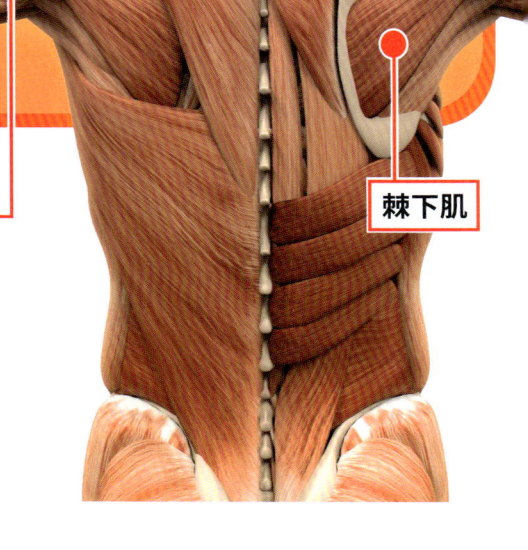

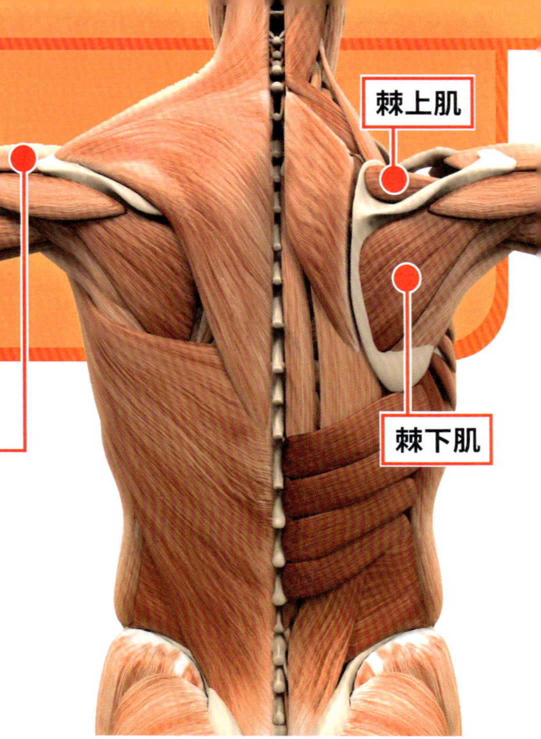

日常生活也容易疲勞的部位 放鬆三角肌與肩胛骨周圍

　　肩關節聚集了許多能夠活動肩膀以及手臂的肌肉。從事棒球、網球等使用上半身的運動固然特別容易損傷，不過其實像是長時間辦公等等的情況，肩關節也容易在日常生活中累積疲勞、變得僵硬。按摩時請仔細放鬆包覆肩膀的三角肌，以及肩胛骨周圍的小圓肌、大圓肌和棘下肌。

按摩姿勢

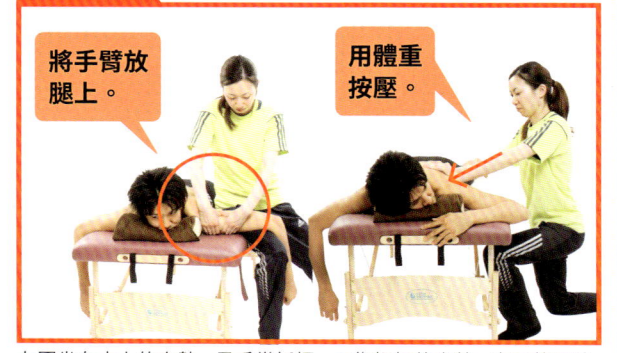

將手臂放腿上。

用體重按壓。

左圖坐在床上的姿勢，是手掌抓握、四指揉捏的姿勢。右圖的單膝跪姿是掌根揉捏、拇指揉捏的姿勢

伸展測試

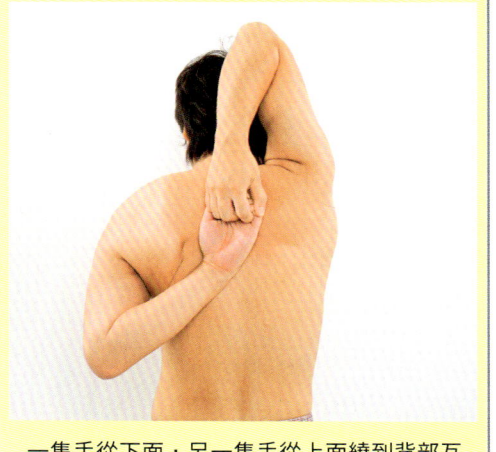

一隻手從下面，另一隻手從上面繞到背部互勾。只要手指可以互碰就沒問題，但如果有一隻手碰不到就要加強放鬆。

PART **3** 各部位按摩法

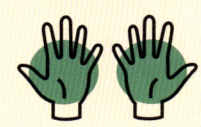

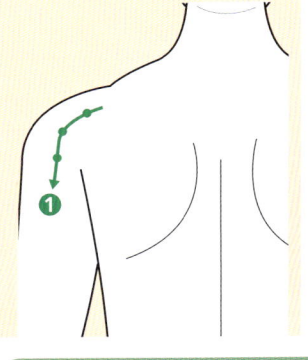

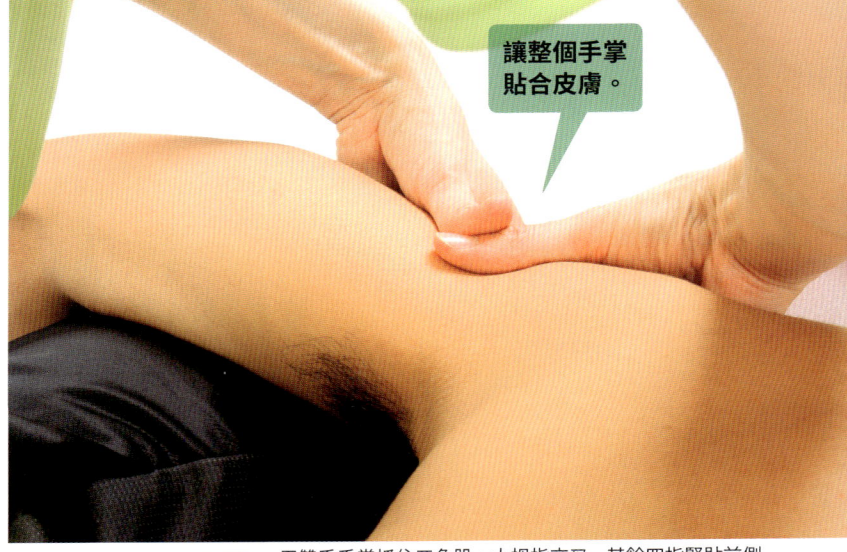

1 揉捏 [手掌抓握]

1 路徑 × **3** 次

> 讓整個手掌貼合皮膚。

用雙手手掌抓住三角肌。大拇指交叉，其餘四指緊貼前側

POINT
用手掌抓握

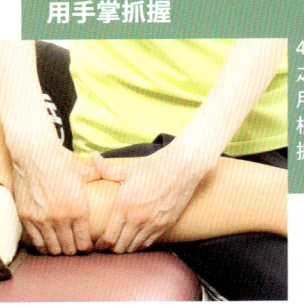

4根手指輕輕併攏之後貼在肩膀上，用大拇指根部與4根手指的第二關節抓握

> 從前後抓住肌肉。

用大拇指根部與其餘4根手指的第二關節附近，確實抓住肌肉。從肩膀往上臂的方向揉捏3個點

117

2 揉捏 [四指揉捏]

3處 × 3~5秒

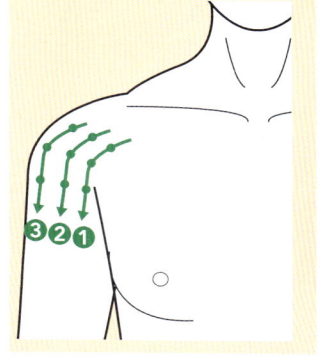

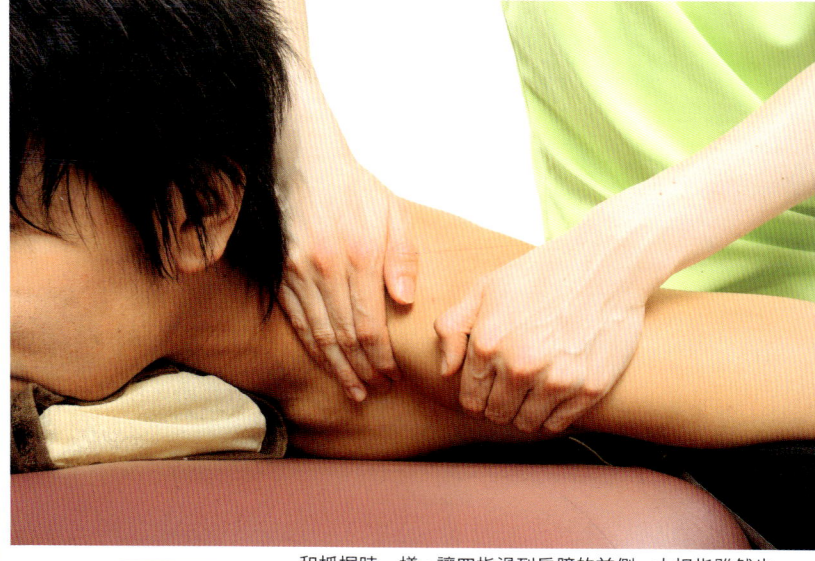

VARIATION
三角肌後側也要放鬆

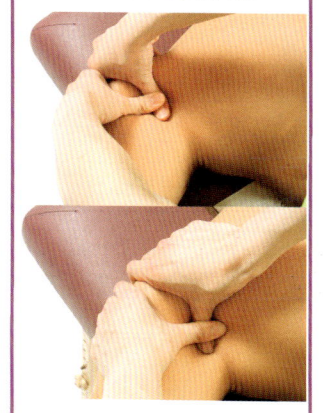

除了由前往後，如果還能由後往前放鬆會更有效果。以手掌抓握的方式抓住肌肉，往前側撥動

和抓握時一樣，讓四指滑到肩膀的前側。大拇指雖然也要放在前側，但只是貼著而已並不出力

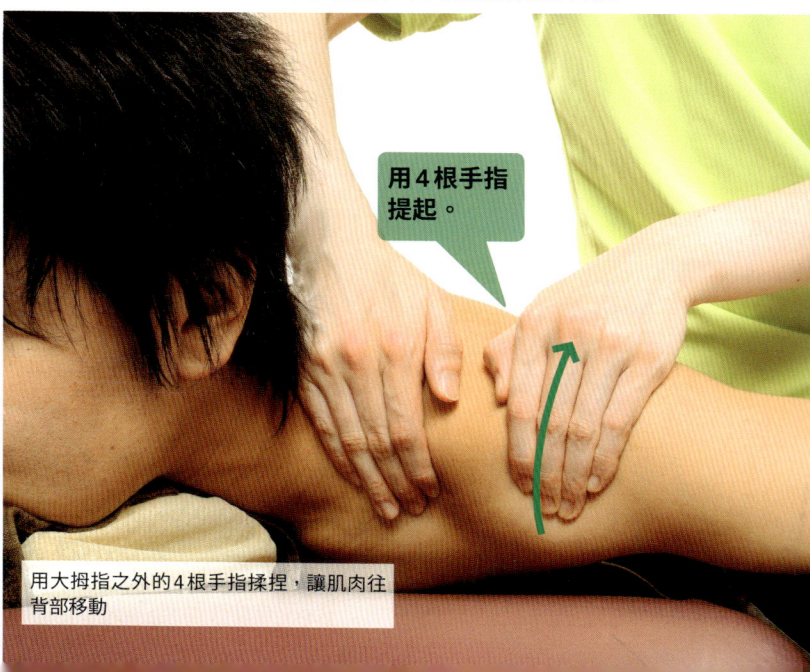

用4根手指提起。

用大拇指之外的4根手指揉捏，讓肌肉往背部移動

PART **3** 各部位按摩法

3 揉捏 [掌根揉捏]

3 路徑 × **3~5** 次

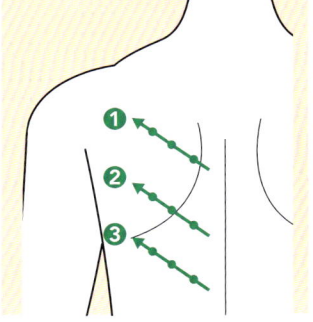

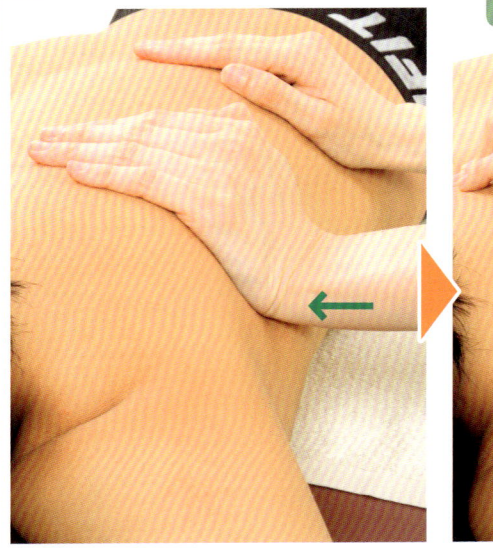

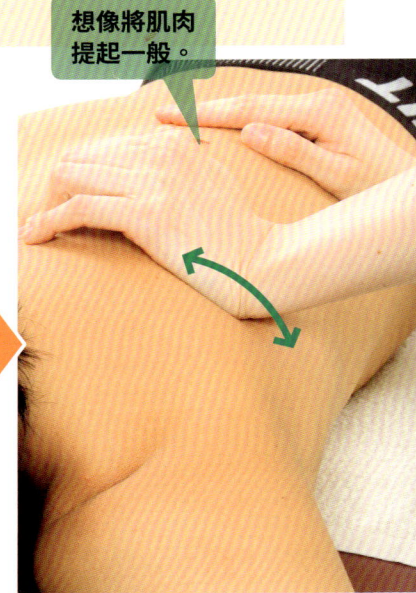

想像將肌肉提起一般。

接著，用掌根徹底放鬆整片肩胛骨。像是在晃動肌肉一般，反覆進行約3次。路徑共有3條

4 揉捏 [雙拇指揉捏]

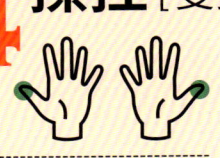

3 路徑 × **3~5** 次

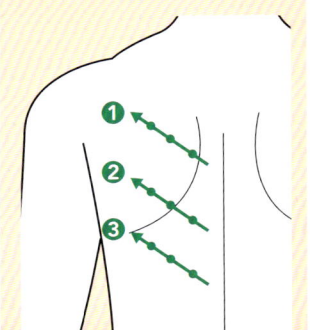

用2根大拇指往上推，撥動肩胛骨下方的棘下肌。路徑共有3條

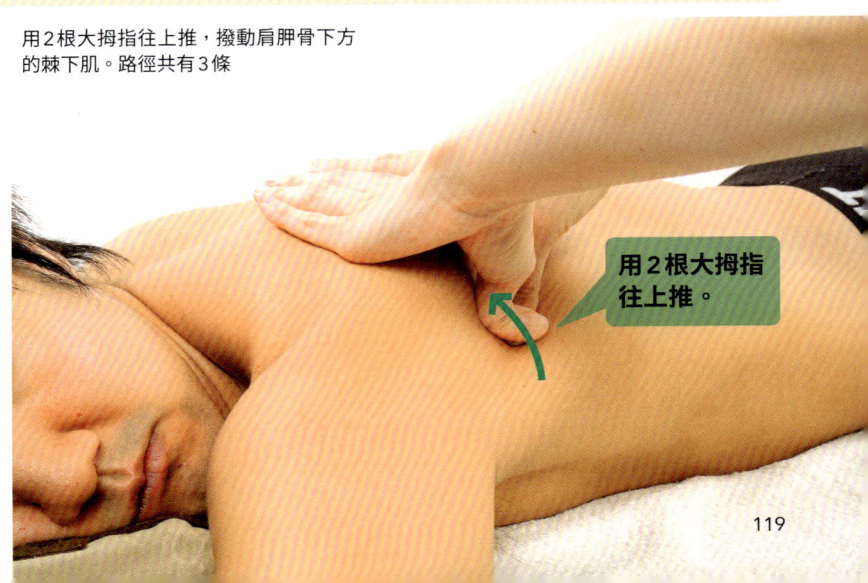

用2根大拇指往上推。

119

各部位按摩法
肩膀上背

棘上肌

三角肌

棘下肌

斜方肌

遠離肩關節的肌肉也很重要
施術時留心豎脊肌等肌肉

　　這個部位的代表性症狀是肩頸僵硬。肩膀上背之所以會疲勞，是因為辦公造成肩膀緊張用力，以及駝背坐著的姿勢為背部帶來負擔。除了這個部位以外，施術時一併按摩頭部、頸部與手臂，按摩可望獲得更好的效果。

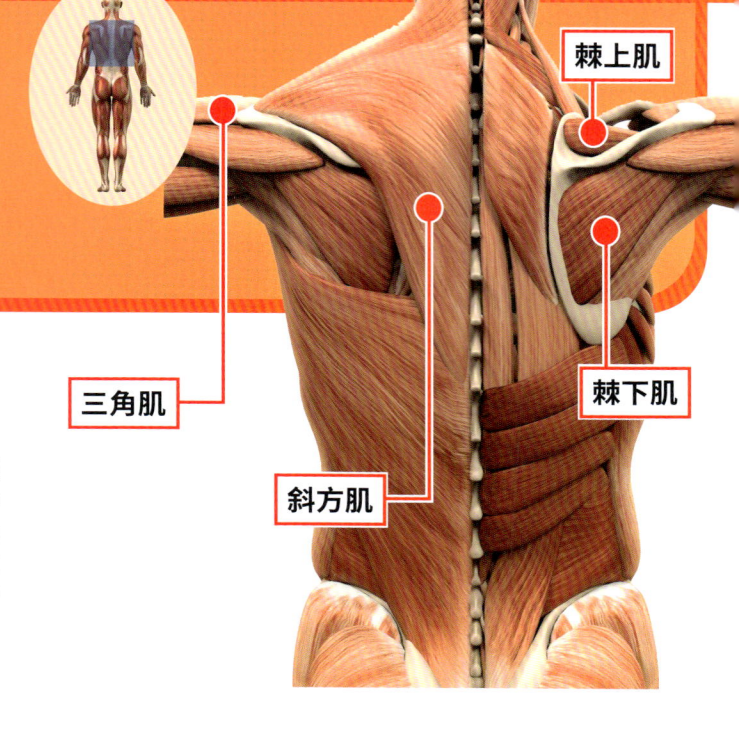

按摩姿勢 ❶

手臂垂在床外面。

施術時站在被施術者的頭側，身體稍微往前傾。在被施術者胸部下方墊個重疊的毛巾或抱枕

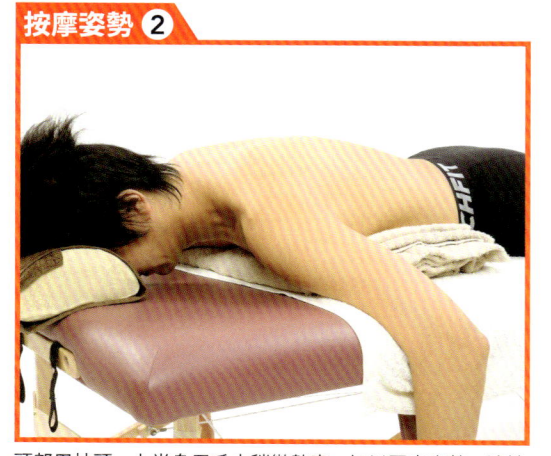

按摩姿勢 ❷

頭部用枕頭、上半身用毛巾稍微墊高，加以固定姿勢。讓被施術者臉朝正下方也能呼吸

PART **3** 各部位按摩法

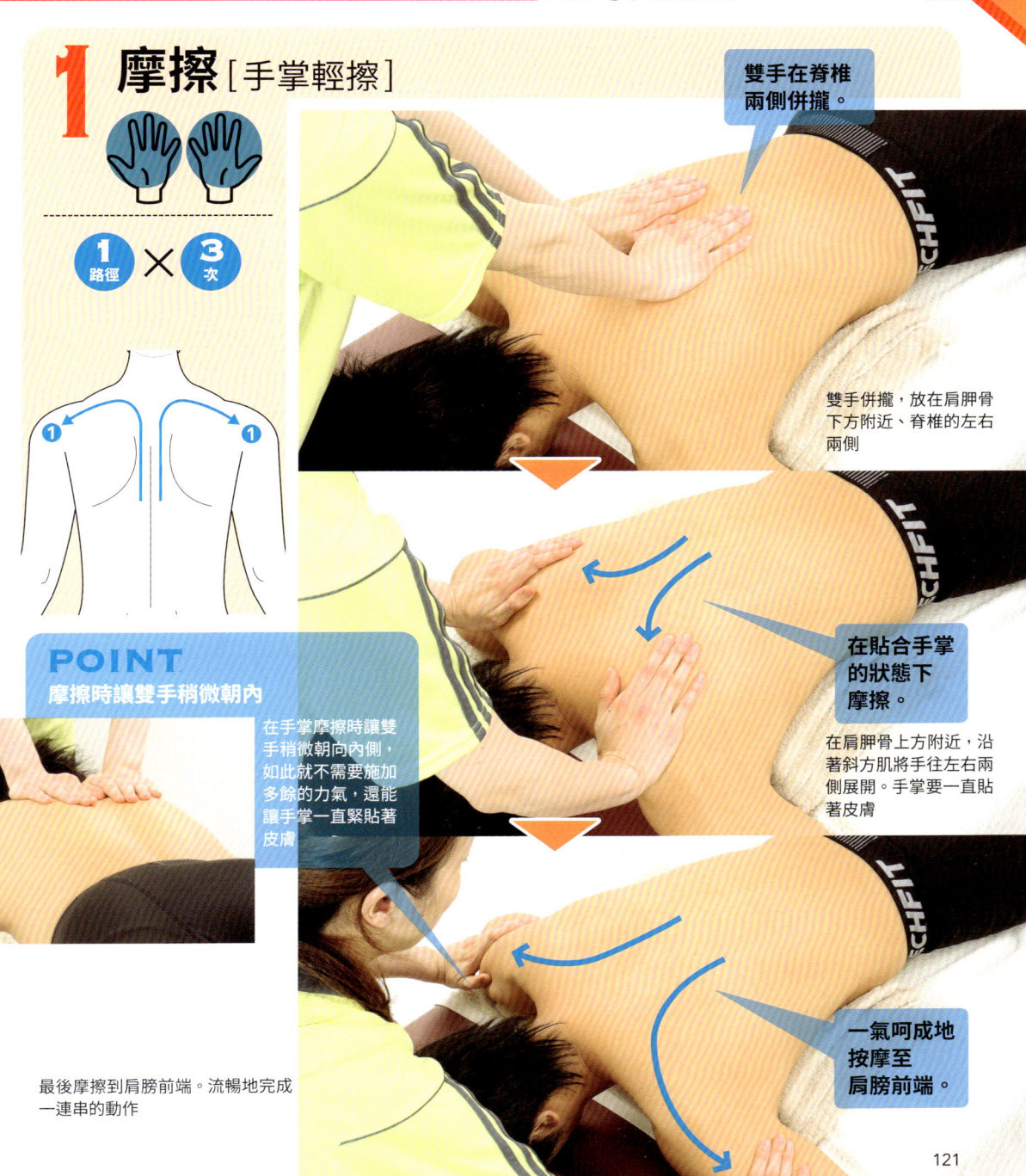

1 摩擦 [手掌輕擦]

1 路徑 × **3** 次

> 雙手在脊椎兩側併攏。

雙手併攏，放在肩胛骨下方附近、脊椎的左右兩側

> 在貼合手掌的狀態下摩擦。

在肩胛骨上方附近，沿著斜方肌將手往左右兩側展開。手掌要一直貼著皮膚

> 一氣呵成地按摩至肩膀前端。

POINT
摩擦時讓雙手稍微朝內

在手掌摩擦時讓雙手稍微朝向內側，如此就不需要施加多餘的力氣，還能讓手掌一直緊貼著皮膚

最後摩擦到肩膀前端。流暢地完成一連串的動作

121

2 揉捏 [雙拇指揉捏]

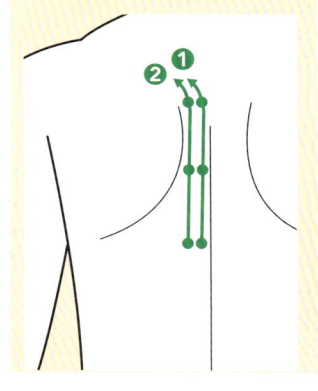

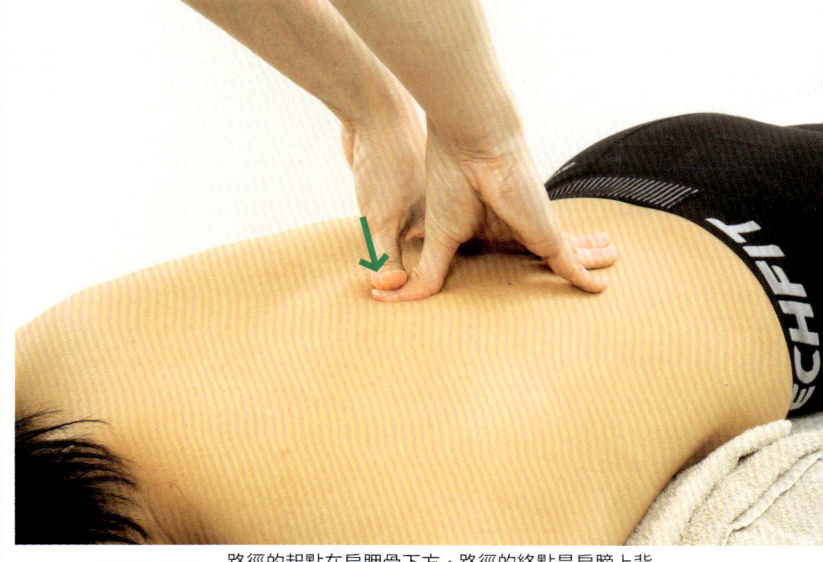

2 路徑 × 3~5 秒

路徑的起點在肩胛骨下方,路徑的終點是肩膀上背

POINT
有意識地按摩豎脊肌
豎脊肌位於脊椎兩側。只要揉捏隆起的豎脊肌的邊緣即可

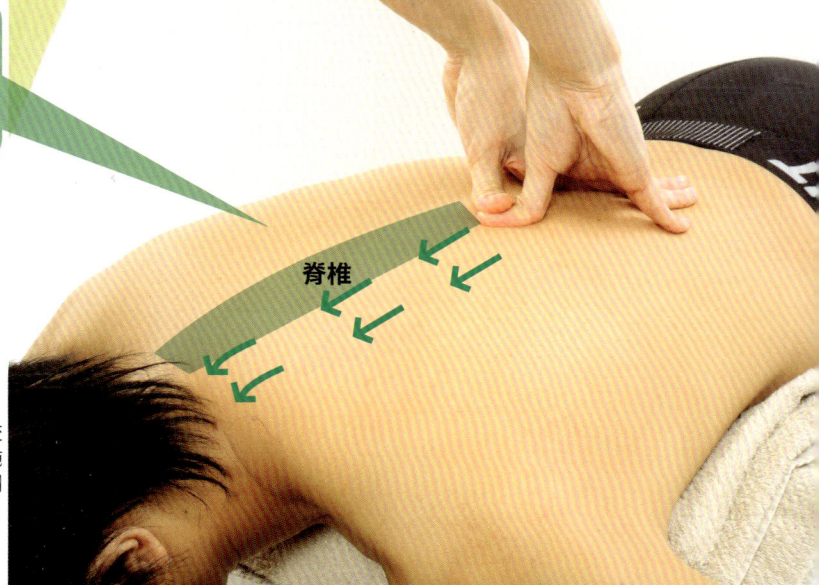

脊椎

雙手大拇指抵住肩胛骨與脊椎的交界處,將肌肉往上推。為避免被施術者痛到頸部用力,請務必留意刺激的強度

PART 3 | 各部位按摩法

3 揉捏 [拇指揉捏]

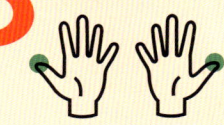

3 路徑 × 3~5 次

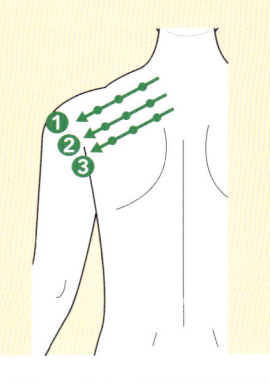

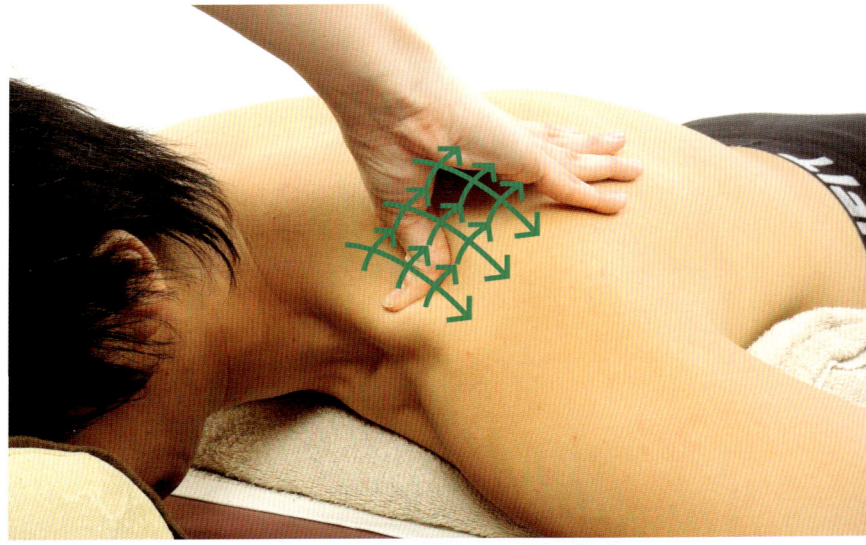

鬆開肩膀上方的肌肉。按壓之後將肌肉上提。再改變高度，揉捏3條路徑

4 摩擦 [手掌輕擦]

1 路徑 × 3 次

和「1」一樣進行手掌輕擦

123

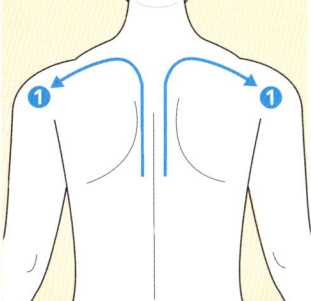

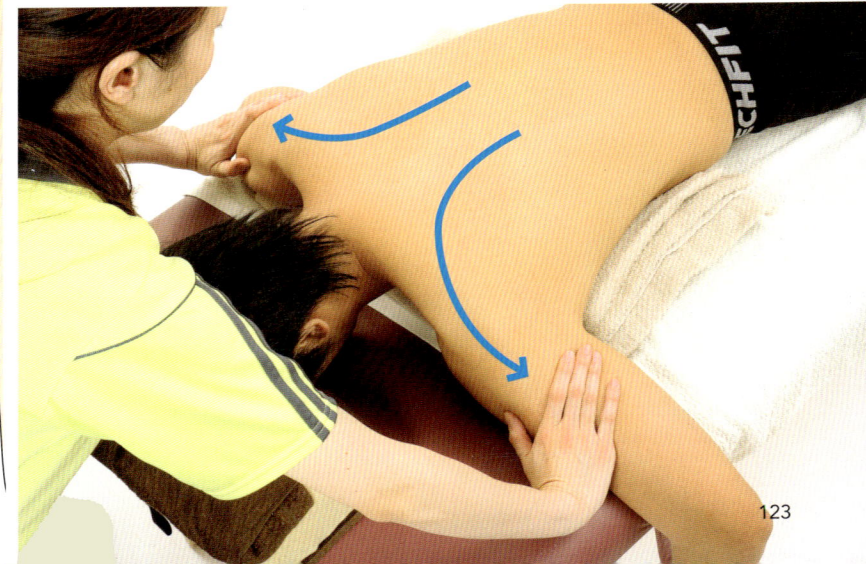

COLUMN

關於按摩
的施術範圍

　　各位是否曾經在按摩時，產生「應該從哪裡放鬆到哪裡」的疑問呢？本書雖然有透過標示行進方向的箭頭以及解說圖片加以詳細說明，但想必施術者偶爾還是會感到迷惑。

　　首先我想要請各位記住一點，那就是按摩之目的是「放鬆肌肉和肌腱」。由於許多肌肉會連接不同的關節，因此只要從各部位上面的關節放鬆到下面的關節即可。舉例來說，如果要按摩小腿肚，就要從腓腸肌的源頭也就是阿基里斯腱的上方，一路按摩至膝窩。

　　就「通往肌肉的路徑」這個層面來看，有意識地想著肌肉的位置與走向十分重要。各位可能以為背部的輕擦只要摩擦整個背部就好，但事實上「沿著斜方肌，像在描繪曲線一般地摩擦」很重要。本書有收錄各部位的肌肉圖，請務必作為參考。只要記住這一點，應該就能預防胡亂按摩一通，結果卻達不到什麼效果的情況發生。

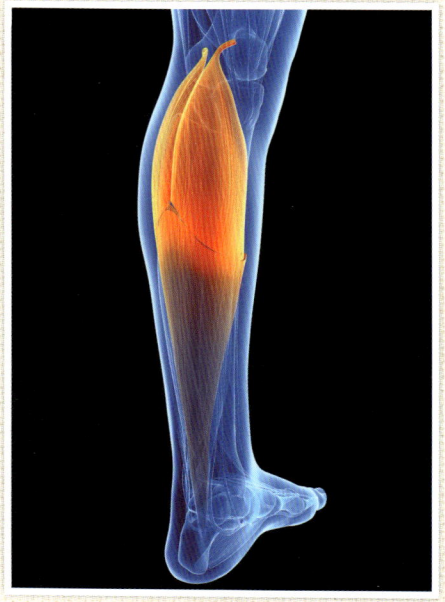

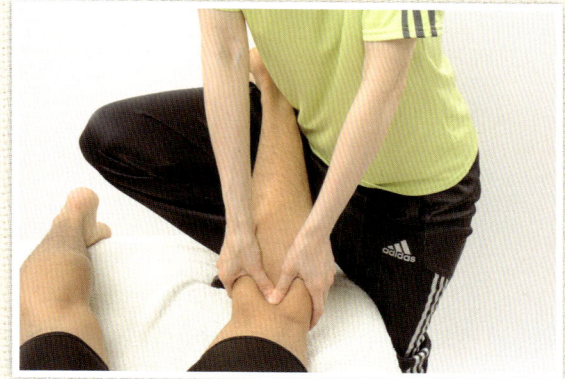

聽到「小腿肚」這個詞，各位或許會懷疑「可以按摩到膝窩嗎？」但其實腓腸肌會一路延伸至膝窩，因此必須從一頭確實按摩到另一頭

小腿肚的腓腸肌是從阿基里斯腱連接到膝窩。按摩小腿肚時要想著這個形狀及範圍，放鬆整條肌肉

PART 4

自己就能做到！
自我按摩

隨時都能獨自完成的自我按摩，最適合用來在比賽或練習前後調整自身狀態。只要在開始活動身體之前花大約10分鐘，就能輕鬆做好萬全準備。各位不妨利用手邊的工具來放鬆手碰不到的地方，以發揮最大的按摩效果。

CONTENTS

脊椎周邊的按摩	P128
頸部周圍的按摩	P130
髖關節～大腿的按摩	P132
深層肌肉的壓迫	P133
小腿肚整體的按摩	P134
小腿肚的按摩	P135
足弓的按摩	P136

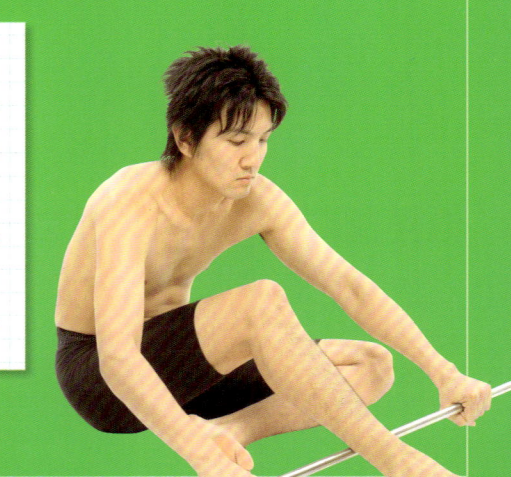

自我按摩

自我按摩的功效與準備

自我按摩的3大優點

1 自己就能做到！
即便沒有防護員，也能隨時在自己喜歡的時間按摩是自我按摩最大的優點。連背部之類自己徒手碰不到的部位，也可以使用道具來放鬆

2 不會錯失不適的警訊！
由於平日就會留意肌肉的狀態，因此能夠掌握並且管理自己的身體狀況。這對於體能訓練而言非常重要

3 輕易就能學會！
自我按摩因為是自己進行操作，所以動作都很簡單，一點都不複雜。只要看著本書多試幾次，應該很快就能學會

隨時隨地都能進行有效的按摩！

運動按摩基本上都是「請別人幫忙施術」。除非是團隊裡面有配備防護員的職業運動選手，否則多數人應該都會發自內心地認為很難將運動按摩融入日常生活之中吧。這時，獨自一人就能完成的自我按摩就很方便了。無論是練習前還是練習後，隨時都能進行放鬆。作為自我按摩的第一步，首先會建議各位養成摩擦左右腳、手臂、胸部等肌肉的習慣。只要自己摩擦在意的部分就好。一旦養成自己觸碰肌肉的習慣，就能感覺得出來左右腳肌肉的緊繃程度，以及疲勞的日子與平時的不同之處，進而掌握並且管理自己的身體狀況。

PART 4　自我按摩

加入工具，讓按摩更有效率

隨時都能進行固然是自我按摩的優點，但自己一人能夠做到的事情確實有限。畢竟有些地方雙手碰觸不到，也很難施力。如果是請別人幫忙按摩就能施加體重按壓，可是自己用手按摩的話就只能依靠手指和手的力量。

因此本書要推薦各位，使用以下工具進行的自我按摩。不是自己用手按壓或揉捏，只要將身體重量壓在健身棒或球上，就能利用自己的體重加以按摩。以下介紹的工具多半都能輕易購得，或是在健身房裡面就有的東西，可以在「舒服的疼痛」程度下輕鬆地按摩。

本書所使用的按摩工具

1　健身棒（StretchPole）

用來按摩、伸展大腿和背部。公司貨的價格大約將近1萬圓日幣，不過日本的健身房裡多半都有準備

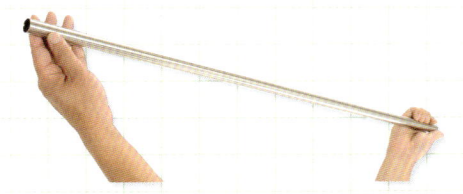

2　鐵棒

細長的圓柱形棒子。本書是使用鐵棒，但只要形狀相同且有硬度，改用塑膠棒或木棒也可以

3　網球

可以在運動用品店購得的一般市售網球。只要用腳底踩上去並壓上自身的體重，就可以獲得壓迫、揉捏的效果

4　網球（2顆相連）

這是將2顆網球用力擠壓到快要變形後，用保鮮膜緊緊纏繞而做成的工具。可以用來刺激背部和胸椎

5　壘球（1號球）

可以在運動用品店購得的一般市售壘球（本書使用1號球）。不必選擇昂貴的皮革材質，只要買價錢合理的橡膠球即可

127

放鬆的部位

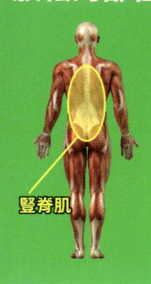

豎脊肌

自我按摩 ①

放鬆脊椎周邊，消除背部～腰部的疲勞

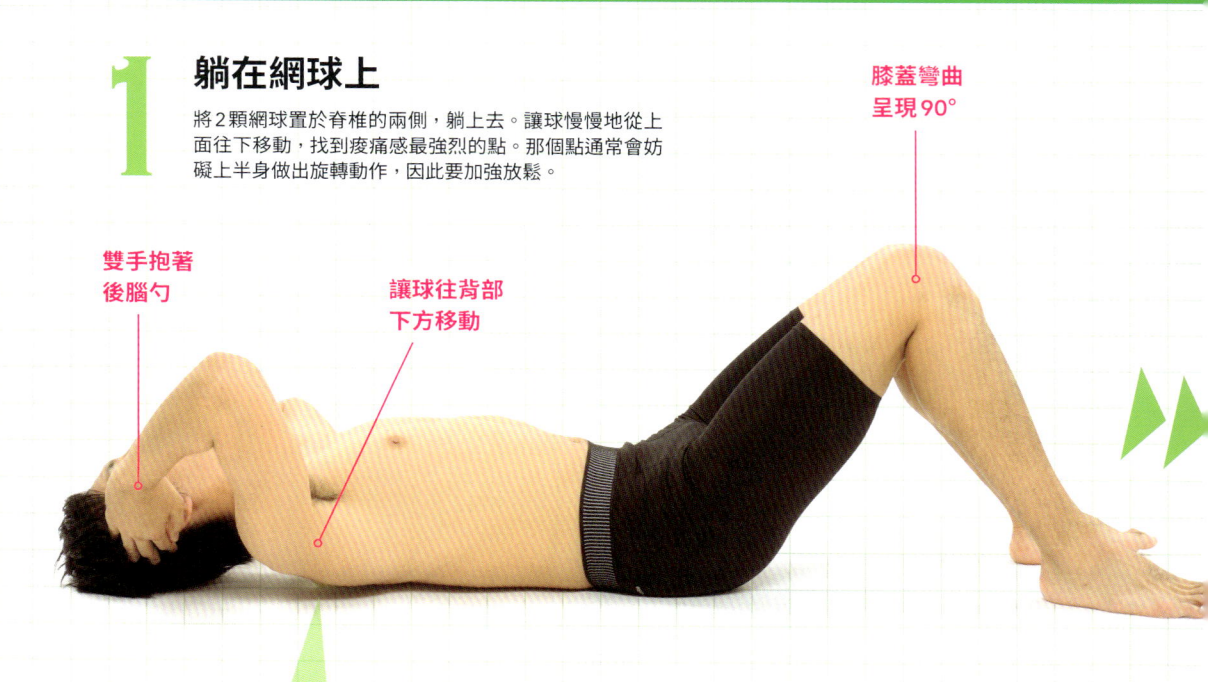

1 躺在網球上

將2顆網球置於脊椎的兩側，躺上去。讓球慢慢地從上面往下移動，找到痠痛感最強烈的點。那個點通常會妨礙上半身做出旋轉動作，因此要加強放鬆。

膝蓋彎曲呈現90°

雙手抱著後腦勺

讓球往背部下方移動

POINT
將2顆網球置於脊椎兩側

網球要分別放在脊椎的兩側。這樣一來，就能有效率地按摩位於脊椎兩側的豎脊肌。

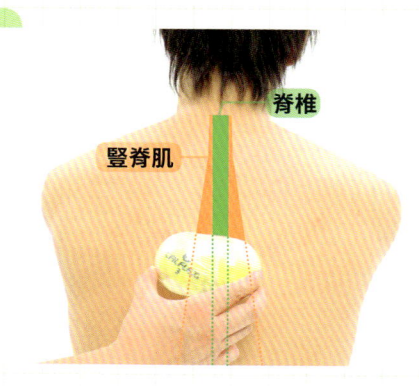

脊椎

豎脊肌

PART 4 ｜自我按摩

用網球壓迫豎脊肌

將用保鮮膜緊緊纏繞的2顆網球放在背部下方，藉著抬頭、低頭壓迫豎脊肌。可以大範圍地放鬆背部～腰椎一帶的肌肉。

使用工具

網球（2顆相連）

2 抬頭

雙手抱著後腦勺，緩緩地抬頭、低頭。重複這個動作約3次。也可以改變球的位置，反覆進行幾次。

POINT
在感受強烈處停下，壓迫豎脊肌
將頭抬起之後，保持在感受到強烈刺激的高度移動畫圓，壓迫豎脊肌

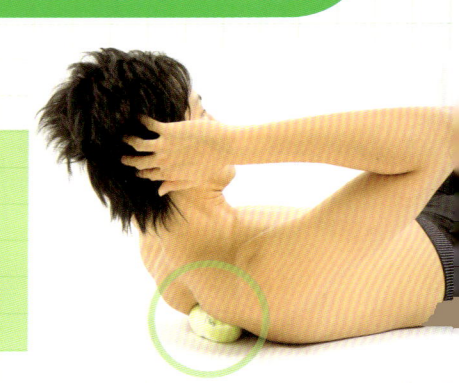

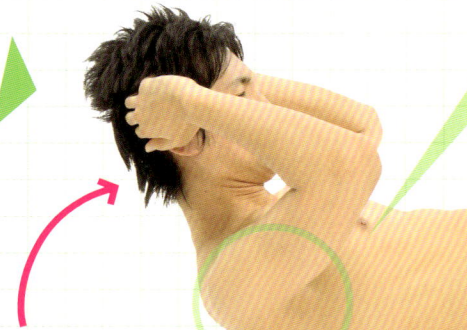

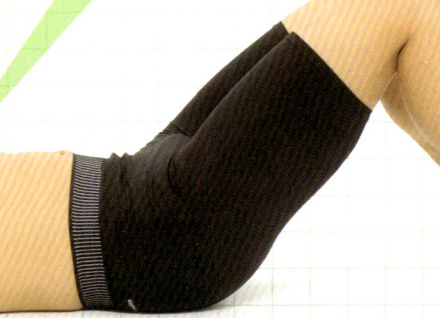

VARIATION

轉動手臂的動作能夠帶來更大的刺激

如果想要更深層地放鬆，可以伸直左右手的手肘，各抬起和放下3次。這麼做的效果雖然更好，但痠痛感也會很強烈，請千萬不要勉強

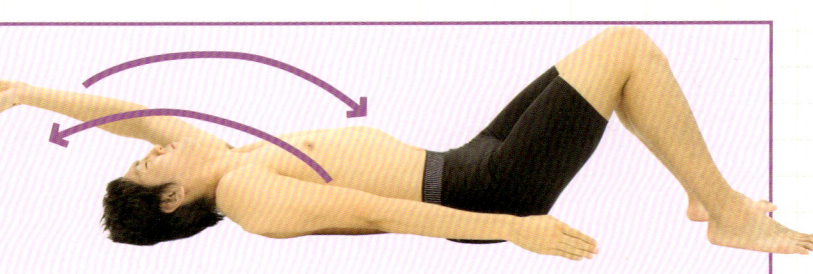

129

放鬆的部位

頸部

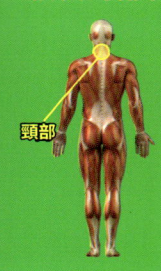

自我按摩 ❷

放鬆頸部周圍的肌肉，消除肩頸痠痛

1 用鐵棒抵住頸部，上下移動摩擦

雙手拿著鐵棒放在頸部後方，放鬆頸部正後方和左右兩側。正後方是按摩頭蓋骨的下方附近，左右兩側則是按摩斜方肌一帶。

放鬆這裡！

頭頸交接處

在頭蓋骨的下方附近移動

用棒子抵住頸部後上下移動

✕ NG

脊椎

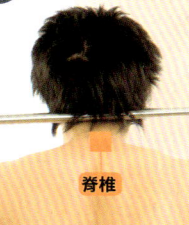

注意不要去碰到骨頭

棒子往下移動太多會碰到脊椎。不僅會感到疼痛，而且這裡也沒有需要按摩的肌肉，請特別留意

PART 4　自我按摩

使用鐵棒揉捏肌肉

圓棒可以發揮摩擦、壓迫與揉捏頸部周圍的效果。按摩目的主要是消除肩頸痠痛。鐵棒也可以改成圓木棒或堅硬的塑膠管。

使用工具

鐵棒

頸部右側

放鬆這裡！

POINT

側面要大範圍地放鬆

頸部左右兩側的肌肉分布範圍很廣，所以要徹底進行放鬆。上下左右地移動棒子，從各種角度按摩肌肉

頸部左側

放鬆這裡！

POINT

放鬆左右與後方共3條路徑

在頸部的正後方與左右部分要各按摩20～30秒。放鬆左右側面肌肉時的訣竅，是將頭稍微倒向按摩側的另一側

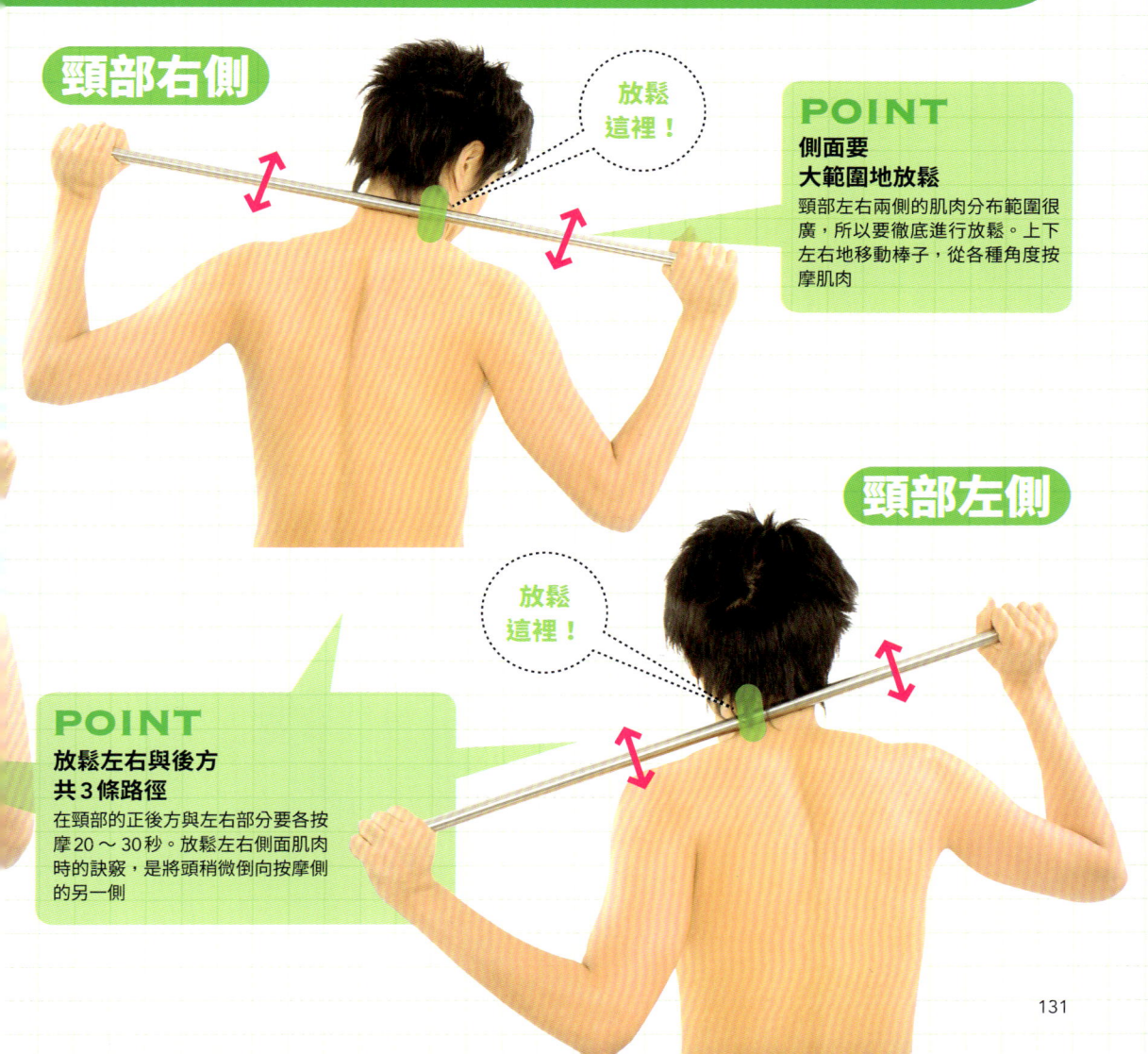

放鬆的部位

髖關節、大腿外側

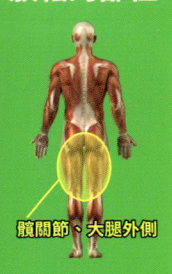

自我按摩 ③

放鬆髖關節～大腿，消除腿部疲勞

健身棒的硬度能帶來恰到好處的壓迫感

將自身體重壓在硬度適中的健身棒上，以恰到好處的強度去壓迫肌肉，達到消除腿部疲勞的效果。目標是髖關節側面～大腿外側的肌肉。

使用工具：健身棒

1 將髖關節側面壓在健身棒上

將右腳的髖關節側面、髖骨下方一帶壓在健身棒上之後，雙手打開撐地並彎曲左腳的膝蓋。

2 左腳踢地，放鬆大腿外側

用左腳踢地（彎曲再伸直左腳膝蓋），讓身體往反方向移動。用健身棒抵住右腳來回滾動，即可以放鬆髖骨下方到大腿側面。左腳也要以相同的方式按摩。

- 彎曲膝蓋
- 雙手撐地
- 放鬆髖關節～大腿的外側！

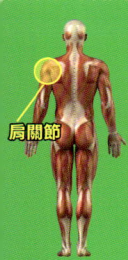

壓迫深層肌肉，擴大可動範圍

自我按摩 ④

PART 4 | 自我按摩

放鬆的部位：肩關節

用小顆的球進行集中性的刺激

這是用網球壓迫肌肉，放鬆肩膀旋轉肌的按摩。像是使肩關節順暢地內旋、外旋，以及增加肩膀的可動範圍，可望得到改善肩膀周圍活動度的效果。

使用工具：網球（2顆相連）

1 將球擺在肩胛骨下方躺著

把球擺在肩膀下緣的肩胛骨下方，躺在上面。這時就已經感到非常痠痛的人，光是維持這個姿勢就會有效果。如果還有餘裕加強按摩，就將肩膀和手肘彎曲呈現90°。

肩膀和手肘彎曲呈現90°

2 將前臂轉向另一側

固定手肘，將前臂轉向另一側然後再返回，以這個動作壓迫肩關節。左右各進行10次。若感到非常疼痛就不要勉強。

壓迫肩關節！

133

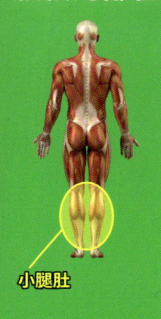

放鬆的部位

小腿肚

自我按摩 ❺

徹底放鬆整個小腿肚

上下左右地滾動圓棒，仔細按摩小腿肚

用圓棒摩擦整個小腿肚。這樣比用自己的手揉捏來得容易施力，而且也不會感到疲累，因此效果絕佳。可望消除腿部疲勞及浮腫。

使用工具

鐵棒※

※亦可用圓木棒代替

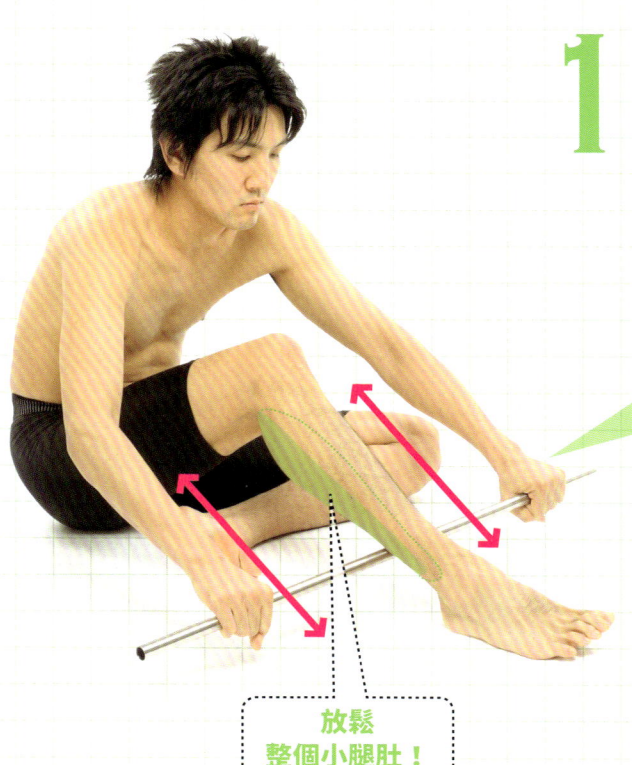

1 讓鐵棒在腿上轉動般前後滾動

由下而上地按摩小腿肚中央及左右的路徑。一開始先放鬆中央的路徑，之後再改變棒子的角度，徹底放鬆側面。一隻腳花約30秒的時間仔細按摩。

POINT
改變角度，徹底地放鬆整體

按摩小腿肚的側面時，要記得多多改變棒子的角度，放鬆整體。遵從按摩的原則，由下而上加以按摩

左側面 ／ 中央 ／ 右側面

放鬆整個小腿肚！

134

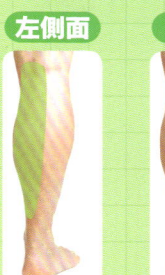

放鬆的部位

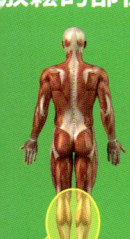

自我按摩 ❻

PART **4** | 自我按摩

放鬆緊繃的小腿肚

利用小顆的球進行單點刺激

使用壘球放鬆小腿肚。因為是單點壓迫，所以會比左頁的按摩來得刺激，可以精準地按摩疲勞部位。

使用工具

壘球（1號球）

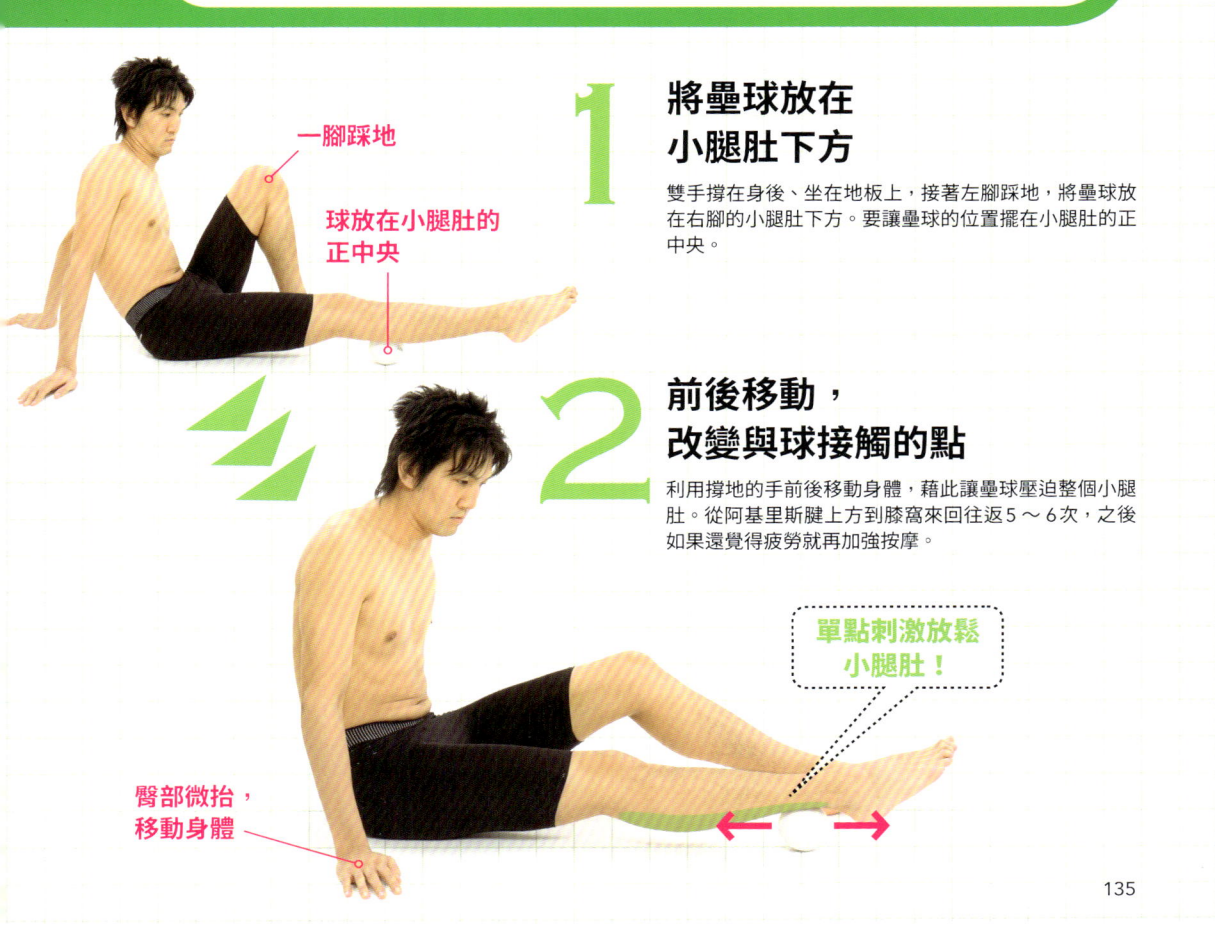

1 將壘球放在小腿肚下方

雙手撐在身後、坐在地板上，接著左腳踩地，將壘球放在右腳的小腿肚下方。要讓壘球的位置擺在小腿肚的正中央。

— 一腳踩地
— 球放在小腿肚的正中央

2 前後移動，改變與球接觸的點

利用撐地的手前後移動身體，藉此讓壘球壓迫整個小腿肚。從阿基里斯腱上方到膝窩來回往返5～6次，之後如果還覺得疲勞就再加強按摩。

— 臀部微抬，移動身體

單點刺激放鬆小腿肚！

135

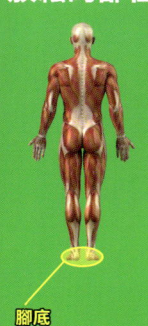

放鬆的部位
腳底

自我按摩 7

放鬆足弓，消除疲勞

網球的大小最適合放鬆腳底

這個動作雖然單純就只是踩著網球滾動，卻能有效放鬆腳底的肌肉。不僅操作容易，還有預防拇趾外翻的效果，請各位務必一試。

使用工具

網球（1顆）

1 用足弓去踩踏網球

一開始先用足弓踩網球。光是這樣做便可望得到充分的效果。施加的壓力只要自己覺得舒服即可，不需要感覺到疼痛。

POINT
一邊滾球一邊放鬆足弓

以畫圓的方式滾球，來放鬆足弓。從各個角度去按摩足弓

VARIATION

用腳尖和腳跟踩球，擴大放鬆範圍

只要也用腳尖和腳跟踩球，就能一併放鬆腳底的其他肌肉。假使那天走得很累，別忘了大範圍地按摩肌肉

用腳尖＆腳跟踩球！

PART 5

消除疲勞！
各項運動按摩法

本章將考量運動項目的特性，像是對身體造成的負荷等等，來介紹適合各項運動的按摩菜單。除了有效減輕疲勞外，同時還有預防運動傷害的效果。請各位務必當作編排按摩流程時的參考。

CONTENTS

足球、五人制足球……………P138	網球、桌球、羽球……………P145
棒球、壘球……………………P139	排球……………………………P146
田徑（短距離）………………P140	高爾夫球………………………P147
田徑（長距離）………………P141	雙板滑雪、單板滑雪、滑冰……P148
游泳……………………………P142	自行車…………………………P149
柔道、摔角……………………P143	運動攀登………………………P150
籃球、手球……………………P144	

足球、五人制足球

必須保養下半身
守門員也要放鬆手臂和肩膀

　　足球和五人制足球因為會長時間反覆奔跑、衝刺和轉向，許多時候都需要全力發揮速度與力量。不僅下半身需要有強大的肌力，也必須具備持久力及爆發力。因此整個下半身容易累積疲勞，尤其在大腿的後側和前側、臀部、小腿肚的肌肉更是容易緊繃。另外，由於守門員會進行拋球和攔球，因此除了下半身以外也會經常用到手臂、肩膀以及背部肌肉。請視球員所擔任的位置，針對不同的疲勞部位進行按摩。

需留意的傷害與症狀

- 鼠蹊部疼痛症候群（Groin pain syndrome）
- 腳踝扭傷
- 腿後肌群拉傷
- 膝蓋內側副韌帶損傷
- 大腿挫傷
- 第五蹠骨疲勞性骨折

按摩時的施術部位

腰背 P86～91

臀部 P78～81

大腿 P48～63

小腿～腳底 P42～43 P64～77

PART **5** 各項運動按摩法

棒球、壘球

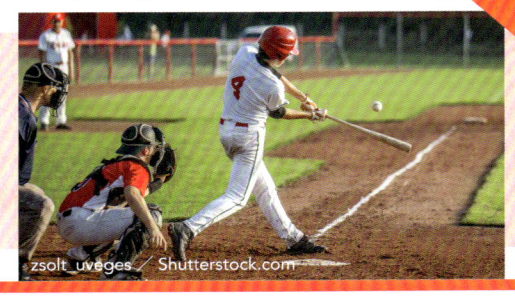

除了手臂和肩膀，
腰部和髖關節也需要保養

　　棒球和壘球最具特色的動作是「投擲」、「打擊」。這兩者都會對前臂～上肢、肩膀、背部的肌肉，大範圍地造成巨大負擔。尤其投手的肩膀和手肘是很重要的部位，必須仔細按摩，確實消除疲勞。另外，「投擲」和「打擊」都是利用身體的扭轉來進行，因此動作時必然會使全身產生連動，進而為最關鍵的腰部及髖關節周圍的肌肉帶來沉重負擔。除了上半身外，也別忘了要好好放鬆下半身。

需留意的傷害與症狀
- 棒球肩
- 棒球肘
- 手腕腱鞘炎
- 腰痛

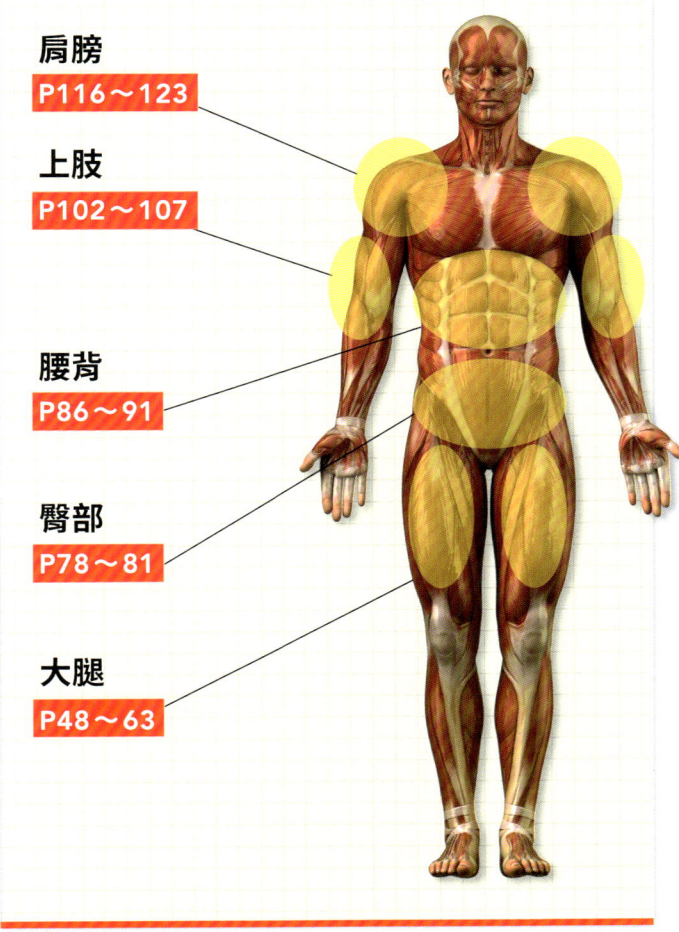

按摩時的施術部位

肩膀
P116～123

上肢
P102～107

腰背
P86～91

臀部
P78～81

大腿
P48～63

139

田徑（短距離）

加強放鬆
大腿後側的肌肉

　　短跑是需要瞬間發揮爆發力及速度的競技，因此會對下半身造成很大的負擔，尤其是大腿後側（腿後肌群）和小腿肚特別容易拉傷。一旦肌肉因累積疲勞而變得僵硬，很容易就會因為被急劇地伸展而導致拉傷。短跑選手應該從平日就以大腿後側為主，仔細地按摩下半身。另外，起跑和加速時，小腿和腳底也因需在一瞬間承受爆發力而造成負擔，所以容易產生發炎和疼痛的狀況。需要配合伸展，在每天練習後充分放鬆。

需留意的傷害與症狀
- 腿後肌群拉傷
- 小腿肚拉傷

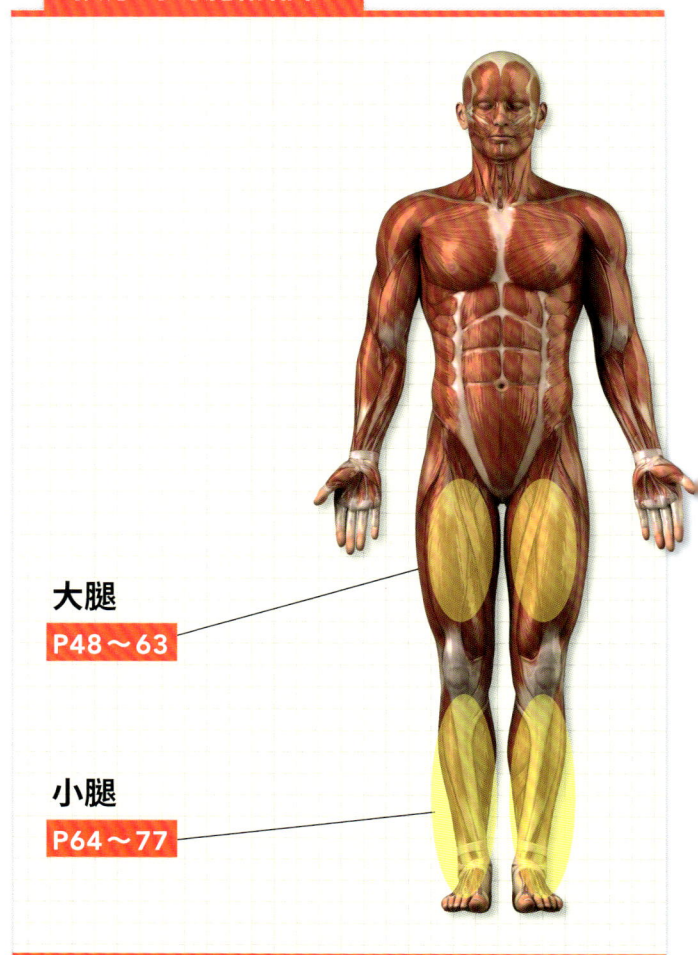

按摩時的施術部位

大腿 P48～63

小腿 P64～77

PART 5 | 各項運動按摩法

田徑（長距離）

不只是下半身，肩膀周圍也需要保養

長時間不停奔跑的長跑，是小腿、腳底跟大腿容易會受到物理損傷的競技。長時間的練習容易讓人體產生壓力，進而引發各種症狀。其中最具代表性的，就是因小腿肌肉疲勞導致骨膜發炎，使得小腿一帶隱隱作痛或產生異樣感的脛前疼痛。脛前疼痛如果更加惡化，還會演變成疲勞性骨折等慢性運動傷害。另外，由於長跑選手在跑步時會揮動到手臂，因此意外地也有許多人為肩頸僵硬所苦。無論何種症狀，都是因為肌肉累積了過多疲勞而產生，所以為了預防受傷，平日養成按摩習慣非常重要。

需留意的傷害與症狀
- 脛前疼痛
- 疲勞性骨折
- 阿基里斯腱炎
- 跑者膝
- 足底筋膜炎
- 腰痛

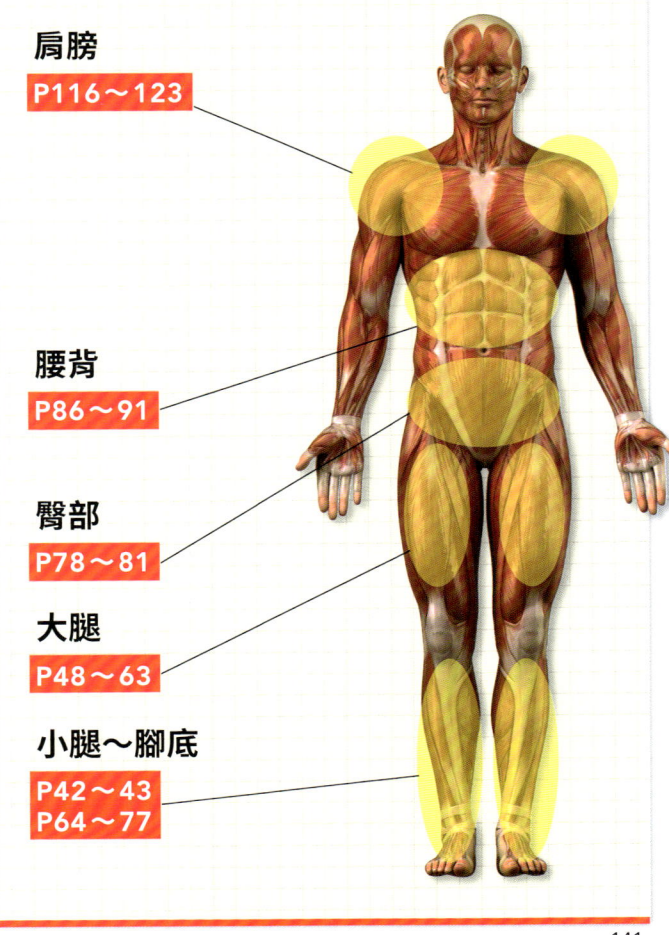

按摩時的施術部位

肩膀
P116～123

腰背
P86～91

臀部
P78～81

大腿
P48～63

小腿～腳底
P42～43
P64～77

141

游泳

以按摩肩膀為基礎，再根據不同項目編排菜單

　　游泳是一種全身性運動，而眾多游泳項目的共通之處就是會對肩膀周圍造成壓力。由於每個項目在練習時都會長時間重複相同的動作，因此有可能會引發被稱為游泳肩的肩痛症狀。另外，觀察各項目的特徵可以看出，自由式、仰式和蝶式除了肩膀以外，腰部和背部也容易產生壓力；蛙式則因為要開合雙腿，所以大腿內側的肌肉（內收肌），以及位於膝蓋下方內側、有3條肌腱匯集的鵝足（Pes anserinus，P64）部位容易累積疲勞，進而產生名為「蛙腳膝」的症狀。請以「肩膀周圍＋各項目的部位」的形式，進行每天的保養。

需留意的傷害與症狀
- 游泳肩
- 手肘痛
- 腰痛
- 蛙腳膝（鵝足炎）

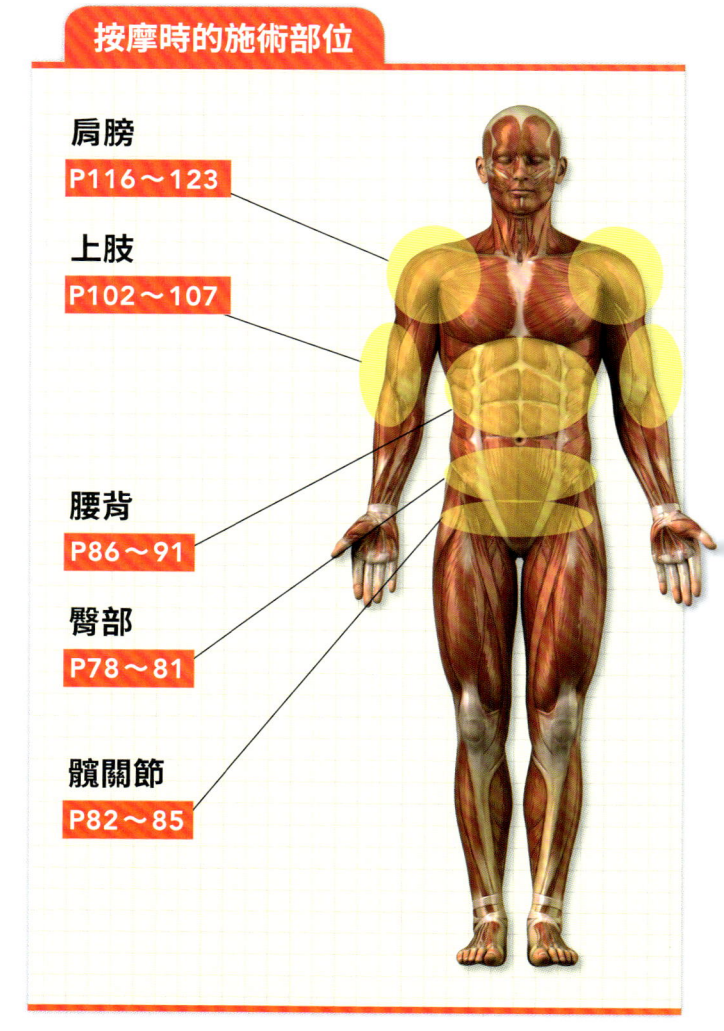

按摩時的施術部位

- 肩膀 P116〜123
- 上肢 P102〜107
- 腰背 P86〜91
- 臀部 P78〜81
- 髖關節 P82〜85

PART 5 各項運動按摩法

柔道、摔角

以關節周邊為主，注重日常保養

柔道和摔角是需要進行推、投、寢技等激烈身體接觸的競技。使出技巧時，會將對手的身體舉起，或反過來對抗對手的力量，因此會對腰部、下半身及上半身造成很大的負擔。按摩時須以頸部～腰背、臀部、大腿為主，仔細且徹底地放鬆全身。另外，運動員也很常因為身體瞬間承受巨大的外力，而引起肩關節脫臼、腿部關節扭傷、膝蓋韌帶損傷等外傷。請從平日就確實進行保養，盡可能降低受傷發生的機率。

需留意的傷害與症狀
- 肩鎖關節脫臼
- 肩關節脫臼
- 肘關節脫臼
- 腰痛
- 膝蓋內側副韌帶損傷
- 腳踝扭傷
- 頸椎病

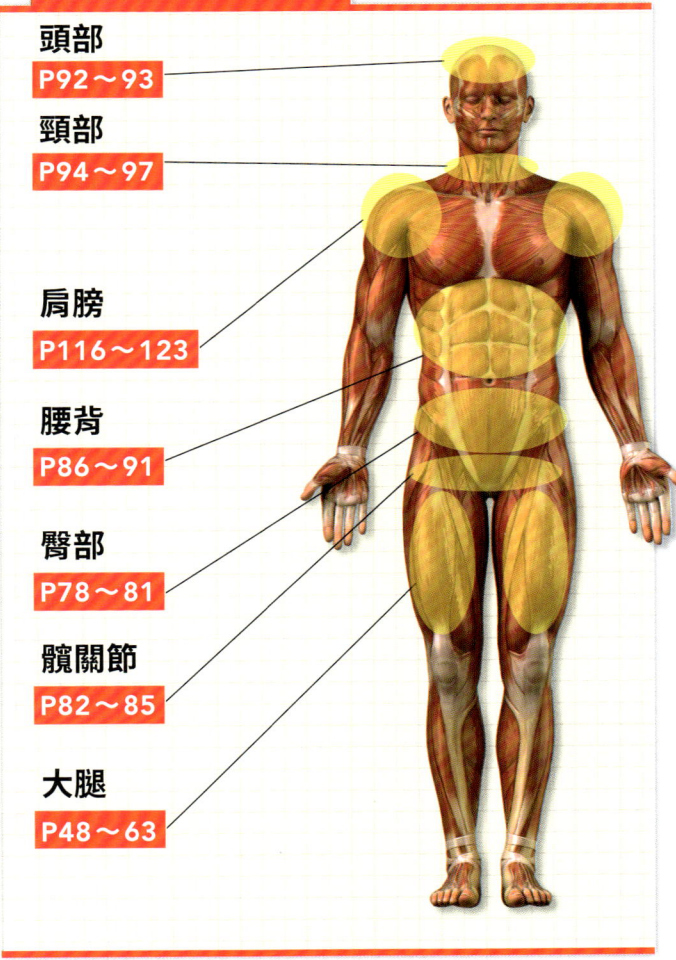

按摩時的施術部位

- 頭部 P92～93
- 頸部 P94～97
- 肩膀 P116～123
- 腰背 P86～91
- 臀部 P78～81
- 髖關節 P82～85
- 大腿 P48～63

籃球、手球

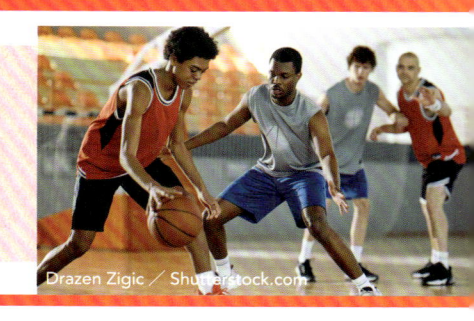

以下半身為主，也一併放鬆肩膀周圍

這兩者都是會在比賽過程中，做出急速停止、衝刺、轉向、跳躍等動作的競技。需要一定的爆發力、力量和速度，因此會帶給臀部、大腿後側和前側的肌肉負擔。因為跳躍的動作很多，膝蓋也容易受傷為籃球跟手球的特徵。膝蓋一旦累積過多疲勞，髕骨下方的韌帶（膝蓋韌帶）和半月板就容易損傷，因此需要仔細按摩腰部～下半身（尤其是膝蓋周圍）。由於投球時會使用到上肢～下肢，也別忘了要保養這些部位。至於急性外傷方面，腳踝扭傷的機率非常大，需要特別留意。

需留意的傷害與症狀
- 腳踝扭傷
- 膝蓋韌帶損傷
- 膝蓋韌帶炎
- 脛前疼痛
- 腰痛

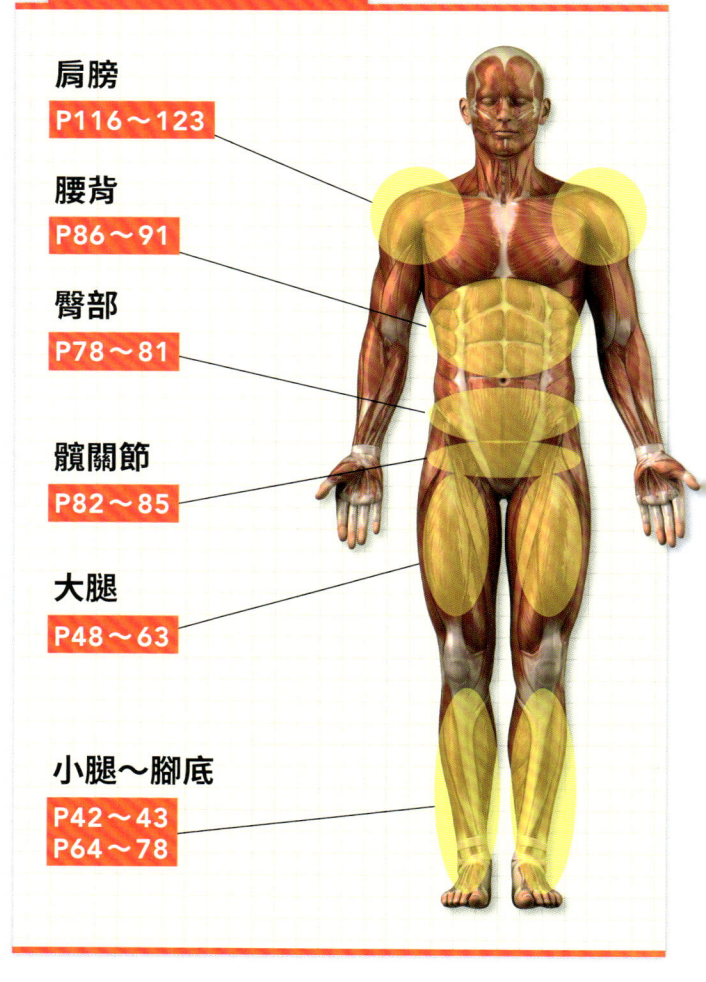

按摩時的施術部位

肩膀 P116～123

腰背 P86～91

臀部 P78～81

髖關節 P82～85

大腿 P48～63

小腿～腳底 P42～43 P64～78

PART 5 | 各項運動按摩法

網球、桌球、羽球

Master1305／Shutterstock.com

徹底放鬆
肩膀、上臂、下半身

　　桌球（乒乓球）是一邊微微橫向跨步，一邊打球的競技；網球和羽球則會在打球過程中，反覆急速地停止、轉向與跨步。因此，這3項運動都很要求下半身到上半身的連動性。尤其是下半身所承受的負擔很大，容易因為累積疲勞而引發小腿肚拉傷（網球腿）、阿基里斯腱炎等症狀。為了避免那些部位的肌肉累積疲勞，需要從日常生活就開始保養。另外，由於比賽時會使用球拍，因此也會對肩膀～下肢造成負擔，需要仔細地保養按摩。

需留意的傷害與症狀
- 網球肘
- 腰痛
- 小腿肚拉傷（網球腿）
- 脛前疼痛
- 腳踝扭傷
- 阿基里斯腱發炎

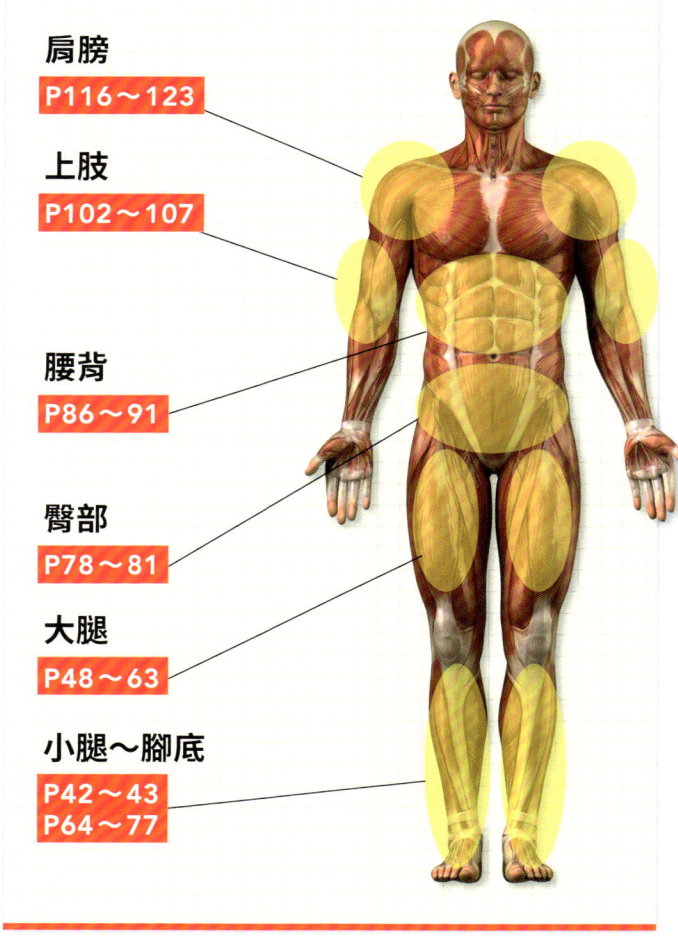

按摩時的施術部位

肩膀
P116～123

上肢
P102～107

腰背
P86～91

臀部
P78～81

大腿
P48～63

小腿～腳底
P42～43
P64～77

145

排球

以手臂和腰背為主，也一併保養肩膀和上肢

　　像是發球、攻擊、攔網、傳球等等，由於需要配合球做出跳躍動作以及快速移動，因此會對下半身的肌肉造成很大的負擔。跳躍次數多使得膝關節承受格外龐大的壓力，再加上接球時會採取很低的前傾姿勢，結果就導致容易引起疲勞性膝蓋疼痛及腰痛的症狀。請平時就多多按摩，努力消除疲勞。另外，因為發球及扣球也會用到肩膀～上肢，所以也不要忘了保養這些部位。

需留意的傷害與症狀
- 膝蓋韌帶炎
- 半月板損傷
- 腰痛
- 手指挫傷
- 肩關節周圍炎
- 腳踝扭傷

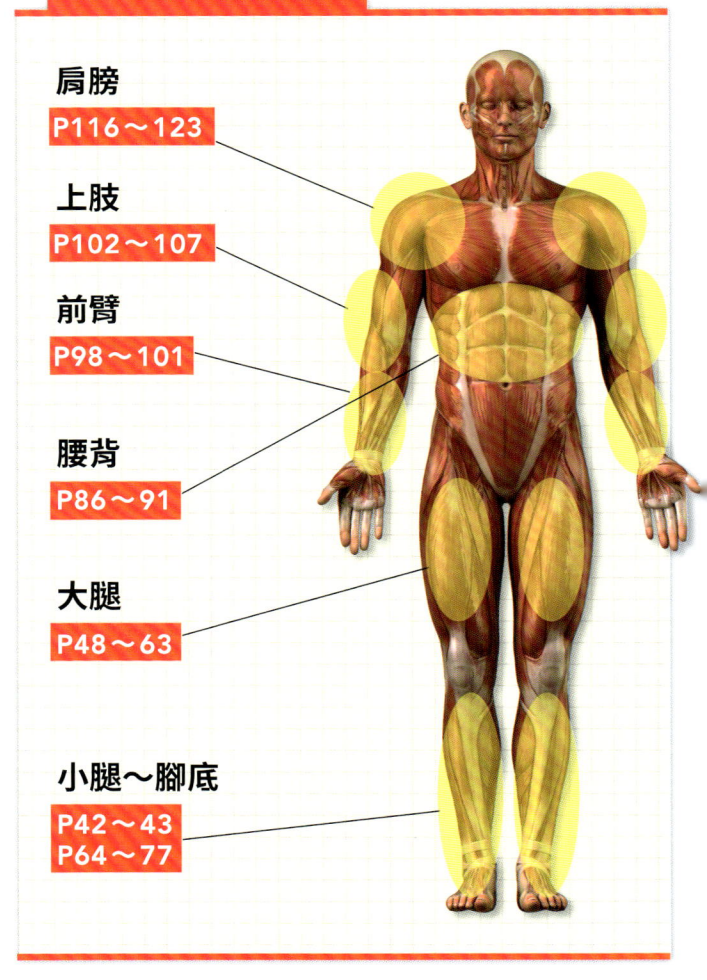

按摩時的施術部位

肩膀 P116～123

上肢 P102～107

前臂 P98～101

腰背 P86～91

大腿 P48～63

小腿～腳底 P42～43 P64～77

PART 5 各項運動按摩法

高爾夫球

確實放鬆
手臂、肩膀周圍及腰背

　　高爾夫球是靠著下半身來穩定身體，運用全身將球打出去的運動。由於會讓軀幹朝同一方向旋轉，因此腰部和背部的肌肉容易產生疲勞。另外，打球那瞬間也需要用到前臂～上臂跟肩膀的力量，所以也會對上半身造成負擔。高爾夫球除了容易因為反覆做出這些動作而累積疲勞，倘若一再以不良的姿勢揮桿，也容易會導致前臂發炎，也就是產生名為高爾夫球肘的病症。除此之外，手腕和腰也容易產生不適，所以必須確實放鬆上肢～肩膀及腰背一帶。

需留意的傷害與症狀
- 高爾夫球肘
- 頸部腱鞘炎
- 腰部疼痛
- 頸部疼痛

按摩時的施術部位

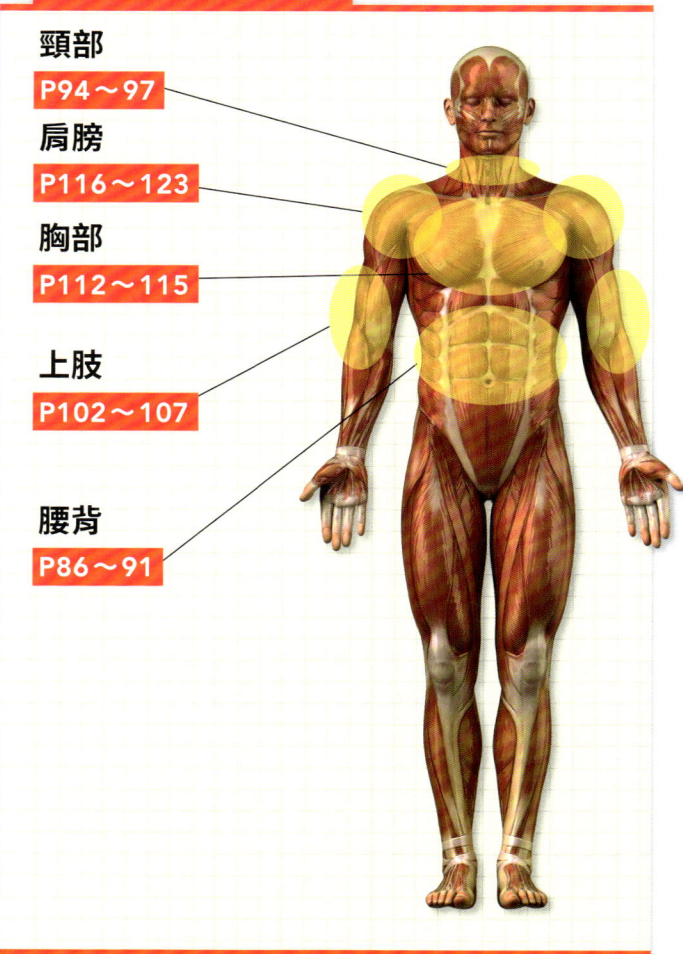

頸部
P94～97

肩膀
P116～123

胸部
P112～115

上肢
P102～107

腰背
P86～91

147

雙板滑雪、單板滑雪、滑冰

充分放鬆下半身，同時也一定要保養腰背

　　雙板滑雪、單板滑雪跟滑冰都是在雪地或冰上一邊保持平衡，一邊進行的競技。因為追求速度的關係，也非常需要在高速之中控制身體的能力，而為了獲得那樣的表現，容易讓以臀部跟大腿為主的下半身產生負擔。倘若對身體的疲勞置之不理，有可能會導致關節、韌帶損傷及腳踝骨折，因此必須充分放鬆周邊的肌肉。另外，由於運動中多半是以前傾的姿勢滑行，所以也會慢性地對腰部造成壓力。為避免累積過多疲勞結果造成腰部疼痛，請務必仔細地按摩放鬆。

需留意的傷害與症狀

- 膝關節韌帶損傷
- 腰痛
- 小腿、腳踝骨折

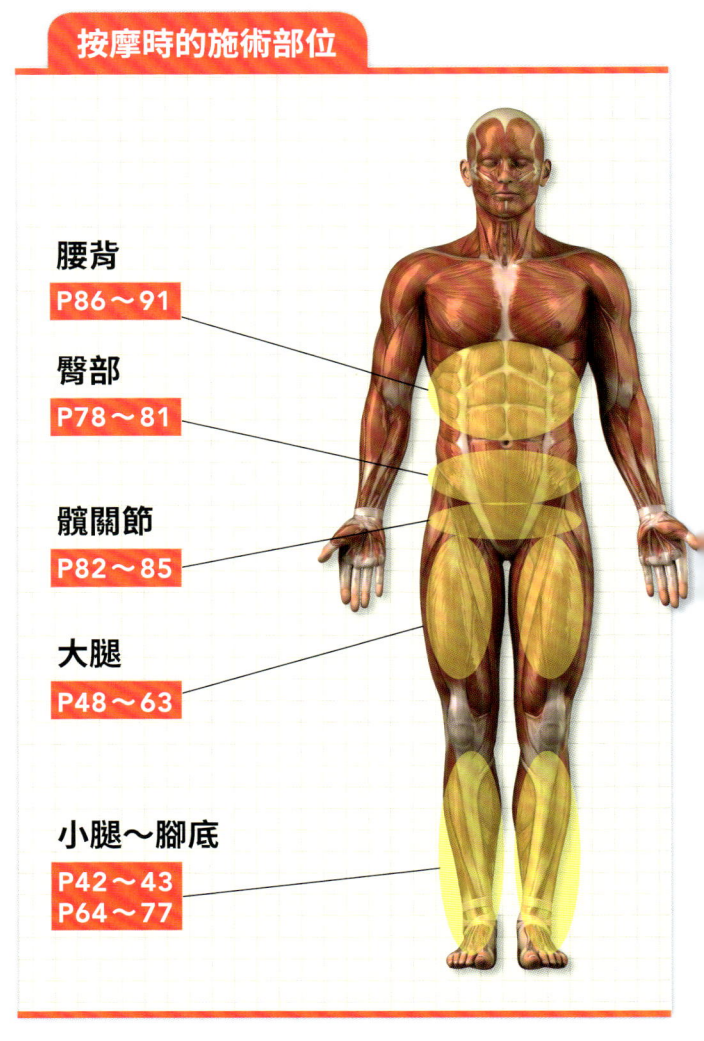

按摩時的施術部位

腰背 P86～91

臀部 P78～81

髖關節 P82～85

大腿 P48～63

小腿～腳底 P42～43 P64～77

PART 5　各項運動按摩法

自行車

不只是下半身，上半身的保養也很重要

騎乘自行車的競賽、訓練，一般都會長時間地進行長距離練習。由於過程中會一直保持相同的姿勢，不只是大腿會累積疲勞，也經常會發生腰痛、肩頸僵硬的情況。另外，一旦因為肌肉疲勞導致動作不正確，有可能會對特定部位造成負擔，進而產生疼痛。膝蓋下方內側的鵝足炎、小腿內側肌肉疼痛的脛前疼痛便是代表性的病症。還有，由於過程中會伴隨劇烈的呼吸，因此背部有時也會變得僵硬，跌倒導致骨折的情況也並不少見。除了下半身外，對腰、背、肩膀等全身各部位進行保養非常重要。

需留意的傷害與症狀
- 鵝足炎
- 腰痛
- 脛前疼痛
- 阿基里斯腱炎
- 肩頸僵硬
- 骨折

按摩時的施術部位

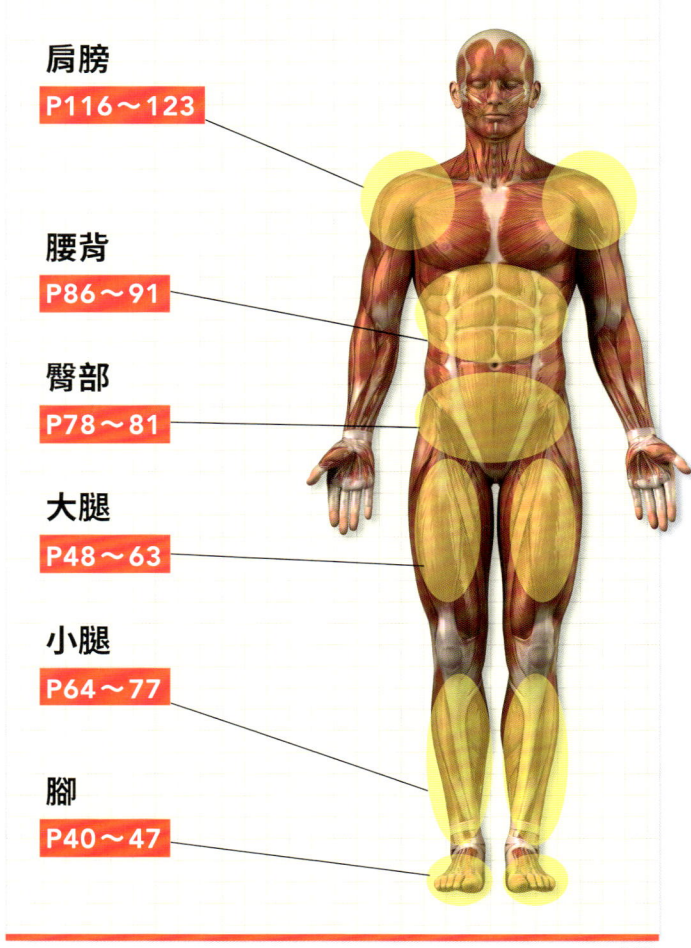

肩膀 P116～123

腰背 P86～91

臀部 P78～81

大腿 P48～63

小腿 P64～77

腳 P40～47

運動攀登

徹底保養全身，以防疲勞性運動傷害

為了進行登山練習以及作為競賽的攀登項目，是最近十分流行的一項運動。因為需要運用指尖和手來支撐體重，並且被迫在不自然的姿勢下靜止和做出動作，不只是手～上臂及肩膀，腰部、背部等軀幹的肌肉也會累積疲勞。必須留意手腕的腱鞘炎、側腹拉傷等疲勞性運動傷害。另外，從牆上降落時，有時也會因為落地失敗導致腳踝扭傷、腿部骨折及腳跟挫傷。為了應付不自然的姿勢及預防外傷，保養全身肌肉非常重要。

需留意的傷害與症狀
- 手指受傷
- 手腕腱鞘炎
- 腳跟挫傷
- 腳踝扭傷
- 骨折
- 腹斜肌（側腹）拉傷

按摩時的施術部位

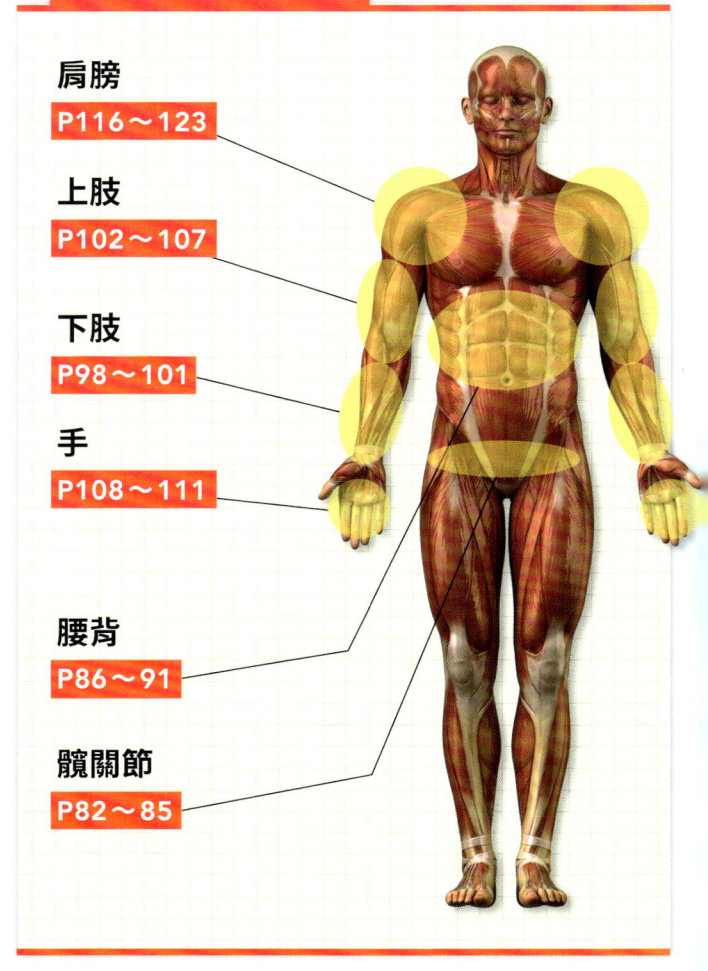

- 肩膀 P116～123
- 上肢 P102～107
- 下肢 P98～101
- 手 P108～111
- 腰背 P86～91
- 髖關節 P82～85

PART 6

改善不適
各種症狀按摩法

對運動愛好者而言，受傷是免不了會發生的事情。像是腰痛、肩頸僵硬、手肘疼痛等等，也有不少症狀是許多運動同樣都會發生的。因此，本章將會針對許多人容易產生的運動傷害，介紹可以改善症狀的按摩流程。

・本章閱讀指南

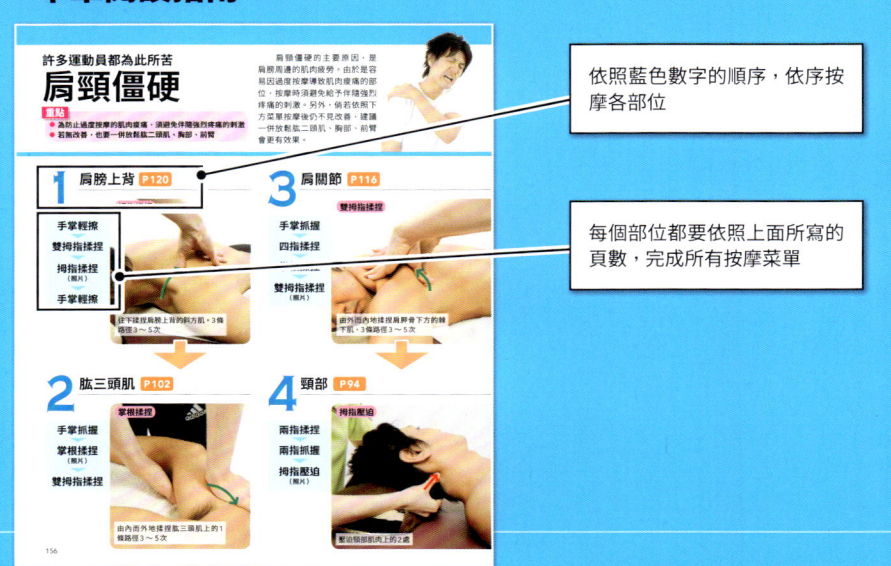

依照藍色數字的順序，依序按摩各部位

每個部位都要依照上面所寫的頁數，完成所有按摩菜單

所有項目都會產生
腰痛

重點
- 臀部僵硬的人要更仔細放鬆
- 交替放鬆腰部與臀部更加有效

不只是運動員，也有許多日本人為「腰痛」所苦。除了腰部和背部，臀部僵硬的人也必須好好地放鬆臀部，而且交替放鬆腰部和臀部會更加有效。如果只放鬆腰部就只能暫時緩解疼痛，這一點須特別留意。

1 臀部
P78

手掌輕擦 → 雙拇指揉捏
掌根揉捏 → 手掌輕擦
雙拇指壓迫（照片）

雙拇指壓迫

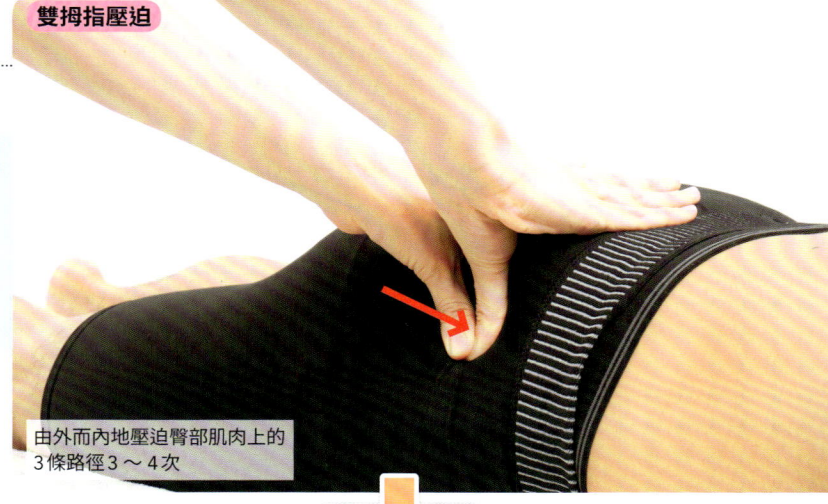

由外而內地壓迫臀部肌肉上的3條路徑3～4次

2 腰背（到雙拇指揉捏為止）
P86

手掌輕擦 → 雙拇指壓迫
掌根揉捏 → 雙拇指揉捏（照片）

雙拇指揉捏

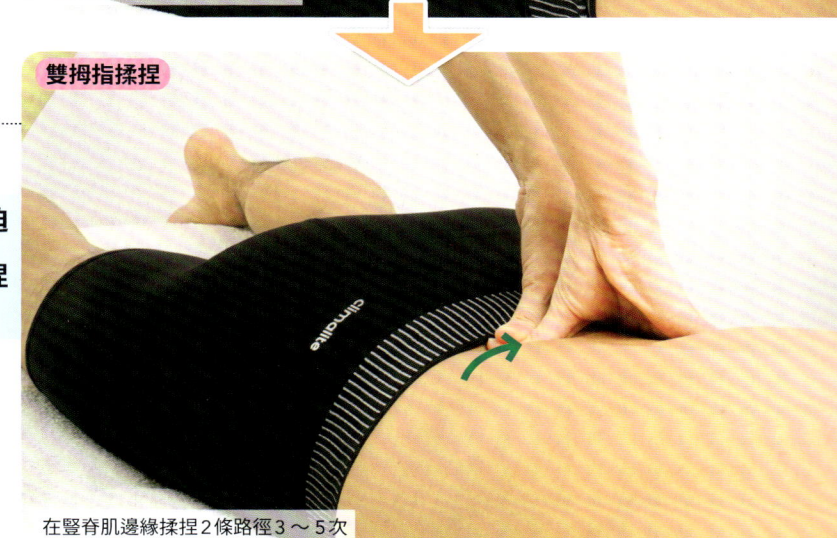

在豎脊肌邊緣揉捏2條路徑3～5次

PART **6** 各種症狀按摩法

3 如果是前彎時會痛
腰背（切打法之後） P86

切打法（照片） ▶ 手掌輕擦

切打法

以切打法刺激豎脊肌7～10秒

3 如果是後彎時會痛
髖關節 P82

雙拇指壓迫 ▶ 雙拇指揉捏（照片） ▶ 拇指壓迫

雙拇指揉捏

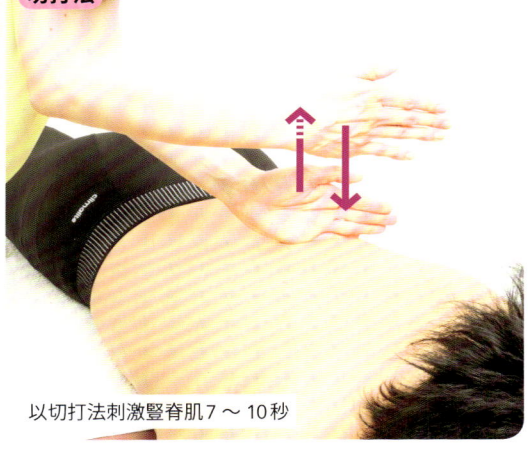

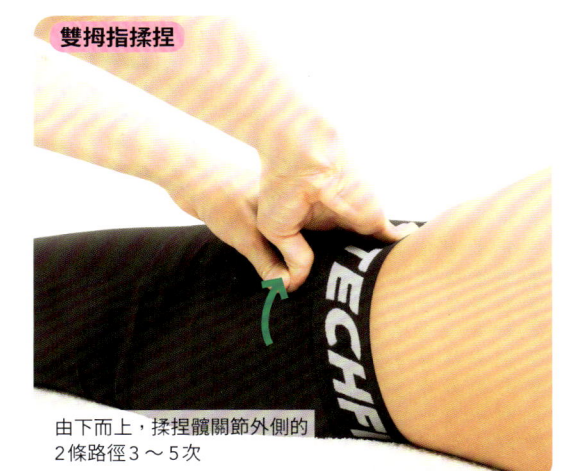

由下而上，揉捏髖關節外側的2條路徑3～5次

❗ CHECK!

區分腰痛的類型！

　　腰痛分為各式各樣的類型，需要經過醫師診斷才能夠明確找出原因。不過在此有一個簡易的檢測方法，就是透過確認前彎和後彎時，哪一個狀況下會感到疼痛，來尋找腰痛的原因，各位不妨可以測試看看。只不過，這個方法只能進行非常初步的檢視，如果真的痛到無法忍受，還是必須到醫院接受診療。

前彎時會痛

前彎時疼痛的腰痛，多半屬於骨盆、背部的肌肉疲勞或呈現失衡狀態的類型。椎間盤突出便是屬於此類。是長時間坐著辦公的人、車輛駕駛容易出現的症狀

後彎時會痛

如果後彎時會痛，多半是因為髖關節或大腿前側的肌肉過度緊繃，妨礙到關節活動所致。因此除了腰背之外，髖關節等周圍的肌肉也需要一併放鬆

常見於棒球、網球、高爾夫球選手
手肘疼痛

重點
- 手肘外側若光是觸碰便會疼痛，就要放鬆周圍
- 若是手肘內側疼痛，也需要放鬆肱二頭肌

手肘是棒球、網球、高爾夫球選手容易受傷的部位。手肘是做出抓握、投擲、舉起物品等動作的中心，肌肉一旦疲勞便會產生疼痛。放鬆方式會隨著疼痛位置而異，請確認自己是屬於哪一種類型。

1 手　P108

兩指壓迫
↓
拇指壓迫（左右照片）

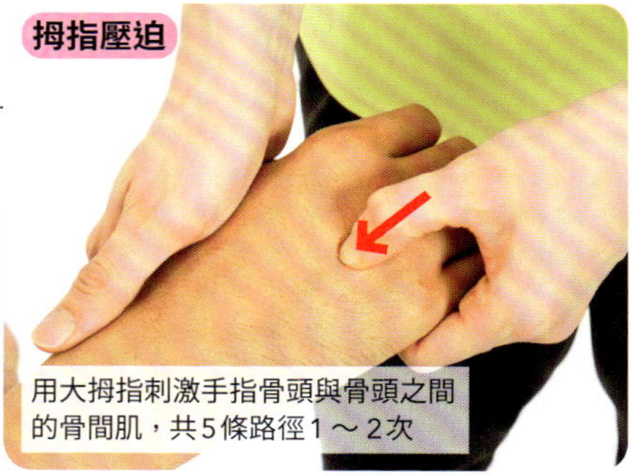

拇指壓迫
用大拇指刺激手指骨頭與骨頭之間的骨間肌，共5條路徑1～2次

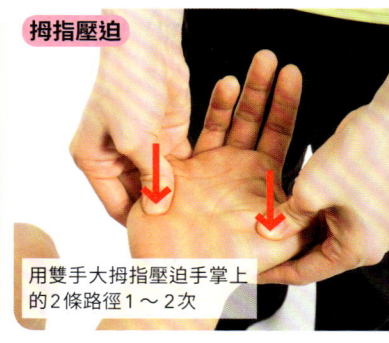

拇指壓迫
用雙手大拇指壓迫手掌上的2條路徑1～2次

2 前臂　P98

手掌輕擦　　兩指揉捏（右照片）
↓　　　　　↓
手掌抓握（左照片）　拇指揉捏

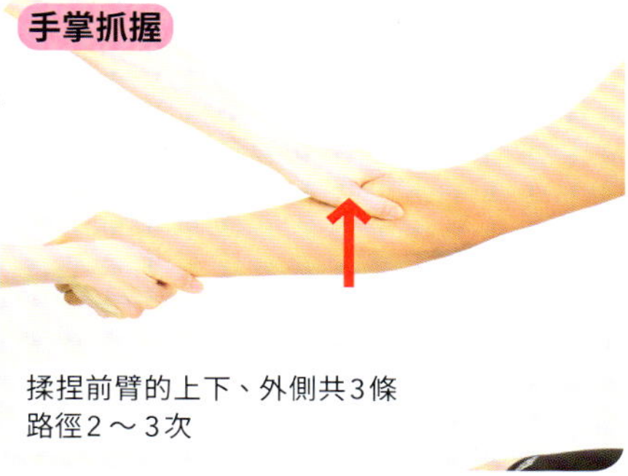

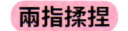

手掌抓握
揉捏前臂的上下、外側共3條路徑2～3次

兩指揉捏
食指與中指重疊，從前臂的內側往外側揉捏。2條路徑3～5次

3 肱二頭肌　P106

掌根揉捏（左照片）
↓
拇指揉捏（右照片）

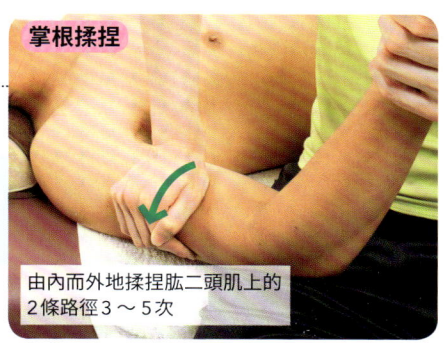

掌根揉捏
由內而外地揉捏肱二頭肌上的2條路徑3～5次

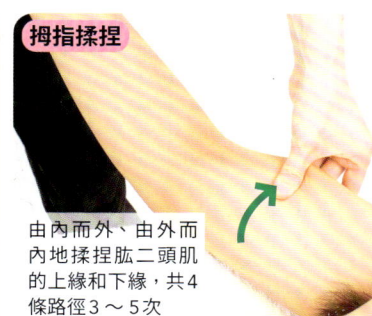

拇指揉捏
由內而外、由外而內地揉捏肱二頭肌的上緣和下緣，共4條路徑3～5次

154

PART 6　各種症狀按摩法

4 如果是**手肘外側**疼痛
肱三頭肌 P102

手掌抓握 ▶ 掌根揉捏 ▶ 雙拇指揉捏（照片）

雙拇指揉捏

由內而外地揉捏肱三頭肌上的2條路徑3～5次

4 如果是**手肘內側**疼痛
胸部 P112

掌根揉捏（照片） ▶ 四指壓迫 ▶ 四指揉捏 ▶ 拇指壓迫

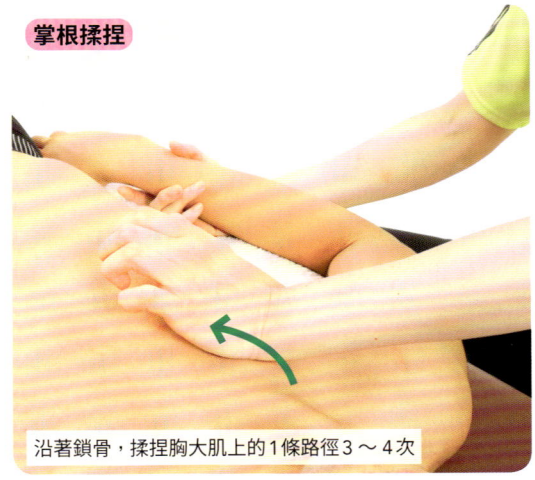

掌根揉捏

沿著鎖骨，揉捏胸大肌上的1條路徑3～4次

❗ CHECK!

是內側還是外側疼痛？

　　假如過度使用向下彎曲手腕的肌肉，手肘內側就會疼痛；若過度使用向上彎曲的肌肉，則會是外側感到疼痛。一般所說的「網球肘」、「高爾夫球肘」，差別就在於是內側還是外側疼痛。只要確認疼痛部位，就可以知道是哪邊的肌肉使用過度，進而確實消除疲勞。如果手肘會痛，首先最重要的就是檢視疼痛位置。

外側疼痛
除了網球的反手拍動作外，這裡也是高爾夫球右打者的右手肘容易受傷的部位。負責伸直手指、抬起手腕的肌肉一旦累積疲勞就會產生疼痛。

內側疼痛
容易發生在高爾夫球右打者的左手肘，以及因為網球的隨揮動作、棒球的投球動作而發作。疼痛的原因是負責活動手掌的肌肉發炎，因此需要透過按摩防範未然。

許多運動員都為此所苦
肩頸僵硬

重點
- 為防止過度按摩的肌肉痠痛，須避免伴隨強烈疼痛的刺激
- 若無改善，也要一併放鬆肱二頭肌、胸部、前臂

肩頸僵硬的主要原因，是肩膀周邊的肌肉疲勞。由於是容易因過度按摩導致肌肉痠痛的部位，按摩時須避免給予伴隨強烈疼痛的刺激。另外，倘若依照下方菜單按摩後仍不見改善，建議一併放鬆肱二頭肌、胸部、前臂會更有效果。

1 肩膀上背 P120

手掌輕擦
↓
雙拇指揉捏
↓
拇指揉捏（照片）
↓
手掌輕擦

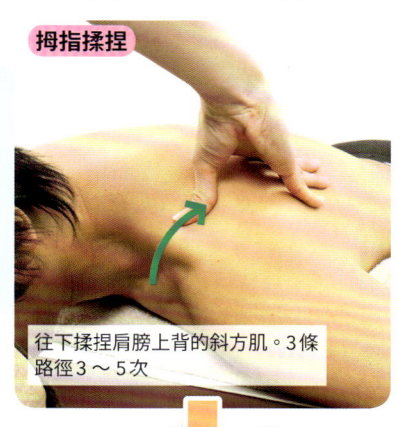

拇指揉捏

往下揉捏肩膀上背的斜方肌。3條路徑3～5次

2 肱三頭肌 P102

手掌抓握
↓
掌根揉捏（照片）
↓
雙拇指揉捏

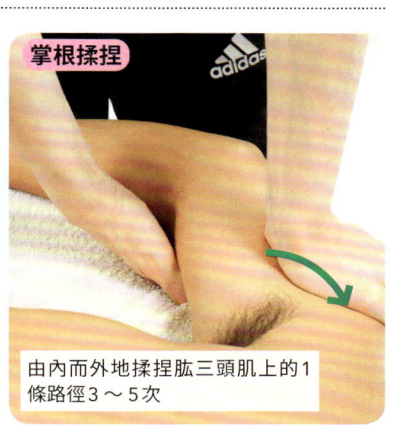

掌根揉捏

由內而外地揉捏肱三頭肌上的1條路徑3～5次

3 肩關節 P116

手掌抓握
↓
四指揉捏
↓
掌根揉捏
↓
雙拇指揉捏（照片）

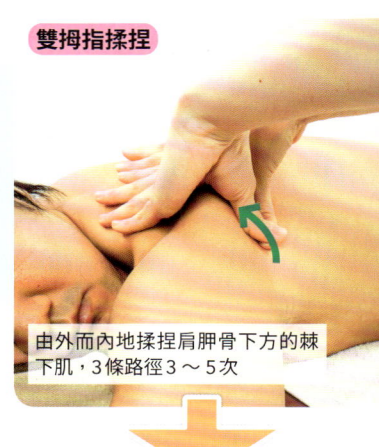

雙拇指揉捏

由外而內地揉捏肩胛骨下方的棘下肌，3條路徑3～5次

4 頸部 P94

兩指揉捏
↓
兩指抓握
↓
拇指壓迫（照片）

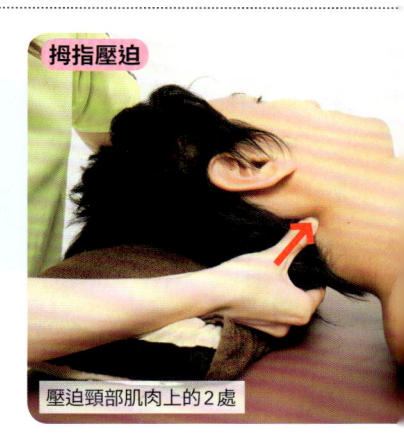

拇指壓迫

壓迫頸部肌肉上的2處

PART **6** 各種症狀按摩法

好發於奔跑的競技
大腿後側疼痛

反覆急速衝刺和轉向的足球、籃球，會使得大腿後側的肌肉累積疲勞，甚至造成拉傷。疼痛時需一併進行伸展，到了恢復期則要用拇指壓迫徹底放鬆深層肌肉。

重點
- 恢復期的拉傷要用拇指壓迫刺激深層肌肉
- 一併伸展臀部、大腿前側、大腿後側

1 膝窩 P66

拇指揉捏（照片）

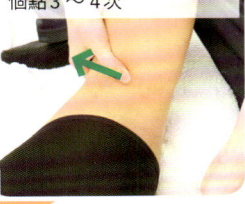

拇指揉捏
由內而外地揉捏膝窩的4個點3～4次

2 大腿後側 P52

手掌輕擦
雙拇指壓迫（照片）
掌根壓迫
切打法
手掌輕擦

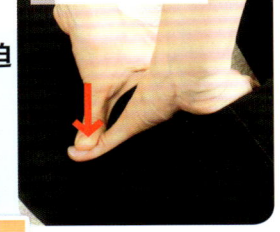

雙拇指壓迫
按壓內側與外側的2條路徑2～3次

3 臀部 P78

手掌輕擦
雙拇指揉捏（照片）
掌根揉捏
手掌輕擦
雙拇指壓迫

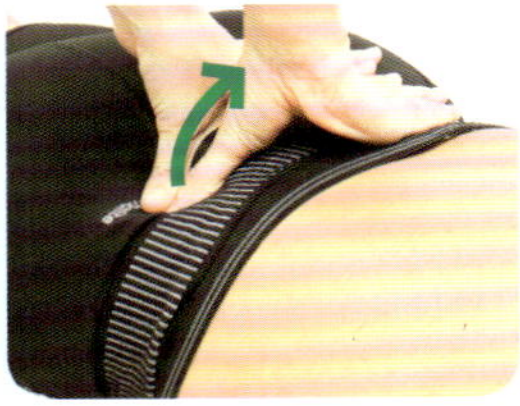

雙拇指揉捏
由內而外地揉捏臀部肌肉，3條路徑3～4次

4 大腿前側 P48

手掌輕擦
手掌抓握（照片）
掌根揉捏
切打法
手掌輕擦

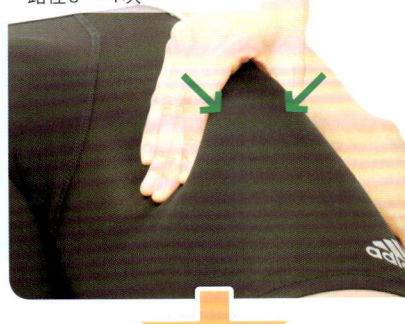

手掌抓握
揉捏大腿前側肌肉的1條路徑3～4次

5 大腿外側 P56

手掌輕擦
掌根揉捏
雙拇指揉捏（照片）
手掌輕擦

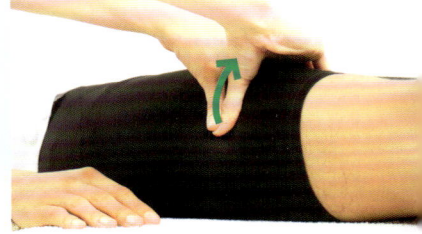

雙拇指揉捏
由下而上地揉捏大腿外側肌肉的1條路徑2～3次

157

髖關節疼痛

會發生在大量使用腿部的運動項目

重點
- 仔細放鬆張闊筋膜肌
- 最好按摩到髖關節的緊繃感消失為止

大腿根部和髖關節附近有疼痛感時，要仔細放鬆髖關節外側的張闊筋膜肌。以P82的伸展測試作為評判標準，最好充分按摩到髖關節的緊繃感消失為止。

1 臀部 P78

手掌輕擦 → 雙拇指揉捏
掌根揉捏 → 手掌輕擦
雙拇指壓迫（照片）

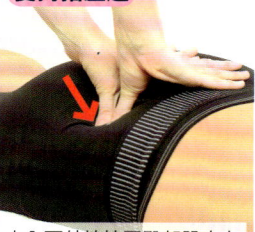

雙拇指壓迫
由內而外地按壓臀部肌肉上的3條路徑3～4次

2 大腿前側 P48

手掌輕擦 → 切打法
手掌抓握 → 手掌輕擦
掌根揉捏（照片）

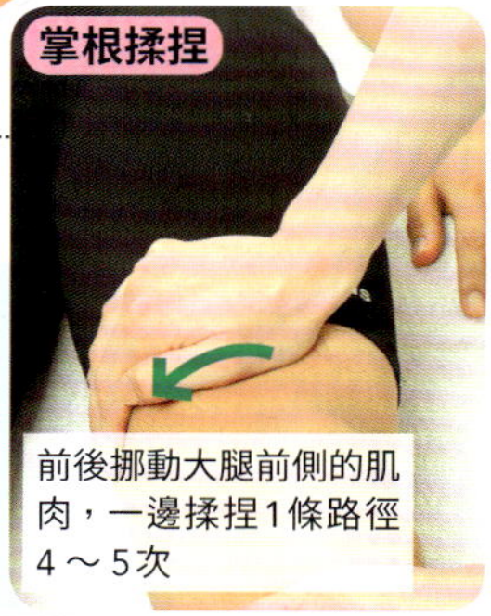

掌根揉捏
前後挪動大腿前側的肌肉，一邊揉捏1條路徑4～5次

3 大腿外側 P56

手掌輕擦 → 手掌輕擦
掌根揉捏
雙拇指揉捏（照片）

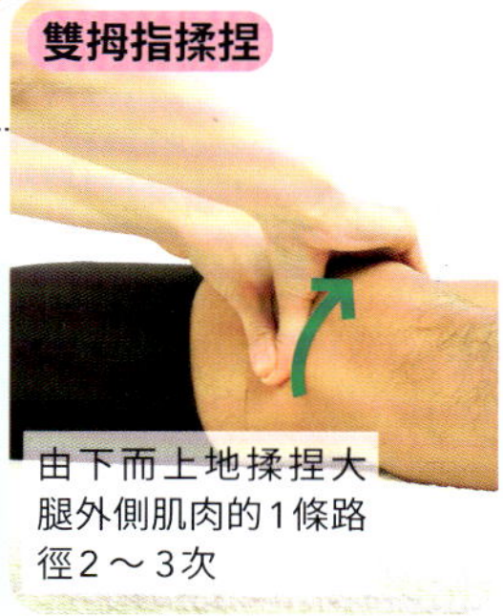

雙拇指揉捏
由下而上地揉捏大腿外側肌肉的1條路徑2～3次

4 大腿內側 P60

手掌輕擦
雙掌根壓迫
雙掌根揉捏（照片）
手掌輕擦

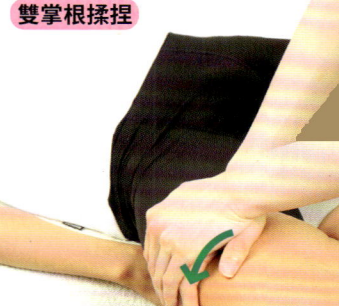

雙掌根揉捏
朝前方揉捏大腿內側肌肉的1條路徑2～3次

5 髖關節 P82

雙拇指壓迫
雙拇指揉捏
拇指壓迫（照片）

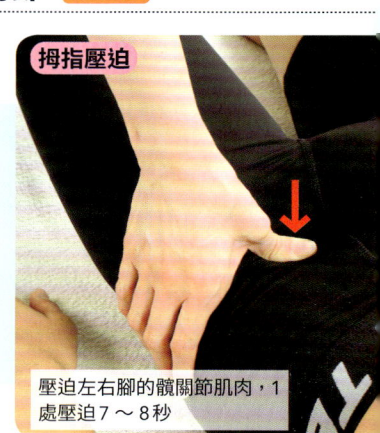

拇指壓迫
壓迫左右腳的髖關節肌肉，1處壓迫7～8秒

PART 7 消除疼痛徒手訓練

肩頸僵硬和膝蓋疼痛，是身體最具代表性的不適症狀。這些症狀雖然也能靠按摩緩解，不過藉由伸展等運動來矯正歪斜的身體、解決根本原因也很重要。本書的最後將介紹消除身體疼痛的徒手訓練動作。

CONTENTS

【改善背部姿勢】
伸展闊背肌⋯⋯⋯⋯⋯⋯⋯⋯P161
伸展胸肌與旋轉胸廓⋯⋯⋯⋯P162
旋轉胸廓⋯⋯⋯⋯⋯⋯⋯⋯⋯P164
肩胛骨運動⋯⋯⋯⋯⋯⋯⋯⋯P165

【改善骨盆位置】
Draw-in⋯⋯⋯⋯⋯⋯⋯⋯⋯⋯P166
肘撐平板⋯⋯⋯⋯⋯⋯⋯⋯⋯P167
橋式⋯⋯⋯⋯⋯⋯⋯⋯⋯⋯⋯P168

【改善膝蓋錯位】
蚌殼式⋯⋯⋯⋯⋯⋯⋯⋯⋯⋯P169

改善背部～骨盆的姿勢，揮別膝蓋等各種疼痛

聽到「消除身體疼痛」這句話，應該很多人都會想到按摩之類的對應療法吧。按摩的確可以舒緩、消除疼痛，但那卻只是一時的。只要過了一陣子，症狀有可能很快又會復發。其原因在於，肩頸僵硬、四十肩等疼痛的根本原因並未獲得解決。唯有解決其中的原因，才能真正「消除」疼痛。因此，本章將針對這些原因在於肌肉的疼痛，介紹可以從根本進行改善的徒手訓練動作。

以下所介紹的內容，將會分為「改善背部姿勢」、「穩定骨盆位置」、「改善膝蓋錯位」這3個方面。「背部」、「骨盆」、「膝蓋」是連接身體各部位的樞紐，在身體活動上有著十分重要的地位。歪斜的情況一旦惡化就會產生疼痛，或是出現手臂抬不起來、代謝變差等許多令人煩惱的症狀。

舉例來說，脊椎過度往後隆起的狀態稱為「駝背」。由於這個姿勢會令支撐頭部的頸部負擔增加，因此會導致肩頸僵硬。聽到這句話，一般人可能會想「既然如此，只要修正姿勢，應該就能改善肩頸僵硬的問題吧？」但是實際上卻沒有那麼簡單。這是因為之前一直沒有被使用的胸部肌肉已變得緊繃，沒辦法做到「修正姿勢」這件事。胸肌緊繃的情況若不設法改善便會無法挺胸，「駝背＝肩頸僵硬」的狀態也會一直持續下去。

本章的徒手訓練動作在改善姿勢的同時，還能消除及預防多種疼痛。請各位將其加入平日的體能訓練課表中，努力打造出健康的體魄。

四十肩、五十肩是因為肩胛骨周圍的肌肉僵硬所導致。會如同照片一般，無法垂直舉起手臂或感到疼痛。請有意識地活動肩胛骨

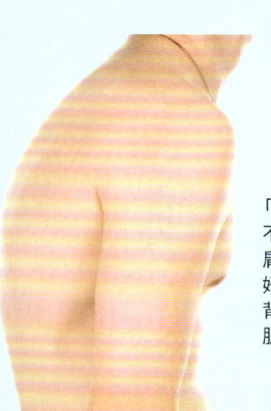

「駝背」是最具代表性的不良姿勢。由於也會導致肩頸僵硬和腰痛，建議最好及早治療。請利用改善背部姿勢的運動來放鬆胸肌，儘早讓症狀獲得改善

可望獲得改善、預防的主要症狀
腰痛／肩頸僵硬／頸部疼痛／四十肩、五十肩／膝蓋疼痛　等等

消除疼痛徒手訓練 ①

改善背部姿勢

拱背工作或駝背運動都會對背部造成負擔。光是讓背部維持正確的姿勢，便能改善及預防各種疼痛。除了肩頸僵硬和頸部疼痛，對於預防四十肩、五十肩的疼痛，以及膝蓋疼痛、小腿肚容易疲勞等症狀也有效果。

解決這些症狀
- 駝背造成的肩頸僵硬和頸部疼痛
- 預防四十肩、五十肩等肩膀疼痛
- 膝蓋疼痛和小腿肚疲勞
- 無法扭轉上半身

1 使肩關節靈活！伸展闊背肌

伸展占了背部大部分面積的闊背肌。動作過程中要時刻留意闊背肌的位置，以及肌肉是否有確實被拉伸。

✘ NG　伸展時彎曲手肘

伸展時要伸直手肘。彎曲的話會使背部拱起，因而效果大打折扣，這一點須特別留意

1 右手手肘撐地，左手臂向前伸直

右手手肘彎曲約呈現90°並撐地，左手臂伸直後靜止不動。這時頭和背部要保持水平，盡量維持一直線

→ 頭與背部呈一直線

→ 手肘彎曲約呈現90°

2 繼續伸直左手手肘，將胸部下沉

繼續伸直左手手肘，讓胸部往下沉。下沉時動作要慢，一邊感受肌肉拉伸的感覺

這裡會被拉伸！

POINT
想像著讓胸部靠近膝蓋

胸部下沉時，要想像讓胸部靠近膝蓋。過程中背部都要保持平坦

161

2 提升胸部～肩膀周圍的柔軟度！
伸展胸肌與旋轉胸廓

大大地轉動手臂，使肩膀周圍到胸部的肌肉變柔軟。要注意手的位置、臉的方向以及膝蓋的角度，這樣伸展起來會更有效果。

1 彎曲左膝蓋，用右手壓住

身體側躺與地板垂直，然後將左腿的髖關節和膝蓋彎曲呈現90°，用右手壓住膝蓋。右腿只須放鬆伸直即可

- 身體側躺
- 髖關節呈現90°
- 右腿伸直

2 擴展胸口，並且轉動左手

轉動伸直的左手，和頸部一起轉向。右手要持續壓住左膝蓋，一邊固定骨盆的位置，一邊轉動手臂、扭轉身體

- 轉動的同時擴展胸口

PART 7　消除疼痛徒手訓練

POINT
轉到手貼地面最為理想
理想狀態是轉到手貼地面，但如果會痛就不要勉強，停在覺得舒服的位置就好

這裡會被拉伸！

3 將左手轉到另一邊

接著，將左手和頸部一起轉到身體的另一邊。這時臉要看向左手的方向。另外為避免左膝蓋移動，要用右手按壓固定

不要放開右手

臉也一起轉向左邊

腳始終貼著地面

163

3 打開胸口，治好駝背！
旋轉胸廓

開胸的同時也活動肩胛骨。這個伸展動作可望使呼吸順暢，並且提升代謝。當然，肩膀周圍的活動度也會跟著增加。

❌ NG

只扭轉胸部，腰部保持不動

打開手肘時，要注意腰部須保持不動。腰部一旦轉動便無法擴展胸口

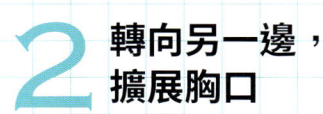

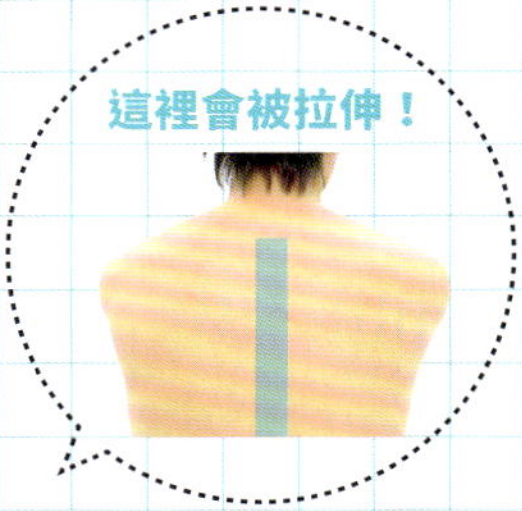

1 呈四肢貼地跪姿，將手放在後腦勺

呈四肢貼地跪姿，但用左手撐地，右手放在頭部後方，再轉頭看向左手。柔軟度好的人可以用右手肘去觸碰左手

→ 手放後腦勺

→ 看向左手

這裡會被拉伸！

2 轉向另一邊，擴展胸口

在不轉動骨盆的前提下，盡可能將右手肘打開至極限。左右各做5次這個動作

PART 7　消除疼痛徒手訓練

4 改善肩胛骨的活動度！
肩胛骨運動

在打直背脊的姿勢下，有意識地上下左右活動手臂，透過改善肩胛骨的活動度來改善胸部的活動度。可望預防及改善因日常生活或工作所產生的肩頸僵硬、四十肩等症狀。

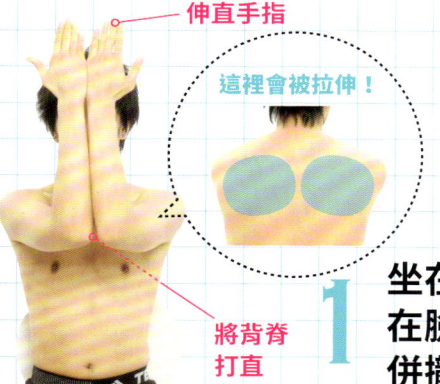

伸直手指

這裡會被拉伸！

將背脊打直

1 坐在椅子上，在臉的前方併攏手肘

坐在椅子上，手肘彎曲呈現90°後抬到和肩膀一樣高。併攏左右手的前臂和手肘，伸直手指。打開肩胛骨，確實伸展背肌

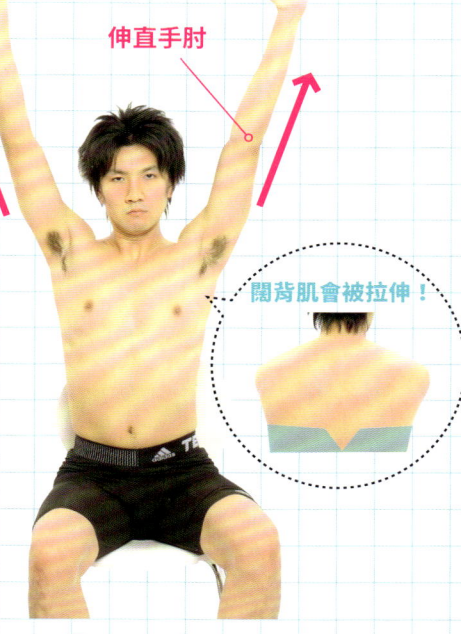

伸直手肘

闊背肌會被拉伸！

3 手臂抬到正上方

在打開180°的狀態下抬起手臂。這時也要意識到肩胛骨的移動。緩慢進行以上的步驟，一共重複3～5次

胸大肌〜三角肌會被拉伸！

90°

手肘呈90°

2 擴展胸口

將在臉前方併攏的前臂往左右兩邊打開。手肘和肩膀的角度仍維持90°，將胸口180°地擴展開來。過程中想著要活動肩胛骨（盡可能將肩胛骨靠攏）會更有效果

165

消除疼痛徒手訓練 ❷

改善骨盆位置

除了運動的反覆練習外，骨盆的肌肉也會因為姿勢不良而更加失衡。腰部疲勞、慢性腰痛到起床時的腰痛，透過鍛鍊可有效解決所有腰部煩惱。另外不只是腰，對於膝蓋疼痛也有效果。請利用鍛鍊軀幹的徒手訓練動作來調整骨盆的位置。

解決這些症狀
- 腰部容易疲勞
- 很難久站、久坐
- 早上起床腰會疼痛
- 膝蓋疼痛

1 鍛鍊腹橫肌！ Draw-in

利用腹式呼吸刺激肚臍下方的肌肉，藉由鍛鍊深層肌肉來強化骨盆的穩定性。尤其要使下腹部收縮。

POINT 讓肚子隆起
雖說只是吸氣，但重要的是藉由呼吸刺激腹腔附近的肌肉。有意識地讓肚子隆起

1 用鼻子深深吸口氣
花 5～10 秒，用鼻子深深吸口氣。不要用容易變成胸式呼吸的嘴巴吸氣，而要進行從鼻子吸氣的腹式呼吸

2 緩緩地吐氣之後再憋氣10秒

將在 1 吸飽的氣，花 5～10 秒慢慢地吐出。完全吐出後憋氣 10 秒，持續繃緊腹腔的肌肉

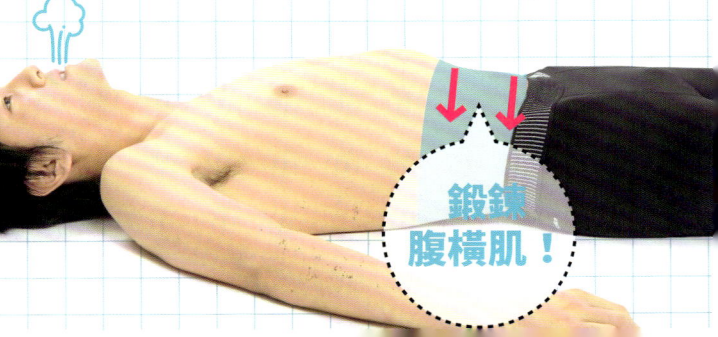

鍛鍊腹橫肌！

PART 7　消除疼痛徒手訓練

2 強化軀幹！肘撐平板

用手肘和腳尖支撐全身，鍛鍊腰部到骨盆的軀幹。由於呈現打直背脊、正確立起的姿勢，因此有穩定骨盆的效果。這個動作雖然單純只是支撐體重，但運動強度卻很高。

POINT
手肘和雙腿打開與肩同寬
手肘和雙腿要打開與肩同寬。如果忽略這一點，會導致受到鍛鍊的肌肉失衡，須特別留意

1 手肘、膝蓋、腳尖點地俯臥
呈俯臥姿，用手肘、膝蓋和腳尖推地的力量抬起肩膀。手肘彎曲呈現90°，臉朝向地板

2 抬起膝蓋，維持10秒
抬起點地的膝蓋，在這個狀態下靜止10秒。這時要夾緊臀部、腹部內收，將意識放在背肌上。一開始會很辛苦，但因為能夠一口氣鍛鍊到整個軀幹，所以請務必試試看

鍛鍊這裡！

肩膀到腳跟呈一直線！

手肘呈現90°

降難度動作

手肘撐地，維持姿勢
假使膝蓋離地的版本負擔太重，可以改成以膝蓋撐地。雖然負荷較輕，但仍可望達到相同的效果

鍛鍊這裡！

肩膀到膝蓋呈一直線。這樣的效果會比腰部塌陷或拱起來得要好

3 鍛鍊臀部肌肉！
橋式

這個徒手訓練動作可以鍛鍊骨盆和腰部周圍的肌肉。動作雖然看起來不起眼，實際做起來卻相當辛苦。腹部內收（Draw-in）的同時盡可能夾緊臀部，鍛鍊臀部的深層肌肉。

1 仰躺著 雙腳踩地

仰躺著雙腳踩地之後，雙手輕鬆地放在地板上，臉則朝向正上方。這時為了提升運動效果，必須讓腳尖離地。

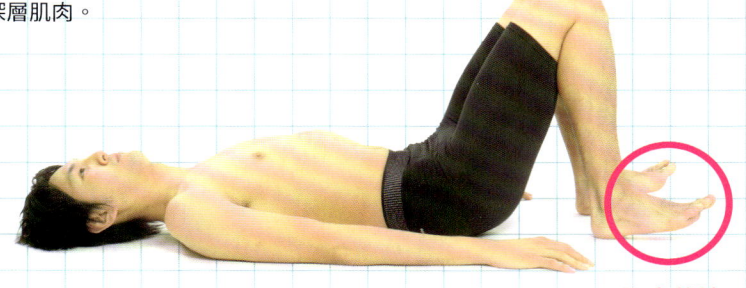

腳尖離地

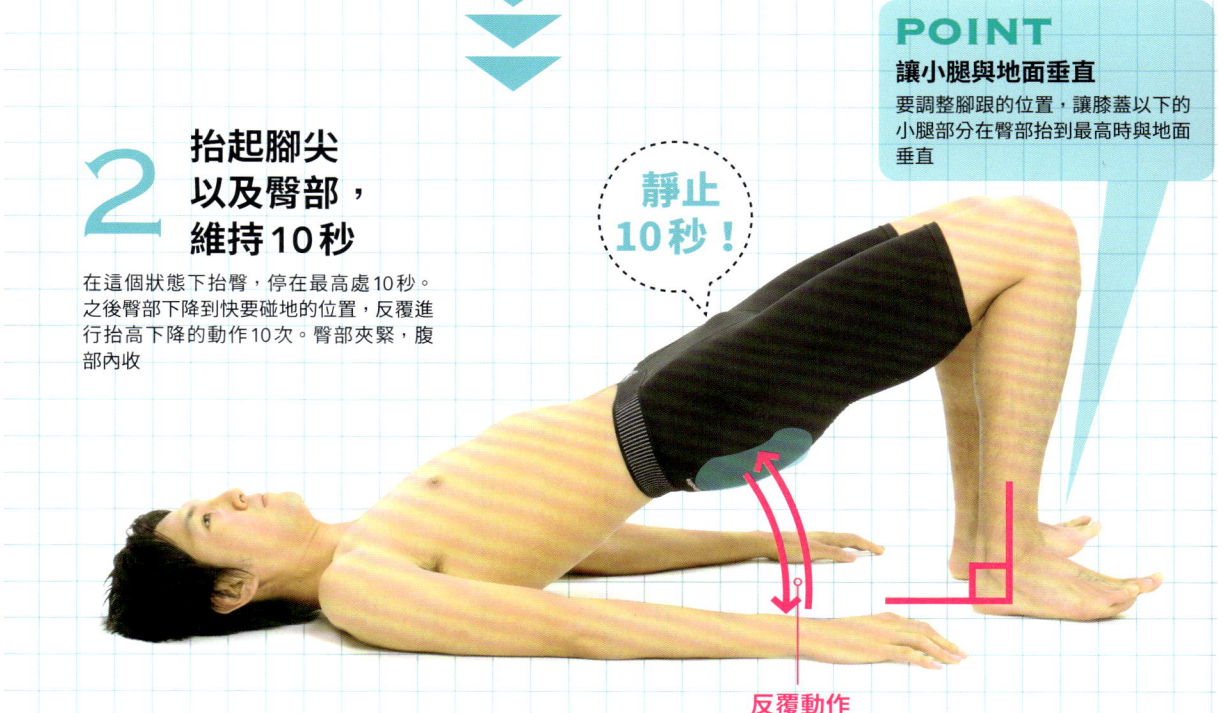

2 抬起腳尖 以及臀部，維持10秒

在這個狀態下抬臀，停在最高處10秒。之後臀部下降到快要碰地的位置，反覆進行抬高下降的動作10次。臀部夾緊，腹部內收

靜止10秒！

POINT
讓小腿與地面垂直

要調整腳跟的位置，讓膝蓋以下的小腿部分在臀部抬到最高時與地面垂直

反覆動作

消除疼痛徒手訓練 ❸

改善膝蓋錯位

運動選手就不用說了，也有許多人在日常生活中深受膝蓋疼痛所苦。這類症狀可以透過這個徒手訓練動作解除＆預防。除了積水等造成的膝蓋疼痛、髖關節疼痛，對乍看好像無關的拇趾外翻、脛前疼痛也能發揮效果。

解決這些症狀
- 沒有扭到、撞到卻膝蓋疼痛
- 膝蓋容易積水
- 髖關節疼痛
- 對拇趾外翻、脛前疼痛也有效

1 鍛鍊髖關節的肌肉！
蚌殼式

側躺在地，藉由抬高放下膝蓋來鍛鍊髖關節周邊的臀中肌。讓膝蓋向外打開的動作變順暢，解決膝蓋錯位的問題。

1 側躺在地

肩膀在下，躺在地板上。下方的手繞到頭旁邊，另一隻手插腰。髖關節彎曲呈現45°、膝蓋彎曲呈現90°

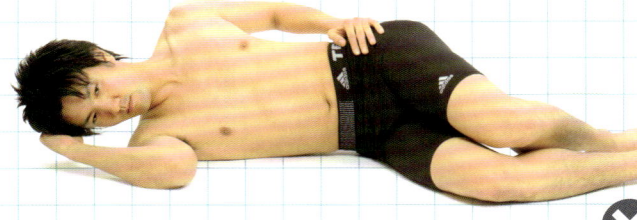

2 打開膝蓋

打開上方的膝蓋時腹部內收（Draw-in）。請注意背部不要拱起，並且完全不要活動到骨盆

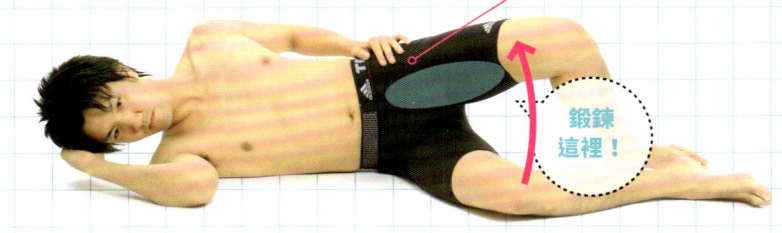

固定骨盆，不要翻轉

鍛鍊這裡！

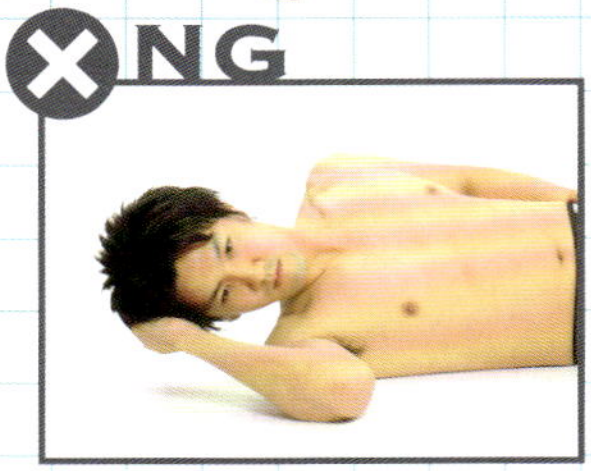

❌ NG

肩膀不要向後打開

肩膀一旦打開，骨盆也會跟著移動，這樣就沒辦法確實鍛鍊到髖關節周圍的肌肉。肩膀要和地板保持垂直

COLUMN

從每天的日常生活開始
調整自身的體能狀態

按摩是為了能夠積極地投入練習，好在比賽中拿出最佳表現的一項事前準備。為此，首先最重要的就是多多關注日常生活。

在運動中所說的體能訓練，是將以下的3大要素：
1 適當的運動
2 營養（均衡飲食等）
3 休養（睡眠、入浴、伸展等）

融入生活之中，養成規律的習慣（自我訓練），並且朝著目標而努力。只有按摩不算是體能訓練，也不可能光靠這樣就取得成果。假使誤以為「只要接受按摩，就算做到完整的體能訓練」，就代表缺乏「飲食管理」、「睡眠管理」、「自我保養」這些自我訓練的意識。

按摩可以刺激身體，為身體帶來變化。但太過頻繁地接受按摩會讓身體不再產生反應，最終導致出現的效果變得很差。若想永久獲得那份效果，就要盡量透過自我訓練來消除疲勞、預防傷害，不要過度依賴按摩。

在職業運動員的世界裡，選手們身邊都會配備防護員，方便隨時都能接受按摩。儘管如此，以指導足球選手為例，我（並木）一般都會進行以下指導：

〈17歲以下〉 因為疲勞消除的速度快，所以會說明自我訓練的重要性而不按摩。
〈20歲以下〉 指導實用的自我訓練方式。若是已頻繁參加正式比賽的職業選手，會仔細放鬆疲勞部位，其餘部位則輕輕帶過。
〈23歲以下〉 消除疲勞的按摩只會對有進行自我訓練的選手實施。其他人則會以指導具體的自我訓練方式為優先。
〈24歲以上〉 尊重各選手的自我訓練步調，通常是每週1～2次，於比賽隔天或隔兩天進行按摩。比賽剛結束會以伸展、補充營養為優先。比賽前一天或前兩天會進行按摩。

※傷患及30歲以上的資深選手除外。

如上所述，即便是職業運動員也會以自我訓練為最優先，至於按摩則自始至終只是輔助而已。目前一般認為最理想的做法，是只在必要的時候活用按摩。

以上所描述的「自我訓練」，其實也能套用在學生和上班族身上。想要在工作或學習上獲得成果，就要調整好身心狀態，持續為了考試用功讀書、為了工作做足準備，然後在正式上場時取得理想成績。而在背後支撐我們的，無疑是對於睡眠及營養的注重。假使儘管如此疲勞依舊累積，就利用按摩來輔助加強。想要獲得成果，自我訓練也就是規律的日常生活才是最重要的關鍵。

運動按摩 Q&A

實際進行運動按摩之後，內心想必會產生許多疑問。因此，本書最後將解說一些新手常會感到好奇的問題。為了確實發揮按摩的效果，請各位務必作為參考。

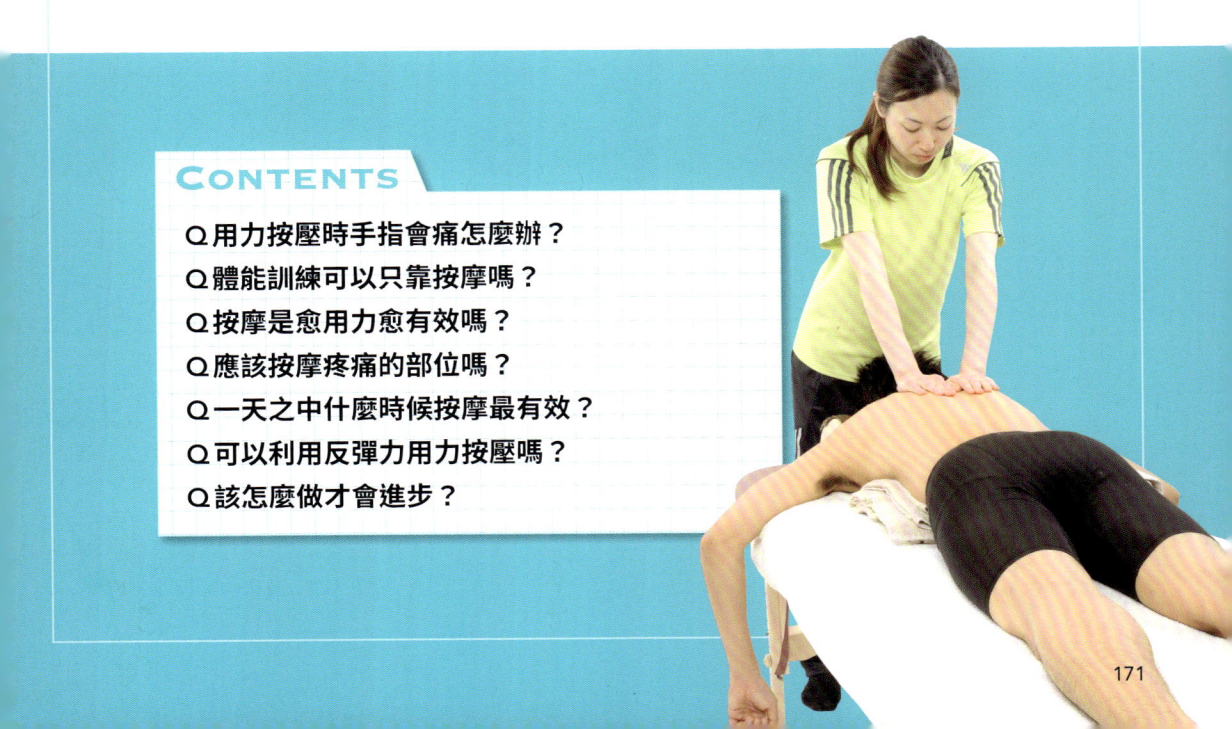

CONTENTS

Q 用力按壓時手指會痛怎麼辦？
Q 體能訓練可以只靠按摩嗎？
Q 按摩是愈用力愈有效嗎？
Q 應該按摩疼痛的部位嗎？
Q 一天之中什麼時候按摩最有效？
Q 可以利用反彈力用力按壓嗎？
Q 該怎麼做才會進步？

Q & A

Q 用力按壓時手指會痛怎麼辦？

A 慢慢就會變強壯

手指會隨著累積了許多按摩經驗而變強壯。另外也要注意施術姿勢，不要朝著不正確的方向施加負荷。請記住要朝身體垂直加壓，不要讓體重往左右偏移。以正確姿勢施術是最重要的。

Q 按摩是愈用力愈有效嗎？

A 有可能會使肌肉或肌腱疼痛

按摩太過用力有可能會使肌肉或肌腱疼痛，因此「愈用力愈有效」這句話並不正確。請務必以對方感到「舒服」的力道施術。專家有時會用力按壓某一點，但因為此舉也有可能會使狀態惡化，所以新手嚴禁這麼做。讓被施術者感到舒服才是按摩本來的目的。

Q 體能訓練可以只靠按摩嗎？

A 請一併進行伸展及運動

按摩若能和其他體能訓練的方式合併進行，效果會更加顯著。只要搭配上運動前後的伸展以及收操、軀幹的肌力訓練等等，即可有效消除肌肉疲勞及改善肌力不平衡的問題。除了按摩外，將本書第7章介紹的徒手訓練也加入菜單中會更有效果。

Q 應該按摩疼痛的部位嗎？

A 劇烈疼痛請先找醫師諮詢

比如拉傷、挫傷、扭傷等等，受傷後不久或感受到不同於肌肉痠痛的劇烈疼痛感時，首先應該要找醫師諮詢而不是接受按摩。選擇按摩而不去就醫，有可能會使患部周邊的發炎症狀被擱置，進而導致傷勢惡化。首先請到醫院接受適當的處置與建議。

Q 一天之中什麼時候按摩最有效？

A 建議剛洗完澡之後

人在剛洗完澡之後血液的循環會變好，緊繃的肌肉也會變得柔軟，因此是按摩施術的最佳時機。只不過，按摩有促進血液循環的作用，高血壓患者有可能會引發心律不整等疾病。由於是否適合按摩也得視本人罹患的慢性病及健康狀態而定，因此最好事先向醫師告知自己有按摩的習慣，取得醫師的指示及建議。

Q 可以利用反彈力用力按壓嗎？

A 由於很難調整力道，因此不建議

利用反彈力按壓會讓刺激的強度參差不齊，或是變成短暫而強烈的刺激，令人感到不舒服。還有可能使症狀惡化，甚至是引發患部內出血。另外也有因過度按摩導致肌肉疼痛的風險，因此並不建議這麼做。請有意識地緩慢施加身體重量。

Q 該怎麼做才會進步？

A 最好的做法就是累積經驗

想要讓自己的按摩技術進步，最快的方式就是累積經驗。本書所介紹的手法都非常簡單，即便是新手也能正確地操作。只不過，透過手去理解指尖的感覺及身體狀態這件事，需要一再地揉捏、按壓，慢慢地去感受體會。請反覆以正確的手法按摩，慢慢從中抓住訣竅。

結語

　　以目前的現狀來看，運動按摩在日本還算不上普及。雖然在職業運動界以及部分體育強校的社團內有配備防護員，可以接受專業的運動按摩，可是一般高中及業餘運動圈卻都沒有機會接受防護員的按摩。

　　另一方面，在閒暇時間、假日、工作前後享受運動樂趣的人數無疑正在增加，而且今後還會愈來愈多。在不久的將來，不能只靠藥物及保健食品維持健康的觀念想必將會普及開來。依賴藥物及保健食品的人會開始運動；只做運動的人則會開始在意飲食及補充保健食品。也就是說，可以預料未來運動人口將會增加。然而正因為運動的人變多了，受傷和產生疼痛的人也有可能會跟著增加。為了避免這種情況，必須如同本書所介紹的將運動按摩和徒手訓練加入日常生活之中，打造出不易受傷的身體。

　　我想讀到這裡的讀者們應該都能夠明白，運動按摩其實並不是特別困難。當然，如果想真正地成為專家，還是需要經過一番努力。不過本書所介紹的基本手法，應該即便是初學者也能很快做到，而且就算只是從本書介紹的手法中挑選自己做得到的，也照樣能夠獲得效果。即使只是在覺得「今天跑了好長的距離，真累」時，透過按摩來消除疲勞也無妨。一開始請先試著幫家人、朋友、伴侶等自己身邊的對象進行運動按摩。光是如此，想必就能讓健康維持得更久、享受更長遠些的人生。

　　不只是按摩，徒手訓練也是一樣。本書所介紹的徒手訓練動作很簡單，任何人都能輕易做到，而且效果非常良好。身體隨著年齡增長開始出現不適雖然是無可奈何的事情，但是只要在看電視時、洗澡時……之類的短暫空閒時間進行訓練，就能延緩身體退化、大幅改善身體的活動度。希望各位都能在日常生活中撥空練習，藉由徒手訓練促進身體健康。像這樣，讓運動按摩盡可能被更多人所認識，進而使健康的人變多、整個世界都充滿活力，這不僅是按摩的意義，也是我自身的願望與使命。我深切希望本書能夠為維持各位的健康有所幫助。

並木磨去光

拍攝支援

株式會社 nazoo
運動按摩 nazoo
https://nazoo.com/

監修

並木磨去光（Masamitsu Namiki）

日本運動協會認證運動防護員
針、灸、推拿、指壓、按摩師
運動按摩 nazoo 院長
株式會社 nazoo 代表取締役
株式會社 ASPO 執行役員

1966 年出生於日本埼玉縣。日本大學法學部畢業，日本針灸理療專門學校畢業。曾以日本足球代表隊的防護員身分，隨隊參加 FIFA 世界盃法國大賽、日韓大賽、德國大賽。除此之外，也曾以 U-23 日本足球代表隊的防護員身分，隨隊參加亞特蘭大、雪梨、雅典、北京奧運；以 U-17 日本足球代表隊的防護員身分，隨隊參加 FIFA 世界盃 U-17 墨西哥大賽、U-17 UAE 大賽。例如 WJBL 所屬團隊、社會組橄欖球隊等等，在各種競賽領域都有擔任防護員的經驗。監修的日文著作有《實踐圖解 專家教你正確有效的貼紮》（Gakken）。

SUPERVISING

DEMONSTRATE

按摩示範
田中美紗子（Misako Tanaka）

株式會社 nazoo
推拿、按摩、指壓、針灸師

MODEL

示範人員
稅所篤彥（Atsuhiko Saisho）

日文版 STAFF

編輯	Arc Communications（長綱哲也）
執筆	二本木昭、高水茂
設計	STYLE-G 河原健人
攝影	清水亮一（Arc Photoworks）
插圖	Art工房
照片	Shutterstock
DTP	Gren

Shinso-ban Ichiban Yoku Wakaru! Sport Massage
©Gakken
First published in Japan 2023 by Gakken Inc., Tokyo
Traditional Chinese translation rights arranged with Gakken Inc.

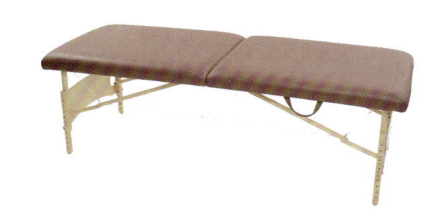

運動按摩圖解全書
運動防護員教你用3大手技
放鬆25部位 × 舒緩13種運動痠痛

2025年4月1日初版第一刷發行

監　　修	並木磨去光
譯　　者	曹茹蘋
編　　輯	吳欣怡
發 行 人	若森稔雄
發 行 所	台灣東販股份有限公司
	＜地址＞台北市南京東路4段130號2F-1
	＜電話＞(02)2577-8878
	＜傳真＞(02)2577-8896
	＜網址＞https://www.tohan.com.tw
郵撥帳號	1405049-3
法律顧問	蕭雄淋律師
總 經 銷	聯合發行股份有限公司
	＜電話＞(02)2917-8022

著作權所有，禁止翻印轉載。
購買本書者，如遇缺頁或裝訂錯誤，
請寄回調換（海外地區除外）。
Printed in Taiwan

國家圖書館出版品預行編目（CIP）資料

運動按摩圖解全書：運動防護員教你用3大手
　技放鬆25部位 × 舒緩13種運動痠痛，並木
　磨去光監修；曹茹蘋譯. -- 初版. -- 臺北市：
　臺灣東販股份有限公司, 2025.4
　176面 ; 17×19.8公分
　ISBN 978-626-379-819-9(平裝)

1.CST: 運動醫學 2.CST: 按摩

528.9013　　　　　　　　　　　　114001917